Aufwachen
im 21. Jahrhundert

Christian Meyer:
Aufwachen im 21. Jahrhundert
Projektmanagement: Marianne Nentwig
© J. Kamphausen Mediengruppe GmbH,
Bielefeld 2014
info@j-kamphausen.de

Lektorat: Regina Rademächers
Umschlag-Gestaltung,
Typografie und Satz:
Wilfried Klei
Druck & Verarbeitung:
fgb – freiburger graphische betriebe

www.weltinnenraum.de

1. Auflage 2014

Bibliografische Information der Deutschen Nationalbibliothek

Die Deutsche Nationalbibliothek verzeichnet diese
Publikation in der Deutschen Nationalbibliografie;
detaillierte bibliografische Daten sind im Internet
über **http://dnb.d-nb.de** abrufbar.

ISBN Printausgabe: 978-3-89901-870-7
ISBN E-Book: 978-3-89901-906-3

Dieses Buch wurde auf 100% Altpapier gedruckt und ist alterungsbeständig.
Weitere Informationen hierzu finden Sie unter www.weltinnenraum.de

Christian Meyer

Aufwachen
im 21. Jahrhundert

**Die größte Herausforderung
deines Lebens**

Mit einem Vorwort von Willigis Jäger

Gewidmet meinen Eltern

Vorwort von Willigis Jäger

Wer sind wir, diese Spezies, die sich stolz „Homo sapiens" nennt? 13,7 Milliarden Jahre lang gab es uns nicht. Seit vielleicht 120.000 Jahren sind wir erst der Mensch, der wir heute sind. Warum sind wir überhaupt da? Vor 7 Millionen Jahren brach der ostafrikanische Graben ein: Nil, Tannasee, Viktoriasee. Ostafrika versteppte und wurde so offensichtlich zur Wiege der Menschheit. Unsere Vorfahren, die Affen, mussten von den Bäumen herunter, weil es keine mehr gab. Langsam entwickelten sie sich zu dem, was wir heute sind. Und wie geht es weiter? Ein prähominides Vorbewusstsein hat sich zu unserem magischen, mythischen und mentalen Bewusstsein entwickelt. Da stehen wir heute. Seitdem wir Ich und Du sagen können, hat Kain seinen Bruder Abel umgebracht. Die norwegische Akademie der Wissenschaft hat errechnet, dass seit dem Jahr 3500 v. Chr. insgesamt 14.513 Kriege stattfanden und dass in dieser Zeit 3 Milliarden 64 Millionen Menschen umgebracht wurden. Wenn wir nicht endlich aus der Egozentrik aufwachen, bleiben wir eine Art, die der Tierwelt sehr nahe steht.

Seit Urzeiten gibt es weise Menschen, die unsere rationale Eingrenzung überschritten haben. Zen, die christliche Mystik, der Sufismus und der Yogaweg des Vedanta führen uns auf eine Ebene, die das Rationale und Personale übersteigt und aus der Egoeingrenzung herausführen. Diese Seins-Ebene versuchen wir im Zen und in der Mystik zu vermitteln. Es ist die nächste Stufe der menschlichen Entwicklung. Wir werden sie hoffentlich erreichen, bevor wir uns weiter umbringen. Das Buch will uns eine Ahnung davon geben.

Willigis Jäger

11

Einleitung

Die Idee zu diesem Buch bestand darin, die wesentlichen grundlegenden spirituellen Fragen zu behandeln. In den 1990er Jahren gab es in der Spiritualität im Westen eine wichtige Veränderung: Konnte man zuvor über das Aufwachen nur lesen, begannen jetzt die ersten erwachten spirituellen Lehrer im Westen zu lehren. Seither verbreitet sich das Wissen über das Aufwachen, und das Aufwachen als konkrete Erfahrung wie auch als grundlegende Veränderung des Seins tritt immer häufiger auf. Unter dem Aufwachen ist die grundlegende und radikale Transformation zu verstehen, die früher meistens mit „Erleuchtung" oder „Befreiung" bezeichnet wurde. Es ist weder eine bloße Bewusstseinserweiterung noch eine zeitliche Erfahrung, sondern eine grundlegende Veränderung der gesamten Seinsweise, die dauerhaft sein kann, wenn sie sich durch Achtsamkeit und Konsequenz kontinuierlich vertieft. Das heißt auch, dass jemand wieder „einschlafen" kann, denn mit dem Aufwachen allein ist es nicht getan. Es ist vielmehr auch dann eine innere Arbeit nötig, um das Aufwachen zu vertiefen und zu integrieren. Immer wieder ist die Rede davon, dass sich durch das Aufwachen nichts ändere, dass es insofern auch gar nicht wichtig sei und dass der einzige Effekt die entlastende Erkenntnis sei, dass man nach gar nichts zu suchen brauche. Wir haben viele meiner Schülerinnen und Schüler, die aufgewacht sind, in Interviews befragt. Alle berichten von wesentlichen Veränderungen. Zehn von ihnen kommen in diesem Buch selber zu Wort.

Seitdem ich als spiritueller Lehrer zu arbeiten begann, sind nunmehr fast anderthalb Jahrzehnte vergangen. In dieser Zeit hat sich meine Arbeit unglaublich entwickelt und ist gewachsen, dies kommt in diesem Buch zum Ausdruck. Das war und ist auch ein für mich spannender Prozess. Ein wichtiger Grund für diese Entwicklung der Arbeit – das wurde mir in den Jahren langsam deutlich – lag darin, dass ich hauptsächlich in Berlin und Wien arbeitete und darüber hinaus nicht ständig von einem Ort zum anderen reiste. So hatte ich die Chance, mit denselben Menschen über lange Zeiträume hinweg zu arbeiten. Dadurch gab es mehr zu tun, als immer wieder Anfängern dieselben allgemeinen Grundlagen zu vermitteln. Mit dem Wachstum meiner Schülerinnen und Schüler entwickelte sich auch meine Arbeit. Deswegen empfinde ich allergrößte Dankbarkeit: für all jene, die sich mit ihrem Mut, ihrer Bereitschaft und Entschlossenheit auf den Weg machten und machen, durch radikale Selbsterforschung und Selbsterkenntnis die allzu engen Grenzen des normalen Daseins zu überwinden.

Dieses Buch spannt einen Bogen über die wesentlichen spirituellen Fragen: Worin besteht der Weg zum Aufwachen? Ein Weg, der natürlich kein Weg ist – das Aufwachen ist das vollständige Loslassen in den gegenwärtigen Augenblick, in die Tiefe des Hier und Jetzt. Wie soll es da einen Weg geben? Zudem ist Aufwachen etwas, das einem geschieht, nicht etwas, das man machen kann, Aufwachen ist eine Gnade. Und dennoch: Wer je die Sehnsucht nach der Unendlichkeit und Freiheit, nach wirklichem Glück und Ganzsein gefühlt hat, den bewegt nichts so sehr wie die Frage: „Was hilft wirklich, was kann mich wirksam unterstützen, um aufzuwachen?" Dazu habe ich alle spirituellen Wege wie auch die psychologischen und psychotherapeutischen Wege erforscht und das „destilliert", was wirklich wirkt, was die Fähigkeit des Loslassens und des Geschehenlassens entwickelt und die Möglichkeit erweitert, aufzuwachen. Das Ergebnis sind die „7 Schritte zum Aufwachen", die ich Anfang 2000 entwickelt habe und die seitdem die Grundlage meiner Arbeit mit zahlreichen Schülerinnen und Schülern sind. Das Wichtigste dafür habe ich bei meinem Lehrer Eli Jaxon-Bear gelernt, für den ich voller Dankbarkeit bin, niemals endend. Elis Entdeckungen stellen ganz sicher einen Meilenstein in der Entwicklung der spirituellen Wege dar.

Schon länger ist ein grundlegendes Problem bekannt: Die Meditation, hier und im Folgenden im traditionellen Sinne, als wichtigstes Mittel des spirituellen Wegs, beinhaltet die Gefahr, dass sich der Meditierende aufgrund des „Beobachtens" den Gefühlen und dem tatsächlichen Erleben noch weiter entfremdet und innerlich betäubt oder künstlich wird. Wenn in der Meditation mit dem Ziel, den Geist zu beruhigen, Körperprozesse beobachtet werden, so ist dies auch ein systematisches Training im Verdrängen von Gefühlen. Wenn Gefühle in der Meditation nur beobachtet werden, besteht die Gefahr der Dissoziation und Abspaltung der Gefühle und des Erlebens. Dieses Problem war wie der Gordische Knoten. Alle Versuche, die Meditation wegen dieser Gefahr der Entfremdung um psychologische und therapeutische Methoden zu ergänzen, waren und sind nicht überzeugend und in der Praxis wenig wirksam. Eli Jaxon-Bear löste dieses Problem durch folgende Entdeckung: Es geht darum, alles zu fühlen – weder Gefühle zu verdrängen, noch beobachtend zu dissoziieren – also alles ganz und gar zu fühlen, ohne irgendetwas zu tun, weder äußerlich noch innerlich, nichts auszuagieren. Es ist weder traditionelle Meditation noch therapeutische Arbeit. Es ist die konkrete und unglaublich wirksame Ausgestaltung dessen, was Ramana Maharshi auf den Punkt brachte: „Die ganze Methode lässt sich zusammenfassen in dem Satz: Sei still!" Diese Lösung, alles zu fühlen und nichts zu tun, verändert die spirituelle Arbeit mehr als alles, was in den letzten Jahrzehnten entdeckt wurde. Viele, die heute und in Zukunft von dieser Entdeckung profitieren, werden Eli Jaxon-Bear, der durch seine konsequente und bedingungslose Hingabe und Arbeit diese Lösung fand, dankbar sein. Auch wenn es schon vollständig in der Arbeit Ramana Maharshis und seines Schülers Poonjaji, des Lehrers von Eli, angelegt war, wurde die konkrete Bedeutung und Struktur des „Anhaltens" oder „Stillseins" doch erst mit diesen Entdeckungen Eli Jaxon-Bears wirklich deutlich und für die konkrete Arbeit unglaublich fruchtbar.

Das zweite Problem des spirituellen Weges ist sehr viel jünger und ein Problem der Satsang-Szene: Da ein Ich gar nicht existiere, sei auch niemand da, der etwas tun könne. Oder in der platteren Version: „Du brauchst nichts – oder: Du kannst nichts – tun, um aufzuwachen." Oder auch, man brauche gar nichts zu tun, alle Menschen seien ohnehin schon aufgewacht. Ja, wenn man denn in der Lage wäre, nichts zu tun! Denn es kommt dabei nicht auf das äußere, sondern auf das innere Tun an. Das zu beenden und alles loszulassen, das gerade ist ja angesichts der Macht der konditionierten Verhaltensweisen und quasi automatischen Abläufe von Gedanken und Mustern, von Gefühlen und Verhalten so schwer.

Deshalb sind Übungen des Geschehenlassens und Loslassens nötig. Übungen, die eigentlich Nicht-Übungen sind, weil eben niemand da ist, der sie macht. Es geht gerade darum, dass das Ich so sehr zurücktritt, dass das Leben und die inneren Prozesse geschehen können, ohne getan zu werden. Eben auch der Prozess des Aufwachens. Natürlich ist da kein Ich, das etwas tun kann. Da ist auch kein Ich, das Französisch lernt, Brücken baut oder Brot backt. Trotzdem gibt es Brücken und Brot. Aus der Tatsache, dass es kein Ich gibt, folgt nicht, dass nichts getan wird oder werden kann. Wie der große Laotse sagte: „Der Meister tut nichts, und dennoch bleibt nichts ungetan."

Aber weiter: Für das Aufwachen kann nichts getan werden, es kommt im Gegenteil darauf an, nichts zu tun, also alles Tun zu beenden, um sich für die Gnade zu öffnen. Das Beenden des Tuns, das das Loslassen ermöglicht, ist ein bewusster und aktiver Prozess, ein Prozess des Anhaltens und Stillseins – etwas ganz anderes, als „in die Stille zu gehen". Da ist niemand, der irgendwohin hingehen könnte. Gemeint ist damit immer, dass alle Gefühle und der innere Aufruhr einfach beiseitegeschoben werden, statt dies lösend zu durchleben. Mit der merkwürdigen Vorstellung, dass beiseitegestellte Gefühle nicht mehr stören würden.

Immer mehr Menschen wachen in meiner Arbeit auf. Praktisch in jedem Seminar geschieht es. Manchmal geschieht es so häufig, dass es mich fassungslos und sprachlos macht, staunend und ehrfürchtig. Vor einigen Monaten gab ich ein Retreat in Wien über fünf Tage mit gut 50 Teilnehmerinnen und Teilnehmern. In diesen fünf Tagen wachten sechs (!) Menschen auf, sechs Menschen mit sehr verschiedenen Vorerfahrungen. Zwei waren erst kurz bei mir und waren vorher Jahrzehnte mit den verschiedensten spirituellen Lehren unterwegs gewesen; sie brauchten nur noch wenige, aber entscheidende Hinweise und eine energetische Unterstützung, die direkt auf das tatsächliche Aufwachen abzielt. Zwei weitere waren neu auf ihrem spirituellen Weg und völlig offen für meine Arbeit, wie ein Schwamm sogen sie alles Wichtige auf. Zwei weitere schließlich waren schon lange bei mir und profitierten von dem regelmäßigen Üben und dem roten Faden, den das Aufwachen durch regelmäßige Teilnahme an meinen Seminaren und Retreats für sie bekommen hatte. Auch wenn die Vorerfahrungen so verschieden sind, so stellt doch das Aufwachen im Wesentlichen denselben Prozess dar.

Über diesen Prozess des Aufwachens, die konkrete Form und Bedeutung der Hingabe und des Loslassens, das Fallen in die eigene innere Tiefe und den unendlichen Grund und die Transformation der Wahrnehmung, das Stillwerden des Verstandes und die grenzenlose Weite wird man kaum mehr und Klareres finden als in diesem Buch. Sowohl darüber, was wirklich zum Aufwachen führt, als auch worin die innere Struktur des Aufwachens besteht. Im 5. Kapitel ist der Prozess des Aufwachens am Beispiel von drei Schülerinnen und Schülern als wörtliche Interaktion zwischen mir als Lehrer und dem Schüler oder der Schülerin mit allen Anweisungen, Anleitungen, allen Rückmeldungen, allen Darstellungen des inneren Erlebens bis hin zur Beschreibung der Erfahrung der Unendlichkeit protokolliert. Diese Prozesse, die jeweils zwischen einer halben und einer ganzen Stunde dauerten, sind natürlich aufgrund der langen Pausen wesentlich schneller zu lesen. Diese empirischen und so detaillierten konkreten Berichte des Aufwachens im Augenblick des Aufwachens selbst sind einmalig.

Des Weiteren kommen zehn meiner aufgewachten Schülerinnen und Schüler selbst zu Wort. Sie beschreiben Monate oder Jahre nach dem Aufwachen die Veränderungen in ihrem Leben und Erleben. Dies ist auch Teil eines umfangreichen Forschungsprojektes, in dem wir genauer untersuchen, welche dauerhaften Veränderungen das Aufwachen bewirkt, wenn es sich vertieft.

Da das Aufwachen in meinen Seminaren und Retreats immer häufiger geschieht, nimmt auch die Arbeit nach dem Aufwachen einen immer größeren Raum ein. Es gibt mehr Erfahrungen mit der Vertiefung des Aufwachens und seinen Hindernissen. Was muss nach dem Aufwachen beachtet werden? Was bleibt gleich und was verändert sich in der inneren Arbeit? Welche Stolpersteine, welche Klippen, welche Prüfungen gibt es? Wodurch kann sich das Aufwachen im Leben ausweiten, integrieren und vertiefen? Nach dem Aufwachen beginnt die Realisation. Wenn jemand glaubt, mit dem Aufwachen sei es getan, dann wird es so gut wie sicher wieder versanden. Inzwischen wissen wir so viel über den Prozess nach dem Aufwachen, dass es konkrete Anleitungen gibt. Mehr darüber in Kapitel 5.

Das letzte Kapitel schließlich ist ein Interview über verschiedene kritische Fragen des Aufwachens, das der Journalist Christian Salvesen für dieses Buch mit mir geführt hat. Den Abschluss bildet ein Anhang mit den wichtigsten praktischen Übungen.

Dieses Buch ist gleich doppelt mit dem Benediktushof verbunden, dem spirituellen Zentrum von Willigis Jäger. Das Interview des 1. Kapitels führte Christian Salvesen mit mir auf dem Benediktushof, dabei gab es auch ein gemeinsames Interview mit Willigis Jäger und mir. Zum anderen ist das 2. Kapitel über die „7 Schritte zum Aufwachen" die überarbeitete Fassung eines Vortrags, den ich auf einer Tagung im Benediktushof hielt. So freue ich mich, dass Willigis Jäger ein Vorwort zu meinem Buch geschrieben hat. Dafür vielen Dank.

Zum Abschluss möchte ich noch aus einem Brief zitieren, den mir eine Schülerin nach der Teilnahme an einem meiner Sommer-Retreats geschrieben hat:

„Ich kam wirklich wie von einem anderen Stern heim, und wenn ich auf das Retreat zurückschaute, dachte ich, ich spinne. Ich kann das, was mir widerfahren ist, nur ansatzweise einordnen, weiß nur, dass es sich sehr real angefühlt hat, dass ich ergriffen wurde von etwas Größerem, dass sich mein Herz in die Endlosigkeit ausweitete, dass mir mehrere Male große Gnade widerfuhr und dass ich in diesen 12 Tagen mehr erlebt und begriffen habe als in den über 30 Jahren spiritueller Suche und Praxis vorher. Deine Arbeit ist von einer Feinheit, Differenziertheit und Wirksamkeit, die alles, was mir bisher begegnet ist, bei weitem übersteigt. Auch kann ich bestätigen, dass gerade die Körperarbeit ganz wesentlich zum Prozess beigetragen hat.

Als ich in Berlin im Hauptbahnhof saß und alles betrachtete, was rund um mich herum geschah, sah ich, dass die Menschen auf dem Bahnsteig und in den Cafés genauso leer und unwirklich waren wie die Bäume in Alt-Rehse. Alles bewegte sich wie in einem Traum, und alles geschah in völliger Stille. Ich schaute nicht von außen darauf, sondern wie von innen heraus. Auch wurde mir bewusst, wie alle diese Menschen auf der Suche nach Glück sind und wie sie am falschen Ort suchen. Wenn Schmerz um mich herum war, nahm ich den ganz unmittelbar wahr. Ich war erschüttert und konnte es nicht fassen.

Dass alles, was mir in dem Retreat geschenkt worden ist, mit mir als A. N. rein gar nichts zu tun hatte, war mir sofort klar. Ich fand es daher gegen Ende hin immer schwieriger, von mir selber als „Ich" zu denken. Die Identifizierung mit A. N. war weitgehend weg. Wenn ich um mich schaute, war es, als ob ein Filter von meinen Augen weg wäre, ich schaute direkt in die Welt mit einem viel weiteren Blickfeld – es war, als gäbe es einfach nur die Augen und das Wahrgenommene, ohne Filter. Besser kann ich das nicht beschreiben. Das Ich hatte sich verschoben in die Weite hin, und A. N. erschien mir als eine beliebige Geschichte, die an diesen bestimmten Körper gebunden war.

Jetzt, wo ich das schreibe, ist die Wahrnehmung nicht mehr so offen, aber ich weiß, dass ich das alles so erlebt habe. Und ich weiß auch, dass mein ganzes Sein weiterhin auf diesem Weg sich entfalten möchte, dass mein ganzes Wesen auf das Aufwachen hin ausgerichtet bleibt, dass das alles erst der Anfang ist.

Zum Schluss bleibt noch das Wichtigste: der Dank. Ohne die Gnade der Stille, die durch Dich wirkt, wäre mir nie so viel geschenkt worden. Auch wenn Du nichts dafür kannst (wie Du sagst), bist Du dennoch ein außergewöhnlicher und ganz wunderbarer Lehrer. Mein Herz strömt über vor Dankbarkeit und Freude."

Es bleibt mir allen zu danken, die bei der Entstehung dieses Buchs mit vielen Anregungen und konkreter Unterstützung geholfen haben. Insbesondere danke ich Christine Brekenfeld und Tabea Reuter für die redaktionelle Bearbeitung des Manuskripts. Ohne sie wäre das Buch jetzt noch nicht fertig und sicherlich auch nicht so rund geworden. Bei Kathrin Lachner und Harachi B. Stein bedanke ich mich fürs Lektorat und Korrekturlesen. Danken möchte ich auch Christian Salvesen, sowohl für die beiden Interviews mit seinen intelligenten Fragen als auch für viele Anregungen zur Konzeption des Buches.

Und ich danke dem Verleger Joachim Kamphausen, der schon seit über 20 Jahren der wichtigste Pionier und Verleger für ernsthafte spirituelle Literatur im deutschsprachigen Raum ist, für seine Weitsicht und seinen Mut.

Für mich ist es selbstverständlich, dass mit der männlichen Form ebenso die weibliche gemeint ist und auch umgekehrt, trotzdem möchte ich dies hier nicht unerwähnt lassen.

KAPITEL 1
ANHALTEN UND STILL SEIN.

Ein Interview mit Christian Meyer, geführt von Christian Salvesen.
Holzkirchen, September 2009

Als ich Christian Meyer in der alten Bibliothek des von Willigis Jäger geleiteten Benediktushofs in Holzkirchen bei Würzburg gegenübersitze, sehe ich in seinen blauen Augen innere Ruhe und forschende Intensität, eine Kombination von Qualitäten, die mir schon bei früheren Gesprächen mit einigen bedeutenden spirituellen Lehrern und Lehrerinnen unserer Zeit aufgefallen ist. Doch sieht er sich selbst als einen spirituellen Lehrer? Ich frage ihn:

Verstehst du dich als einen spirituellen Lehrer und wenn ja, was lehrst du?

Ja, ich verstehe mich als einen spirituellen Lehrer und ich lehre, sich für die Gnade des Aufwachens öffnen zu können. Meine Arbeit soll Menschen darin unterstützen, zum Aufwachen zu finden.

Und was ist deine innere Basis dafür – die muss ja von irgendwoher kommen?

Die innere Basis ist natürlich das eigene aufgewachte Sein. Aber ich glaube, dass das nicht ausreicht. Ich glaube, dass viele Lehrer zu schnell nach dem Aufwachen Satsang geben und nicht realisieren, dass man auch lernen muss, wie man mit Menschen arbeitet, wie man das Psychische und das Spirituelle berücksichtigt und wie man Menschen wirksam begleiten kann, mit welchen Prozessen vor dem Aufwachen und mit welchen

Prozessen nach dem Aufwachen zu rechnen ist. Sie sollten sich um die psychischen Entwicklungsschritte und auch die möglichen Schattenseiten kümmern. Auf dem Weg zum Aufwachen tauchen viele zuvor verdrängte und kompensierte biografische Themen auf. Nicht umsonst nennt man den Weg des Aufwachens eine immer tiefere und vorbehaltlose Selbsterforschung und Selbsterkenntnis.

Heißt das, spirituelle Lehrer sollten womöglich eine „Schule" wie deine besuchen, um das zu lernen?

Ja, diejenigen, die andere spirituell begleiten möchten. Ich glaube, dass das Lehrersein sehr viel mit wirklichem Arbeiten, Verstehen, Erfahrung usw. zu tun hat. Ich hatte vor meinem Aufwachen schon 20 Jahre therapeutisch gearbeitet und war da auch auf dem spirituellen Weg. Ich hatte einen guten spirituellen Lehrer, Leland Johnson († 2003), ein amerikanischer Psychotherapeut und Schüler von Muktananda, der den Siddha-Yoga-Weg lehrte. Ich hatte also eine lange Erfahrung mit Yoga, Meditation, Gestalt- und Körpertherapie und Trancearbeit und habe das miteinander verbunden. Das war mein Hintergrund, bevor ich anfing, spirituell zu lehren, und so konnte ich auf vieles zurückgreifen. Darüber hinaus bin ich auch nach meinem Aufwachen bei meinem endgültigen Lehrer auf Jahre hinaus „in die Lehre gegangen", um zu lernen, um das Aufwachen zu integrieren und zu vertiefen und auch, um eben das Lehren zu lernen.

Wie ist denn das Erwachen bei dir passiert?

Ich bin zu Eli Jaxon-Bear gekommen und hörte dort zum ersten Mal, dass Aufwachen in diesem Leben möglich ist. Im Siddha-Yoga dauert das viele Leben. Ich habe für mich gemerkt – und das ist auch etwas sehr Wichtiges in meiner Arbeit geworden –, dass diese innere Öffnung für die Möglichkeit, hier und jetzt aufzuwachen, plötzlich auch die Energien ganz anders ausrichtet. So war ich dann auf zwei Retreats bei Eli. Wir haben mit dem Enneagramm gearbeitet, zusammenhängende spirituelle

Fragen damit bearbeitet und dann ist das Aufwachen folgendermaßen geschehen:

Ich saß am vorletzten Tag eines Sommer-Retreats bei ihm. Es gab dort eine Bewusstheitsübung, die ich nun auch in meinen Retreats und Seminaren vermittle, in der es darum geht, sich immer tiefer nach innen fallen zu lassen in das, was gerade gefühlt wird. Man kann da ein inneres Fallen erleben. Als am nächsten Tag das Retreat zu Ende war, habe ich mich auf eine Terrasse gesetzt – eine sehr schöne Terrasse mit weitem Blick über den See *(lacht)* – und die Augen geschlossen und da setzte das Fallen wieder ein. Bei dem Fallen fühlte es sich so an, als würde ich durch einen sehr engen Schacht gleiten – nicht als Bild, sondern als Erfahrung von Enge. Der Atem geht dabei sehr zurück. Der Körper scheint nur noch auszuatmen. Inzwischen haben mir Dutzende von Schülern von einer ganz ähnlichen Erfahrung berichtet. Es ist also typisch und ein wichtiger Schritt in diesem Prozess.

Der Körper atmet aus und nur noch ganz zart ein und manche haben Angst, zu ersticken. Glücklicherweise konnte ich es geschehen lassen – auch weil ich mich an die Yogatechnik des Feueratmens erinnerte. Ich fiel durch die Enge hindurch in einen sich weitenden Raum, wo das Fallen in ein Schweben übergeht. Aus dem Schweben wird dann ein Fliegen und daraus wird schließlich das Erleben, dass man nicht mehr im Raum, sondern der grenzenlose Raum selbst ist. Das ist ein typischer Prozess, wie Aufwachen geschieht. Ich erlebe bei meinen Schülern, dass sie es genauso beschreiben. Einige lassen es geschehen und wachen auf, andere stoppen. Aber mit der Bewusstheitsübung kann man sich sehr genau vorbereiten. Sie hat mit dem Atem und einer besonderen Durchlässigkeit des Körpers zu tun, dieses besondere Atmen zuzulassen – mit Hingabe.

Dieses Fallen nach innen und die Enge, erinnert das nicht auch an Beschreibungen von Nahtoderlebnissen, die ja mittlerweile sehr gut erforscht sind?

23

Ja, das ist mir auch schon vor vielen Jahren aufgefallen, und wir erforschen das in einer umfangreichen Studie. Man fühlt nämlich nicht nur, wie man fällt, sondern erfährt zugleich einen starken Sog in die Tiefe. Das ist zum Teil wie beim Nahtoderleben, wo man sich wie durch einen Tunnel hindurch gezogen fühlt. Ich bin auch deshalb darauf gekommen, weil eine Frau nach einer Nahtoderfahrung und nach dem erfolglosen Besuch bei einigen Therapeuten zu mir gefunden hat. Sie ist nach ganz kurzer Arbeit mit mir vollständig aufgewacht.

„Vollständig aufgewacht" – hast du ein Kriterium dafür? Was ist das, was meinst du damit?

Das Kriterium ist, dass jemand vollständig im gegenwärtigen Augenblick lebt, und das bewirkt, dass der Verstand still ist. Gedanken sind da, wenn sie gebraucht werden, aber überwiegend herrscht Stille. Diese Fähigkeit, sich mit stillem Geist in diesem Augenblick zu erfahren als diese Stille, Weite, Unendlichkeit, Frieden, unendliche Liebe und immer wieder auch als diese Glückseligkeit, das ist für mich das aufgewachte Sein – Sat-Chit-Ananda – Leere Bewusstsein Liebe, und dies nicht als eine zeitgebundene Erfahrung, sondern als das sich vertiefende Sein.

Nun höre ich von einigen heutigen radikalen Advaita-Vertretern wie Tony Parsons, Karl Renz oder Richard Sylvester, dass Erwachen keine Erfahrung sei, eher eine „Nicht-Erfahrung", jenseits von Raum und Zeit. Ist es nun eine Erfahrung oder nicht?

Vor dem Aufwachen machen Menschen Erfahrungen mit dem aufgewachten Sein, die zeitlich begrenzt und, wie ich glaube, auch nicht vollständig tief sind. Eine halbe Stunde erfahren sie sich still und in dieser Leere, und dann ist es wieder weg. Vielleicht auch länger, aber jede Erfahrung hat einen Anfang und ein Ende. Oder sie fühlen sich so nur in der Präsenz des Lehrers. Das sind Erfahrungen. Das aufgewachte Sein durch diesen Durchbruch – wie die christlichen Mystiker das früher sehr schön genannt haben – ist deswegen keine Erfahrung mehr, weil es weder aufhört noch anfängt. Und es ist niemand da, der die Erfahrung macht. Es ist das Sein in diesem Augenblick. Und insofern würde ich da Tony Parsons zustimmen: Es ist nicht – wie Erfahrungen – auf Zeit bezogen, mit Anfang und Ende. Es ist vielmehr eine Seinsweise, ein Dasein in diesem Augenblick, und darum kann ich nicht sagen, dass es eine Erfahrung ist.

Es ist ja auch so, dass es bei der Erfahrung, die viele Menschen vor dem eigentlichen Erwachen machen, ein Subjekt und ein Objekt gibt. Das Subjekt kann über die Erfahrung berichten und reflektieren. Nach dem Erwachen gibt es dieses Subjekt nicht mehr. Insofern gibt es auch keine Erfahrung, die jemandem zukäme. Es ist einfach das Sein an sich.

Das heißt, du würdest dem zustimmen, dass nie jemand da gewesen ist, der irgendeine Erfahrung gemacht hat?

Natürlich. Es ist nie jemand da gewesen. Das ist ganz richtig. Es ist wirklich lustig, dass die Menschen glauben, dass da jemand ist, der Entscheidungen treffen und Dinge erledigen muss.

Gut, aber nun bietest du ja trotzdem einen recht ausgetüftelten Weg der Übungen an. Wenn da niemand ist, wer übt denn da?

Niemand.

Sagst du das auch deinen Schülern?

Ja. Vor allem mache ich ihnen einen grundlegenden Unterschied deutlich: Es gibt Übungen, in denen ich etwas lerne, und es gibt Übungen, in denen ich aufhöre, etwas zu tun. Ich kann mich zum Beispiel in ein Mantra einüben oder eine Sprache erlernen. Aber ich kann mich auch darin entwickeln, anzuhalten und nichts zu tun.

Obwohl kein Ich da ist, das etwas tut, geschieht in diesem Menschen eine ganze Menge Tun. Wir wissen ja inzwischen schon sehr viel darüber, wodurch dieses Tun bestimmt ist. Familienverstrickungen: Der Einzelne ist in seinem Erleben durch die Ahnen verschiedener Generationen bestimmt. Charakterfixierungen, wenn man es nach dem Enneagramm benennen will.

25

Da gibt es viele soziale und ganz individuelle, auch genetische Faktoren, in östlichen Traditionen als „Karma" zusammengefasst. Das alles hält den Menschen in Bewegung. Ein großer Teil der Bewegung ist die Abwehr – von Leere, von Tod, von Sterben, von Angst, so dass die Menschen sich beschäftigen und getrieben sind, um nicht in diese innere Leere zu fallen.

So ist der Mensch in dieser karmischen Bewegung und was er tun kann, ist: Er kann lernen anzuhalten, um zu dem Nichts-Tun zu kommen. Wenn ich frage: „Habt ihr das Gefühl, dass ihr wählen könnt, ob ihr anhaltet, oder werdet ihr davon bestimmt und läuft es automatisch ab?", dann ist das in etwa so, als wenn ich einen Alkoholiker fragen würde: „Sag mal, kannst du das Glas Whisky da auch stehen lassen oder kannst du nicht anders, als zu trinken?" Dann würde ein Teil der Alkoholiker antworten: „Nee, ich bin dem absolut ausgeliefert", aber ein anderer Teil würde sagen: „Manchmal habe ich das Gefühl, dass ich wählen kann. Manchmal kann ich sogar wählen, ganz aufzuhören." Da haben wir einen Organismus, der nicht wählt, was zu tun ist – es gibt kein Ich, das sagt, ich mache jetzt dies oder das. Das alles geschieht gewissermaßen in diesem „karmischen" Schwung, vom Leben selbst aus. Aber wir haben eben auch einen Organismus, der offensichtlich die menschliche Freiheit hat zu sagen: „Stopp! Heute lenke ich mich nicht ab!" Ob es nun Alkohol ist oder Fernsehen usw.

Ich meine, da ist offensichtlich im Herzen eine Kraft, die entscheiden kann – nicht entscheiden, etwas zu tun, aber entscheiden, anzuhalten. Die Menschen machen die Erfahrung, dass die Fähigkeit, das Anhalten zu wählen, im Laufe des spirituellen Weges zunimmt. Die Übungen tragen dazu bei. Mit dieser Antwort verhält es vielleicht so ähnlich wie mit dem Licht, bei dem sich die Wissenschaftler jahrzehntelang darüber gestritten haben, ob es nun die immaterielle Eigenschaft von Wellen oder eine materielle der Teilchen bzw. Korpuskeln hat. Schließlich ist man übereingekommen, dass es da ein „Sowohl-als-auch" gibt, je nach Perspektive. Ramana Maharshi sagte einmal: „Es gibt weder ein Schicksal, also Vorherbestimmtheit, noch einen freien Willen." Und ich glaube, es ist so: In dieser Bewegung gegenüber dem, was da von alleine abläuft, kann der Mensch entscheiden – und die Übungen, die ich von meinen Lehrern übernommen oder selbst entwickelt habe, sind geeignet, diese Fähigkeit des Anhaltens zu verstärken.

KAPITEL 2
DIE 7 SCHRITTE ZUM
AUFWACHEN[1]

Das Wichtigste: Hingabe und Anhalten

Was ist Aufwachen?

Zuerst möchte ich darstellen, was ich unter Aufwachen verstehe. Aufwachen, damit meine ich nicht, dass man mehr über die spirituellen Themen weiß oder bewusster ist, sondern mit Aufwachen ist das gemeint, was früher Erleuchtung genannt wurde. In der christlichen Mystik nannte man es entweder das Hineinkommen in den göttlichen Grund oder das Eingehen in die Freude des Herrn. Johannes Tauler zum Beispiel sprach von dem „Aufstieg in den Abgrund", in dem man den grundlosen Grund findet, und dieser grundlose Grund ist der göttliche Grund. Ich habe ein einfaches Bild: Stellen wir uns vor, dass der Mensch sich normalerweise in dem Bereich der Gedanken und Bilder, der Körperempfindungen und der Gefühle aufhält. Hier ist er zu Hause. Und wenn wir dann durch die eigene Erfahrung und durch die Berichte der Mystiker aus den vielen Tausenden von Jahren wissen, dass darunter die eigentliche Wirklichkeit ist, dann bestünde das Aufwachen darin, von diesem oberflächlichen Bereich in diese tiefere Wirklichkeit zu kommen und von dort aus alles wahrzunehmen, zu erleben,

---

1 Überarbeitete Version eines Vortrags am 03.09.2010 auf dem Symposium „Das ICH – Freund oder Gegner auf dem spirituellen Weg" im Benediktushof.

zu handeln und zu tun. Das Aufwachen ist eine Gnade, ein Geschenk oder ein Widerfahrnis. Niemand kann das Aufwachen „machen". Im Gegenteil, das Aufwachen ist mögliches Resultat eines vollständigen Loslassens oder einer vollständigen Hingabe. Das sind zwei verschiedene Worte für dasselbe und das Ergebnis einer inneren Haltungsveränderung. Aber auch wenn die vollständige Bereitschaft zur Hingabe vorhanden ist, hat manch einer aufgrund unterbewusster Blockierungen und Konflikte noch nicht sofort auch die Fähigkeit, ganz loszulassen. Wenn der Atem nicht frei fließt oder die Angst, auftauchende Gefühle nicht aushalten zu können, noch nicht überwunden ist, verhindert dies das Loslassen. Und so kann man sehr viel dafür tun, dass einem das Loslassen auch wirklich möglich ist, indem man – mit Unterstützung eines Lehrers und zur Verfügung stehender Methoden – diese Blockierungen und Konflikte löst. Das bedeutet, dass ich dadurch erst zum Nichts-Tun finde, was wie ein Tun erscheint – das Lösen der Blockierungen und Konflikte. Dies ist in Wirklichkeit die Beendigung des Tuns.

Wovon ist diese tiefere Wirklichkeit bestimmt?

Diese tiefere Wirklichkeit kann erst und nur dann vollständig erfahren werden, wenn der Verstand still wird. Innerlich hält alles an; kein Gedanke stört mehr diesen unendlich wahrgenommenen Raum. Die Gedanken sind einfach verschwunden. Selbstverständlich tauchen wieder Gedanken auf, wenn das praktische Tun, Aufgaben des Alltags oder des Lebens anstehen oder andere Menschen da sind, denen zu antworten ist. Wenn die innere oder äußere Situation es erfordert, tauchen praktische Gedanken auf. Das Befreiende besteht darin, dass diese Gedanken nicht wie früher ständig mit zusätzlichen egozentrischen Gedanken verknüpft und assoziiert werden, die unnötig sind, also diese psychischen Gedanken, die mit der Angst um das Image, mit fantasierten Befürchtungen über das Morgen und mit kritischer Beäugung des eigenen Tuns zusammenhängen. Wer wünscht sich nicht, von diesem lästigen inneren Geplapper endlich erlöst zu sein. So ist die Befürchtung der Handlungsunfähigkeit natürlich ganz abwegig. Die Handlungen werden eleganter und effizienter, eben weil sie nicht vom Kreisen um die eigene Person ständig gestört, blockiert und aufgehalten werden. Denn es ist ja gar nicht so, dass der Mensch einfach nur zu viel dächte. Es ist vielmehr auch so, dass er an wichtigen Stellen das Denken abbricht, es nicht zu Ende führt und ihm entflieht, wenn es zum Beispiel um den Tod geht, aber auch wenn es um unerwünschte Themen geht. Das mehr oder weniger sinnlose Geplapper wird benutzt, um den gefährlich erscheinenden Gedankengang wieder zu verdrängen. Die psychischen Gedanken sind auch all diejenigen, die ein ständiges „Ich muss", „Ich soll", „Ich brauche" usw. produzieren. Es sind gerade diese Gedanken, die den Menschen veranlassen, als Folge der Tyrannei dieser „Solls" ständig eine Fassade zu leben und sich dadurch dem tiefsten Selbst, dem, was er wirklich ist, zu entfremden.

Wenn der Verstand still ist, wird dieser innere Raum, diese innere Wirklichkeit wahrgenommen. Dies beschreiben alle Mystiker zu allen Zeiten mit den gleichen Worten. Ein Frieden, der grenzenlos ist, eine Glückseligkeit, die den Menschen erfasst, verzückt, und eben diese Stille. Aufwachen bedeutet jetzt, dass man diese Erfahrung von Stille nicht nur für fünf Minuten oder als Folge und Resultat einer bestimmten spirituellen Übung erlebt. Das ist sozusagen der Anfangsweg, bei dem ich diese Erfahrung oder Teile der Erfahrung während der spirituellen Praxis mache und dadurch in die Stille hineinfinde. Eine zweite Phase ist, dass diese Stille auf dem spirituellen Weg den Suchenden einfach überflutet, ohne dass er etwas getan hat und ohne dass er genau weiß, warum es gerade innerlich still wird oder nicht. Das Aufwachen bedeutet eine innere Veränderung derart, dass ich diese Tiefe, diese Wirklichkeit, nicht mehr nur für einen Moment, sondern als dauerhaftes Sein erfahre und mich selber als dieses Sein wahrnehme, als diesen Frieden und diese Liebe oder Glückseligkeit. Sat-Chit-Ananda, wie es auf

Sanskrit heißt: Leere, Bewusstsein und Liebe, wie wir im Deutschen sagen, oder Sein, Bewusstsein und Liebe. Glückseligkeit und Liebe sind praktisch zwei Seiten einer Medaille.

Das radikale und vollständige Hineinfinden in diese tiefere Wirklichkeit

Das verstehe ich unter dem Aufwachen, dieses radikale und vollständige Hineinfinden in eine tiefere Wirklichkeit, sich selber als diese tiefere Wirklichkeit erfahren, und das als dauerhaftes Sein. Der Hintergrund meiner eigenen Erfahrung ist, dass ich 20 Jahre lang psychotherapeutisch gearbeitet habe, dabei auch schon Yoga und Meditation praktizierte und einen Lehrer hatte, der das miteinander verband. Mir war nicht klar, dass das Aufwachen in diesem Leben geschehen kann. In der Hindu-Haltung glaubt man, dass man noch viele Leben reinkarnieren müsse, um Stück für Stück weiterzukommen und irgendwann – vielleicht im Jahr 3035 oder so – aufwachen könne. Wenn man die Entdeckung macht oder realisiert, dass das Aufwachen in diesem Leben möglich ist, bekommt es innerlich sofort eine vollkommen andere Dynamik. Selbst wenn der Wunsch nach Aufwachen oder Erleuchtung schon vorhanden ist: Solange ich nicht von der Realisierungsmöglichkeit erfasst bin, kann der Wunsch innerlich nicht die Energien und psychischen Kräfte in diese Richtung bewegen.

Was kann ich tun, um aufzuwachen?

Natürlich ist es allen Mystikern klar, dass das Ich nicht verschwindet und dass das Ich nicht bekämpft wird – einfach deswegen, weil es nie da gewesen ist. Das Aufwachen bewirkt die Erfahrung, dass da kein Ich ist. Das bedeutet weder, dass die Individualität verschwinden, noch dass die Persönlichkeit verschwände. Diese kann sich nach dem Aufwachen viel freier entfalten, gerade weil sie zuvor von Ängsten und Blockierungen eingeengt war. Das Verschwinden der Illusion des Ichs bedeutet das Verschwinden der Konstruktion einer Urheberschaft der Gedanken, Handlungen und des Erlebens. Das bedeutet auch, dass das Leben von da an als etwas erfahren und erlebt wird, das dich lebt, und nicht etwas, das du tust. Aber das Ich ist nicht verschwunden, sondern es war nie da. Die entscheidende Frage zu diesem Thema ist: Wer könnte das sein, der Entscheidungen trifft? Jeder hat wahrscheinlich noch das Gefühl, dass er selbst die Entscheidung trifft, dass er derjenige ist, der etwas tut. Aber wenn wir genauer untersuchen, was da eigentlich geschieht, entdecken wir Folgendes: Nehmen wir an, es wäre zwischen zwei Alternativen zu entscheiden. Es kommen bestimmte Gedanken zu Alternative A und bestimmte Gedanken zu Alternative B. Du hast keine Kontrolle darüber, welche Gedanken kommen. Du kannst nichts dafür oder dagegen tun, ob Gedanken kommen, die Alternative A oder B stärken. Dann gibt es bestimmte Zukunftserwartungen darüber, was geschehen würde, wenn A oder B passierte. Auch darüber hast du keine Kontrolle, welche Erwartungen und Bilder über A und B in dir hochkommen. Dann gibt es bestimmte Veranlagungen, welche Werte und Motive eine Rolle spielen. Manche spielen mehr auf Sicherheit, andere mehr auf Risiko. Dann gibt es bestimmte Themen aus der Familie, was der Vater, die Mutter, der Großvater usw. gesagt haben, was sich gehört und was nicht. Du hast keine Kontrolle darüber, ob du zu denen gehörst, die das tun, was der Großvater gesagt hat, oder zu denen, die das Gegenteil dessen tun, was der Großvater gesagt hat. Du hast keine Kontrolle darüber, was in dieser Entscheidungssituation innerlich und äußerlich passiert. Du hast keine Kontrolle darüber, welche Freunde kommen und was sie zu sagen haben. Wenn wir uns eine Waage für A oder B vorstellen, sinkt die Waagschale von A tiefer und tiefer, weil mehr Gewicht auf dieser Seite ist. Und du sagst dann nicht: Jetzt treffe ich die Entscheidung, ich entscheide mich für Alternative B. Im Gegenteil, zwangsläufig kommst du jetzt dazu, dass die Alternative A sich realisiert, d.h., die Entscheidung setzt sich dir um.

Da ist kein „Ich", das etwas in der Hand hätte und irgendetwas tut.

Interessanterweise ist in der modernen Hirnforschung diese These von der Nicht-Existenz des Ichs bzw. des Ichs als einer mentalen, gedanklichen Konstruktion immer weiter verbreitet. Und es gibt die schöne Theorie der Psychologin Susan Blackmore aus Großbritannien. Sie sagt, Gedanken macht sich ja nicht wirklich jemand, sie fallen einem ein. Dieses Einfallen, „mir fällt etwas ein", ist ein brauchbarer Begriff. Die Gedanken sind gewissermaßen Einheiten, die ein eigenes Dasein führen und von dir Besitz ergreifen oder nicht Besitz ergreifen, je nachdem, für welche Gedanken – Meme[2] nennt sie diese Gedankeneinheiten – du aufgeschlossen bist oder nicht, so dass dieses Gehirn, diese Persönlichkeitsausstattung so etwas wäre wie ein Wirt. Einzelne Meme sind wie Parasiten, die sich an ihm festsetzen oder eben nicht. So als hörtest du eine Melodie, die du öfter vor dich hinträllerst und den Nachbarn damit anstecktest. Das wäre ein Mem, das sich dann von allein ausbreitet und den anderen ansteckt. Andere Meme werden leichter unterdrückt. Manche Meme sind dazu da, andere Meme zu zerstören. Ob sich das Mem „Es gibt gar kein Ich, sondern es ist nur eine gedankliche Vorstellung" bei dir festsetzt oder nicht, darüber hast du keine Kontrolle, auch ich nicht. Wir können uns anschauen, was es für Konsequenzen hat. Aber wenn es sich festsetzte, dann würde es bestimmt eine andere Vorstellung zersetzen. So wirken Meme, die innerhalb eines Bewusstseinsfeldes gewissermaßen schwimmen und dieses Bewusstseinsfeld bestimmen und du selber hast praktisch keine Kontrolle darüber, welche Gedanken oder Meme bei dir gerade ansässig werden oder nicht. Die Mystiker wussten es immer: Das Ich verschwindet nicht durch die Erleuchtung, sondern das Nichtvorhandensein des Ichs wird erkannt. Das ist das Aufwachen. Das heißt, da kommt nichts dazu, sondern ich erkenne das Illusionäre.

---

2 Den Begriff des Mems prägte der Evolutionsbiologe Richard Dawkins als kulturelles Pendant zum biologischen Gen.

Wie erfahre ich diese tiefere Wirklichkeit?

Zuerst lade ich dich zu einer Übung[3] in Form einer Innenreise ein.

Mach die Augen zu. Atme aus. Und jetzt nimm wahr, was gerade für Körperempfindungen wahrnehmbar sind. Und dann nimmst du wahr, was du fühlst. Du kannst hier fragen: „Welche Stimmung ist da jetzt gerade? Fühle ich mehr Ruhe oder Unruhe?" Dann kann ich fragen: „Mit welchem Gefühl ist es verbunden?" Und wenn du jetzt irgendwas entdeckst, eine Stimmung, ein Gefühl oder eine tiefere Erfahrung, die im Augenblick im Vordergrund ist, dann kannst du dich in dieses Gefühl oder diese Erfahrung hineinfallen lassen und entdecken, wie tief dieses Gefühl oder diese Erfahrung ist. Im buchstäblichen Sinne hineinfallen lassen mit der Frage: „Wie tief ist es?" Und wenn du dabei dieses Erleben von Tieferfallen hast, dann kannst du entdecken, was dieses Tieferfallen auslöst. Du kannst auch sehen, ob dieses Tieferfallen entspannend oder beunruhigend wirkt oder unheimlich ist. Danach die Augen wieder öffnen.

Wenn man nach innen geht und diese verschiedenen Schichten von Körperempfindungen und Gefühlen durchschreitet, kommt jeder an einen inneren Abgrund. Die Existenzialisten haben diesen Abgrund beschrieben und uns aufgefordert, im Angesicht dieses Abgrundes nicht wegzulaufen, sondern freier zu werden, indem wir in den Abgrund hineinblicken. Die Mystiker, insbesondere die christlichen Mystiker, waren sich über diesen Abgrund sehr im Klaren und haben den Menschen geraten,

---

3 Siehe Anhang für eine Erläuterung der Bewusstheitsübung (S. 257).

sich in diesen Abgrund hineinfallen zu lassen. Und das ist der springende Punkt: Wenn ich mich in diesen Abgrund hineinfallen lasse, geschieht typischerweise, dass der Mensch sich nicht nur versenkt, sondern dass der Atem weniger wird. Wenn man das zulassen kann und die Angst vor der Bodenlosigkeit fühlen kann und trotzdem dabeibleibt, fällt man tiefer und erlebt eine Enge – es sind keine Bilder, sondern es ist eine innere Erfahrung –, als fiele man plötzlich durch eine Enge. Wenn man dann weiter aushält, dass der Körper fast gar nicht mehr atmet – viele Menschen bekommen dann Angst und holen Luft, weil sie fürchten zu ersticken –, wenn man es aushält und sich weiter fallen lässt, dann wird diese Enge plötzlich weiter und es findet eine wirkliche Veränderung statt. Man hat das Gefühl, zu schweben und zu fliegen. Da ist gar kein Grund und braucht auch gar kein Grund zu sein, weil man plötzlich fliegen kann. Das ist eine wesentliche Erfahrung, die zum Aufwachen führen oder das Aufwachen bedeuten kann, denn plötzlich fliegt man nicht mehr in einem Raum, sondern man nimmt sich als diese Unendlichkeit selbst wahr. Und so wird der Verstand still.

Ich habe das selbst, aber auch mit Schülern in den letzten zehn Jahren dutzendfach erlebt. Viele wachen auf diese Weise auf. Es ist eine Gnade. Man hat es nicht in der Hand, man kann es nicht machen, aber man kann sehr viel tun, um dahinzukommen.

Das Hineinfallen in den Abgrund und sich diesen existenziellen Ängsten zu stellen – der Angst vor der Bodenlosigkeit, der Angst vor der Auflösung in der Leere, der Angst vor dem Alleinsein, dem existenziellen Alleinsein, der Gottverlassenheit, der Angst vor dem Tod –, das sind die existenziellen Ängste, die durchschritten werden müssen. Das Ganze kann nur dann geschehen, wenn man alles mit sich geschehen lässt, ohne dass man selbst noch etwas tun will. Solange dabei noch irgendetwas von „Ich will", „Ich brauche", „Ich möchte" da ist, funktioniert es nicht. Es ist gewissermaßen so, wie Meister Eckhart sagte: „Wenn du nichts mehr willst und wenn du nichts hast – und dabei meine ich nicht den äußeren Besitz, sondern die inneren

Dinge – und wenn du nichts weißt, und das bedeutet, dass du dir keine Erwartungen machst, was als Nächstes passieren könnte, wenn du kein Urteil mehr hast über den Augenblick, wie er jetzt ist, wenn du nicht mehr erwartest, wie der Augenblick sein soll, wenn du in diesem Sinne nichts mehr weißt; wenn du also nichts will, nichts hast, nichts weißt, dann kannst du aufwachen, noch bevor die Messe zu Ende ist." Und dann sprach er: „Du kannst sogar aufwachen, bevor meine Predigt zu Ende ist."

Es kommt darauf an, die innere Haltung zu verändern

Beim Aufwachen kommt es darauf an, dass ich meine innere Haltung verändere, und nicht, dass ich etwas einübe. Diese innere Haltung ist die Haltung des Loslassens und des Nichts-mehr-Wollens. Deswegen hat dieser Prozess durch diesen tieferen Abgrund sehr viel mit dem inneren Sterben zu tun. Denn wenn ich sterbe, dann brauche ich mir keine Gedanken mehr über den nächsten Urlaub zu machen. Dann brauche ich mir keine Gedanken mehr zu machen, ob ich das Haus jetzt renovieren oder es gleich abreißen oder neu bauen soll. Wenn ich im Bewusstsein des Todes bin, höre ich auf, einen Plan für die Zukunft zu haben. Sobald ich keinen Plan für die Zukunft mehr habe, habe ich auch keine Gedanken über die Vergangenheit mehr. Dieses Bild des Todes, dieses Sterben, ist gewissermaßen der Dreh- und Angelpunkt des Aufwachens. Ich muss gewissermaßen bereit sein, zu sterben, wann immer es auf mich zukommt. Diese Bereitschaft zu sterben, wann auch immer das passiert, ist die Haltung der vollständigen Hingabe.

„Nicht mein Wille, sondern Dein Wille geschehe."

Diese Hingabe ist gewissermaßen das, was in dem Satz „Nicht mein Wille, sondern dein Wille geschehe" zum Ausdruck kommt. Dieser Satz ist in meinen Augen der befreiendste, den es gibt. Ich habe ja zuvor gesagt, dass es für den Mystiker selbstverständlich ist, dass es kein Ich gibt. Wenn ich weiß, dass es kein Ich gibt, macht es eigentlich keinen Sinn, zu sagen: „Nicht mein Wille, sondern dein Wille geschehe", weil ich weiß, dass ich gar keinen Willen habe. Dass nicht mein Wille geschieht, ist ohnehin eine unverrückbare Tatsache. Aber jetzt kommt etwas hinzu: Um Freiheit zu finden, ist es notwendig dass ich diesem „keinen eigenen Willen haben" nicht mit einer duldenden Haltung zustimme, weil ich es nicht ändern kann, sondern gewissermaßen mit einer freiwilligen Haltung, dass ich meinen Willen aufgeben würde, selbst wenn ich einen hätte, und dass ich bereit bin, dem ganz zuzustimmen, keinen eigenen Willen zu haben. Selbst wenn ich ihn hätte, würde ich ihn hingeben. Das ist vollständige Hingabe und so macht der Satz „Nicht mein Wille, sondern dein Wille geschehe" wieder grundlegend Sinn als Schlüssel zu dieser Haltung der Hingabe.

Der Weg zum Aufwachen besteht darin, dass die Struktur des Geistes aufgedeckt wird.

Jetzt komme ich zum zweiten Teil, der noch etwas praktischer ausgerichtet ist. Das Aufwachen und der Weg zum Aufwachen bestehen also darin, die Struktur des Geistes aufzudecken. Habe ich einen Plan, ein Motiv und ein Ziel, dann bin ich das Subjekt, das mit einem Objekt eine bestimmte Handlung vollzieht. In der spirituellen Praxis bin ich selber das Objekt. Diese Handlung bewirkt ein bestimmtes Resultat, eine bestimmte Veränderung, die ich wiederum mit dem anfänglichen Plan und der Erwartung vergleiche, um von da aus eine neue Handlung zu beginnen. Das ist die Struktur des Geistes, die Struktur der Handlung im Außen. Das Aufwachen bedeutet die Erkenntnis, dass kein Ich da ist. Also hat der spirituelle Weg darin zu bestehen, dass diese mentale Struktur zerstört wird.

Praktische Gedanken und psychische Gedanken

Ich kann diese mentale Struktur benutzen, wenn ich Brot backen oder Brücken bauen will. Für solche praktischen Belange, für die Beziehungsgestaltung oder für die Pädagogik in der Schule macht diese mentale Struktur Sinn. Aber bezogen auf mich selbst macht sie keinen Sinn. Dies ist ein wichtiger Unterschied: Es gibt zwei Arten von Gedanken. Zum einen die Gedanken, die das praktische Leben betreffen: Wie backe ich Brot? Wie erkläre ich dem Kind etwas in der Schule? Wie bereite ich den Vortrag vor? Das sind praktische Gedanken, die sehr nützlich sind. Doch dann gibt es die psychischen Gedanken. Das bedeutet, der Architekt baut nicht nur die Brücke, sondern fragt sich: „Wie stehe ich da, wenn ich die Brücke gebaut habe? Was sagt die Konkurrenz? Was sagen die anderen? Werde ich großartig sein, weil sie viel besser ist als die der anderen? Was für ein Selbstwertgefühl wird mir das geben?" Das alles, diese psychischen Gedanken sind lästig, unnötig, sinnlos und quälend. Sie verschwinden durch das Aufwachen. Wenn ich sage: „Der Verstand ist still", dann verfügt er natürlich, und zwar in größerer Klarheit, über all die praktischen Gedanken, die nötig sind. Man muss also keine Angst haben, dass man sich dann nicht mehr orientieren oder Essen zubereiten könnte. Wir können davon ausgehen, dass, wenn alle diese behindernden und lästigen Ich-Gedanken weg sind, die praktischen Gedanken viel klarer, einfacher, ungestörter und effizienter verlaufen können. Ich muss also in der spirituellen Praxis nichts tun, was diese psychische Struktur verstärkt, sondern mit allem aufhören, mit den Gedanken aufhören und wahrnehmen, was da kommt. Dazu lässt sich wieder das Bild eines Alkoholikers heranziehen. Was muss er machen? Nichts. Er muss nur das Glas stehen lassen. Aber was passiert, wenn er das Glas stehen lässt? Dann kommt alles Mögliche hoch. Und was muss er jetzt tun? Nichts. Er muss dem, was da hochkommt, Raum geben und nichts tun. Wenn er jetzt nämlich etwas täte, dann würde er den Alkohol durch etwas anderes ersetzen. Er muss bereit sein, sich all dem auszusetzen, was da hochkommt, wenn er anhält. Und das ist genau das, was der spirituell Suchende zu tun hat – anhalten. Da drängt jede Menge hoch. Da drängt das Sicherheitsstreben hoch, da drängt das Streben nach Anerkennung und Liebe hoch, da drängen die Gebote und Verbote der Eltern hoch, da drängt das hoch, was die anderen sagen, was man tun soll. Dann drängen die Triebe hoch: die Selbsterhaltungs-, die sexuelle und soziale Fixierung. Es drängen deine Gewohnheiten hoch, alles, was da los ist, drängt hoch und du hältst an.

Anhalten und nichts tun

Wenn du gegenüber all dem anhältst, dann kommen die Gefühle hoch, die dem zugrunde liegen: die Angst vor der Einsamkeit; die Angst davor, dass mich keiner mehr mag; die Angst, blöd dazustehen; die Angst, etwas nicht zu schaffen; die Angst, irgendjemandem nicht zu genügen. Der Schmerz kommt hoch und die Verzweiflung kommt hoch. So wie Kierkegaard sagt: „Der Mensch ist verzweifelt, selbst wenn er es nicht weiß, nämlich verzweifelt über diese Getrenntheit." All das kommt hoch und du setzt dich dem einfach aus.

Mein Lehrer Eli Jaxon-Bear war Schüler eines Lehrers, der wiederum selbst ein Schüler des großen Ramana Maharshi war. Dieser lehrte in Indien und gilt vielen als der größte Weise der Neuzeit, oder wie Ken Wilber sagt, „der wahrscheinlich größte Lehrer, der je auf der Erde gewesen ist." Ramana Maharshi lebte bis 1950 und viele Menschen sind zu ihm gekommen und haben das Aufwachen erfahren. Viele dieser Menschen sind dann als Lehrer weiter durch die Welt gezogen. Der Wichtigste unter ihnen war Poonjaji, der in Lucknow lehrte. Zu Poonjaji sind die Menschen aus dem Westen Anfang der 1990er Jahre gekommen, von denen einige heute wiederum als Lehrer weiterwirken wie Gangaji und eben Eli Jaxon-Bear. Ramana Maharshi hat diese Lehre des Anhaltens verbreitet. Ein Satz von ihm lautet: „Die ganze Methode der spirituellen Praxis lässt sich in zwei Worten zusammenfassen: Sei still!" Dieses Stillsein ist ein inneres Stillsein, nämlich nichts zu tun gegenüber dem, was da hochkommt.

Die 7 Schritte zum Aufwachen

Was kann man sinnvoll nutzen und was kann man tun, um anzuhalten, so dass die inneren Prozesse still werden? Die verschiedenen mystischen Traditionen heben unterschiedliche Aspekte hervor, die zu dem gemeinsamen und übereinstimmenden Ziel jeder Mystik führen können, der inneren Befreiung. Die folgenden Bemerkungen mögen mit aller Vorsicht verstanden werden; zum einen wäre es vermessen, etwas so Komplexes wie eine spirituelle Richtung in zwei Sätzen darstellen zu wollen, zum anderen ist jede spirituelle Richtung so differenziert, dass sich meistens verschiedenste Wege aus ihr selbst entwickelt haben.

- In der indischen Mystik wird dem Körper und der Hingabe an das Göttliche wie auch dem Schicksal viel Beachtung geschenkt. Traditionell ist der indische Weg ein Weg des disziplinierten Übens. Deswegen war Ramana Maharshis Lehre der Nichtlehre so revolutionär, wenn er sagte: „Hör auf zu üben und stell dir stattdessen immer wieder die Frage: Wer ist das, der da übt?" Die indische Mystik ist die Wiege so unterschiedlicher Richtungen wie des Yoga, des Buddhismus und des Advaita-Vedanta.

- Der Buddhismus betont die Leerheit, das Nur-Wahrnehmen (Zeugenbewusstsein). Im Buddhismus wird der mentalen Erforschung der geistigen Prozesse und dem disziplinierten Einüben der Beobachterposition viel Beachtung geschenkt.

- Die jüdische Mystik stellt die innere Distanz zum eigenen Leben, die Position des Zeugen und Beobachters und die Gestaltung der Welt in den Mittelpunkt sowie das Verstehen der Struktur, wie sich das Göttliche im Irdischen und auf den verschiedenen Energieebenen zwischen dem Irdischen und dem Göttlichen manifestiert.

- Die christliche Mystik betont die Liebe zu Gott und dem Nächsten, das Annehmen des Lebens, seiner Geschenke und seiner Zumutungen; die Begegnung mit dem Tod (ars moriendi), die vollständige Hingabe und die Aufgabe des Eigenwillens.

- Das Sufitum sieht die größte Bedeutung in der Hingabe, der Liebe und im Annehmen dessen, was ist. Es betont das rechte Verhalten in der Welt und das Anhalten gegenüber den niederen Leidenschaften (*nafs*). Letzteres hat große Ähnlichkeiten mit unserer Enneagrammarbeit und dem Anhalten der verschiedenen zwanghaften und triebhaften Verhaltensmuster, die aus den Fixierungen entspringen.

Hinsichtlich des Weges zum Aufwachen hat es von alters her zwei verschiedene Ansätze gegeben: zum einen den Weg des disziplinierten Einübens von Verhaltensweisen, die Meditation, die Kontrolle des Geistes und des Körpers, zum Beispiel durch stundenlange oder ganztägige Konzentration auf den Namen Gottes, ein bestimmtes kurzes Gebet, das im Atemrhythmus den ganzen Tag innerlich gesprochen wird, oder Visualisierungen, zum anderen den Weg des „plötzlichen Erwachens". Hier ist die Rolle des Lehrers noch wichtiger. Das Aufwachen geschieht durch eine plötzliche und radikale Veränderung der inneren Haltung zur Hingabe, durch ein vollständiges Loslassen und ein Fallenlassen aller mentalen Konstrukte und Konzepte. Dies findet sich in einigen Zen-buddhistischen Richtungen, in einigen Richtungen der christlichen Mystik (Meister Eckhart, Johannes Tauler) und im Advaita-Vedanta, durch den es in den letzten 20 Jahren in den Westen gelangt ist.

Meine Erfahrungen aus der Arbeit mit Menschen, Erkenntnisse aus eigenen Forschungen, das persönliche Wissen und die

Erfahrung des Aufwachens haben mich erkennen lassen, dass es Aspekte gibt, die es zu beachten lohnt. Diese lassen sich in sieben grundlegenden Schritten darstellen und zusammenfassen. Diese sieben Aspekte genau zu untersuchen ist hilfreich, um der Wahrheit näher zu kommen, um Frieden und Freiheit zu erfahren. Diese sieben Schritte zu durchlaufen kann den Prozess, der zum Aufwachen führt, hilfreich unterstützen und verstärken. Ihr Nutzen liegt vor allem darin, dass jeder Suchende genauer entdecken kann, wo seine eigenen Hindernisse auf dem Weg, der kein Weg ist, liegen. Der eine ist vielleicht in seinem Körper noch zu blockiert, dem anderen fällt es noch schwer, sich mit der Vergangenheit auszusöhnen, der Dritte hat Schwierigkeiten, die Gefühle und inneren Erfahrungen wahrzunehmen, die jenseits der Körperempfindungen sind. Es sind Schritte des Loslassens, nicht des Tuns. Es ist jenseits des Tuns und des Nicht-Tuns. Du öffnest dich für die Gnade, aber du bist nicht derjenige, der ein Aufwachen „machen" könnte.

Schritt 1: Die Wünsche und Ziele erkennen.

Der erste Schritt ist folgender: Finde heraus, was du wirklich willst!

Hier eine kleine Geschichte von Muktananda, einem Lehrer aus den 1970er Jahren, der damals in Amerika viele Anhänger hatte. Er wurde gefragt: „Der Fischreiher, der steht da den ganzen Tag am Fluss und bewegt sich nicht. Es ist offensichtlich, dass er den ganzen Tag meditiert. Wird er auch Erleuchtung finden?" Darauf antwortete Muktananda: „Der Fischreiher, der da steht, der meditiert auf Fische, deswegen kriegt er Fische. Wenn du meditierst, dann frage dich, worauf hin?"

Mit dem Aufwachen ist das so eine komische Sache. Ramana Maharshi, den ich eben erwähnte, zitierte immer wieder einen Satz, der fast 3.000 Jahre alt ist: „Wenn du die Wahrheit finden willst so sehr wie jemand, der unter Wasser ist, nach Luft und Sauerstoff verlangt, dann wirst du im selben Augenblick aufwachen." Wenn man also so sehr nur noch das eine will, dann bewirkt das, dass alles andere Wollen aufhört. Der ganze Eigenwille hört auf und dann ist das Ergebnis, dass du in diesen Abgrund und in diese Tiefe fällst und aufwachst. Dazu muss ich erforschen: Wie wichtig ist mir das Aufwachen? Bin ich bereit, alle anderen Ziele des Lebens dem unterzuordnen? Ist es mir wichtiger, weiterzuleben oder aufzuwachen? Wenn man ein Haus bauen will, kann man das sehr wohl nebenher machen. Dann wird es vielleicht nicht so schön, hat nur fünf Zimmer und nicht 20 und die Veranda kann auch noch warten. Das kann man nebenbei machen und es wird trotzdem irgendwann fertig. Mit dem Aufwachen ist es nicht so. Nur, wenn einem das Aufwachen wichtiger geworden ist als alles andere, gibt es eine reale Chance, dass dieser Durchbruch in den göttlichen Grund als das dauerhafte Sein in dieser tieferen Wirklichkeit auch geschieht. Und dieser Wunsch aufzuwachen, der hat Geschwister: Das ist die Offenheit dafür, dass es geschehen kann, und das Wissen davon, dass jeder Mensch aufwachen kann. Jeder, also auch man selber. Das ist der erste Schritt und dazu ist es nötig, dass man seine ganzen anderen Ziele erforscht. Das ist nicht so einfach, wie es klingt. Es gibt so manche Ziele, die liegen direkt an der Oberfläche: ein guter Job, ein neues Auto, eine gute Frau oder ein perfekter Mann. Das liegt auf der Hand, aber darunter gibt es, teils im Unbewussten, Ziele wie Sicherheit, Anerkennung zu kriegen oder die Kontrolle zu behalten. Es gibt ganz viele innere Ziele, die zum Inhalt haben, dass es nicht schlechter wird, als es ist. Der Mensch verbraucht viel mehr Energie dafür, Schaden abzuwenden und alles in dem Bereich zu lassen, wo es gerade ist, als Energie darauf zu verwenden, wirkliche Lebensziele zu erreichen. All das muss man erforschen. Es kommt oft vor, dass jemand sagt: „Ich will nichts mehr." Und dann stellt sich heraus, dass er mit Händen und Füßen bestrebt ist, zu halten, was er hat: den Job nicht zu verlieren, den Grad an Gesundheit, den er hat, nicht einzubüßen und nicht krank zu werden. Also bei dem „Was will ich?" muss ich auch immer fragen: „Was will ich nicht?"

Schritt 2: Die Bereitwilligkeit, alles zu fühlen und zu erfahren.

Der zweite Schritt heißt: Bereit sein, alles zu fühlen und zu erfahren, was auftaucht. Und das ist etwas, das in gewisser Hinsicht neu ist. Wir können bei der Meditation erleben, dass die Meditation und alle östlichen Wege die Gefahr beinhalten, dass ich nur der Zuschauer, nur der Beobachter meiner inneren Erfahrungen werde und mich auf diese Weise vom wirklichen Prozess des Erfahrens trenne. Es gibt immer wieder Menschen, die zehn Jahre meditieren (meistens die Vipassana-Meditation) und zu hundert Prozent in jedem Augenblick meditieren können. Aber diese Meditation hat bei ihnen dazu geführt, dass sie Gefühle nicht mehr wirklich fühlen, Erfahrung nicht mehr wirklich machen, sondern nur noch die Beobachter sind, nur noch außen stehen. Das macht nicht wirklich frei. In der Therapie, die sich im Westen etabliert hat, wird in der Weise mit Gefühlen gearbeitet, dass sie entweder innerlich durchgearbeitet, verstanden, erklärt oder gestalt- oder körpertherapeutisch nach außen ausgedrückt oder ausagiert werden. Osho hat gesagt: „Meditieren reicht nicht, Therapie reicht nicht, man soll beides machen." Ken Wilber sagt sinngemäß dasselbe. Aber das hat nicht funktioniert. Bei Osho waren mehr als hunderttausend Menschen, und es hat nicht funktioniert. Es kann nicht funktionieren. Aber es gibt einen anderen Weg der Befreiung, der weder das eine noch das andere tut. Er besteht darin, dass ich mich ganz in das Gefühl hineinfallen lasse, mich ganz von dem Gefühl erfassen lasse – und das wird dann richtig unangenehm, und zwar jedes Gefühl, nicht nur der Schmerz und die Angst, sondern auch die Freude wird unangenehm, wenn du dich vollkommen von ihr erfassen lässt, denn dann bekommst du Angst, dass du explodierst. Wohin mit dieser Angst? Viele sagen: „Oh, dann fange ich an zu tanzen." Aber das ist nur ein Ausagieren. Was passiert, wenn du diesem Gefühl von Freude, dieser ganzen Energie von Wut, wenn du die aushältst und innerlich in dir geschehen lässt? Dann zerreißt es dich. Dann bist du nicht mehr nur Beobachter: „Ah, meine Wut, die transformiere ich jetzt, daraus mache ich eine gute Energie." Damit hat das gar nichts zu tun, sondern es hat damit zu tun, die Wut zu fühlen und nichts, aber auch gar nichts zu machen. Ich habe das nicht selber erfunden. Johannes Tauler, ein Schüler von Meister Eckhart, der im 14. Jahrhundert lebte, formuliert es so: Man muss die Gefühle ausleiden, vor allem die Angst, die auftaucht, wenn es denn recht zugeht. Das heißt, wenn auf dem spirituellen Weg keine Angst hochkommt, dann geht es nicht mit rechten Dingen zu. In China, etwa im gleichen Jahrhundert, gab es offensichtlich ganz ähnliche Überlegungen. Sonst findet man das in dieser klaren, direkten Form nirgendwo.

Ich habe 20 Jahre lang Menschen mit Körpertherapie, Trancetherapie und Gestaltarbeit begleitet. Ich habe sie auf Kissen hauen lassen, sie aber auch nur sitzen und sprechen lassen, und ich habe tiefenpsychologisch gearbeitet, alle möglichen Varianten. Diese neue Art, mit Menschen zu arbeiten, erfordert eine innere Offenheit und das Ganze zielt nicht nur auf eine Persönlichkeitsveränderung hin, sondern auf das Aufwachen. Das gehört dazu. Wenn ich aufwachen will, habe ich keinen Grund, innerlich etwas zu verdrängen und abzuwehren. Dann öffnet sich sozusagen der ganze Deckel. Es ist eine ganz andere Haltung: bereit zu sein, alles zu fühlen, was da ist.

Mache noch mal die Augen zu[4]. Atme jetzt am besten mit einem hörbaren Seufzer aus – vielleicht zwei, drei Mal. Und jetzt wieder anhalten, zurücktreten, den Körper atmen lassen, am besten durch den offenen Mund, denn der Körper hat es dann leichter, den Atem zu verändern. Jetzt gibt es wieder bestimmte Körperempfindungen. Die Körperempfindungen sind unwichtig. Sie sind wie beim Autofahren: Ich höre

---

4 Siehe Anhang für eine Erläuterung der Innenreise (S. 264).

nur, wenn die Benzinpumpe stottert, dann kümmere ich mich darum, damit es weiterfährt. Und dann kümmere ich mich um den Weg, nicht um den Motor oder die Zylinder. Solange sie gut laufen, dürfen sie im Hintergrund bleiben. Die Körperempfindungen sind ebenfalls nicht wichtig. Wichtig ist das, was du fühlst, jetzt in diesem Augenblick. Welche Stimmung ist da? Ist da Ruhe oder Unruhe? Und ein Gefühl kann ganz zart sein, ganz wenig. Dann stelle dir die Frage: „Wie reagiere ich auf das Gefühl? Gehe ich dagegen an, gehe ich davon weg oder renne ich da hin? Oder darf es einfach da sein und ich überlasse mich dem?" Alle Gedanken, alle Erklärungsversuche sind ein Weggehen. Werde du zu dem Gefühl. Lass dich so sehr in das Gefühl hineinfallen, dass du zu dem Gefühl wirst. Dann kannst du entdecken: „Was macht das Gefühl mit mir?" Dann die Augen wieder aufmachen.

Man kann, wenn man die Augen wieder aufmacht, weiter darauf achten, in der inneren Erfahrung zu bleiben und nicht völlig daraus wegzugehen. Wenn man entdeckt, wie man auf ein Gefühl reagiert, kann Veränderung geschehen. Veränderung bedeutet hierbei, dass ich aufhöre, auf die Gefühle zu reagieren – weder wegschieben noch dagegen angehen, weder weggehen noch hinrennen. Aufhören, auf die Gefühle zu reagieren. Dann falle ich durch verschiedene Schichten von Gefühlen. Es kommen zuerst die oberflächlichen Gefühle, dann kommen tiefere Gefühle, dann die existenziellen Gefühle von Angst, Schmerz, Verzweiflung und schließlich kommt der Abgrund von allein. Zwischendurch taucht immer wieder Angst vor dem Abgrund und der Auflösung auf, Angst vor dem Sterben. Eine kleine Anmerkung: Viele Menschen, spirituelle Menschen, haben

Angst, sich mit Gefühlen zu identifizieren, aber das ist ein ganz großes Missverständnis. Wenn man von außen als Beobachter dasteht, dann denkt man: „Oh, das Gefühl ist da, damit identifiziere ich mich nicht." Doch das stimmt nicht. Selbst das Beobachten, das Wegschieben ist schon ein Tun, und dieses Tun ist bereits Identifizierung. Ich identifiziere mich nur dann nicht mit dem Gefühl, wenn ich nicht sage, dass es mein Gefühl ist und dass ich etwas mit ihm tun muss, sondern wenn ich in mir die Gefühle hochkommen und auftauchen lasse, mich ganz davon erfassen lasse. Dann ist da nur ein Gefühl und niemand, der sich identifiziert. Das ist ein absolut wichtiger Aspekt dieser Angelegenheit. Das ist der zweite Schritt: einen Weg zu finden zwischen der Meditation, der Gefahr der Dissoziation und der Therapie, bei der es darum geht, Gefühle auszudrücken und auszuagieren. Dazwischen einen Weg zu finden ist ein Meilenstein in der spirituellen Entwicklung. Ich denke, dass viele sagen: „Oh, das kenne ich, das mache ich auch so" oder: „Mein Therapeut macht das auch so." Das wird zwar immer wieder so empfunden, ist aber das ein Irrtum. Man muss das wirklich tief und gründlich erforschen, um herauszufinden, dass es sich dabei um etwas Neues handelt. Das war der zweite Schritt.

Schritt 3: Die Position des Zuschauers/der Zuschauerin

Der dritte Schritt besteht darin, eine innere Haltung zu finden, die sich als die Haltung eines beobachtenden Zeugen beschreiben lässt. Du kannst in der Haltung einer spirituellen Freundin oder eines spirituellen Freundes entdecken, dass du ein Zuschauer des ganzen Weltentheaters bist, in dem die Person, die du bisher *Ich* nanntest, auch eine Rolle spielt. Und diese Rolle wechselt: Mal spielst du eine komische Rolle, mal eine tragische oder auch mal eine mutige Rolle. Aber welche es auch immer ist: Du bist der Wahrnehmende, die Beobachterin, der Zeuge, die spirituelle Freundin.

Diese beiden Schritte, also alles zu fühlen, was ist, und die Position eines Zuschauers des eigenen Lebens einzunehmen, sorgten in der Vergangenheit für viel Verwirrung. Wenn du in der Position des Zeugen bist, besteht die Gefahr, dass du die Geschehnisse und Gefühle lediglich beobachtest, statt sie zu fühlen und wahrhaftig zu erleben. Darauf wird so viel Wert in der Meditationstechnik und Praxis gelegt, dass es Menschen gibt, die auf diesem Weg die Natürlichkeit und den Kontakt zum wirklichen Fluss des Lebens verlieren. Eine Vermeidung des Erlebens und der Erfahrung, der Freuden und der Schmerzen durch ein dissoziierendes Beobachten verhindert die Chance, die Unendlichkeit zu erfahren. Das Leben wird zu etwas Abgetrenntem und das Innere zu etwas Künstlichem, denn wenn man noch nicht einmal die Trauer über die zerbrochene Lieblingstasse erfahren kann, wie soll man dann die Unendlichkeit erfahren? Durch das künstliche, angestrengte und außenstehende Beobachten wird der Weg zum Aufwachen regelrecht verbaut. Die andere Verwirrung ist die: Ich will ganz fühlen, was da ist, und das reicht mir. Das Geheimnis besteht darin, dass du zu hundert Prozent fühlst, dich der Lebendigkeit hingibst und zu hundert Prozent Beobachter, Zeuge und Wahrnehmender bist. Normalerweise ist der Mensch weder wirklich lebendig – er beurteilt sich, bewertet sich oder ist nicht wirklich am Leben beteiligt –, noch ist er wirklich der Zuschauer des Lebens. Er ist weder das eine noch das andere. Als Beobachter ist er nur beurteilend, vergleichend, sich schlecht machend oder sich in den Himmel lobend. Die Lösung besteht darin, sich zu hundert Prozent dem Leben hinzugeben und gleichzeitig zu hundert Prozent nur der Wahrnehmende des ganzen Theaters zu sein, der ganzen Vorstellung, der ganzen Evolution, des ganzen Kosmos.

Schritt 4: Die Muster deines Lebens verstehen

Der vierte Schritt besteht schlicht darin, dass ich mir über die wesentlichen Muster meines Lebens und meines Verhaltens bewusst werde. Dabei spielt das Enneagramm eine wichtige und sehr hilfreiche Rolle. Die Struktur des Enneagramms unterscheidet neun wesentliche Charakterstrukturen mit den dazugehörigen Fixierungen, die sehr deutlich deine Verhaltensmuster, deine Motive und deine seelische Dynamik herausstellen. Mit diesem Instrument kannst du deine spirituelle Freundin sein und erkennen, welche Muster sich in deinem Körper-Geist-Gefühls-Organismus manifestiert haben und dein gesamtes Verhalten bestimmen. Es sind Muster, für die du nichts kannst; Muster, für die deine Eltern nichts können; Muster, für die niemand etwas kann. Und du bist derjenige, der diese Muster immer deutlicher sieht. Das verändert die ganze innere Haltung diesem Leben gegenüber: die Haltung dessen, der nichts zu verändern sucht, die Muster nicht verändern will, sondern stattdessen anhält. Du sollst nicht, wenn du deine Charakterfixierung gefunden hast, eine bessere Sechs oder eine bessere Acht werden. Du kannst auch nicht, wenn du eine Sechser-Fixierung hast, eine Achter-Fixierung bekommen. Nichts davon. Du sollst anhalten. Und das geschieht durch zwei innere Schritte. Erstens, du siehst mit der Charakterfixierung besonders deutlich, welchem Grundgefühl du aus dem Weg gehst und welches Grundgefühl dein Leben reguliert und bestimmt: die Angst. Es ist die Angst, nicht geliebt zu werden; die Angst die Kontrolle zu verlieren, und darauf aufbauend Gefühle von Wut, Neid, wieder Angst, Stolz oder Habgier. Indem du das bemerkst, erkennst du, was die ganze Maschine antreibt. Die wichtigste Aufgabe besteht darin, dich diesem zugrundeliegenden Gefühl zuzuwenden, es zu erkunden, es zu erfahren und bereit zu sein, dem zu begegnen. Das ist der erste Punkt, wie das Enneagramm genutzt werden kann.

Der zweite ist: Du siehst all diese Muster und zunächst bist du ernüchtert, schockiert und beleidigt, weil es so demütigend ist, zu sehen, dass du alles, von dem du bisher dachtest, es sei deine originelle Schöpfung und deine „besondere" Persönlichkeit, im Enneagramm beschrieben findest. Die meisten Menschen sind überrascht, wenn sie das lesen. Später erkennst du dich in anderen Menschen, die die gleiche Charakterfixierung haben, wieder: „Die machen das genauso wie ich ..." Das zu erleben und zu sehen, ist sehr beschämend und ernüchternd – zuerst. Doch dann ist es sehr, sehr erleichternd, denn du erkennst: Wenn das alles mechanisch abläuft, dann kann ich mich dem zuwenden, was ich wirklich bin.

Du entdeckst mit Hilfe des Enneagramms das Grundgefühl und die Grundleidenschaft deines Lebens und kannst dich dem stellen und dem begegnen. Ein Mensch mit einer Sechser-Fixierung kann beispielsweise erkennen, wie all sein Handeln von Angst bestimmt wird. Die Zweier-, Dreier- und Vierer-Fixierungen können beobachten, wie alles von dem Wunsch bestimmt wird, endlich geliebt zu werden, und der Angst, der Verlorenheit und dem Nicht-geliebt-Werden zu entkommen.

Du kannst gleichzeitig klar und deutlich deine spirituelle Freundin oder dein spiritueller Freund sein. Du siehst die Muster, siehst, was da abläuft, und indem du anhältst und bereit bist, das zu fühlen, kommen diese ganzen Muster zur Ruhe – und dann zeigt sich die Essenz, die darin enthalten ist.

Das Enneagramm

Das Enneagramm unterscheidet neun verschiedene Charakterstrukturen, deren Merkmale jeder Mensch aufweist, allerdings stellt eine der Charakterfixierungen die wichtigste innere Dynamik dar. Die Persönlichkeit eines jeden Menschen ist einzigartig, doch die darunterliegende Charakterfixierung ist durch eine der neun verschiedenen Typen bestimmt. Die neun Charakterfixierungen lassen sich wiederum in mentale, körperliche und emotionale Fixierungen unterteilen. Jeder Mensch hat natürlich einen mentalen, einen physischen und einen emotionalen Körper, doch in einem der drei Körper ist er am meisten zu Hause.

Alle neun Fixierungen haben an der Wurzel die Angst. Die Angst vor dem Tod und die Angst vor dem Sterben. Jede Fixierung hat einen anderen Weg, der Angst vor dem Tod zu entkommen. Die Strategien sind verschieden, z. B. stärker sein zu wollen und zu müssen als die anderen, um Anerkennung zu bekommen, oder so viel für den anderen zu tun, dass er mich lieben muss, weil er ohne mich nicht mehr zurechtkommt, oder viel zu produzieren, so dass man über die Leistung Anerkennung bekommt.

Der Charakterfixierung zugrunde liegt eine der neun Qualitäten des menschlichen Daseins: die Liebe, die Freundlichkeit und Güte, die Reinheit, das Gewahrsein, die Energie und Kraft, die Versunkenheit, die Klarheit und Intelligenz, der Frieden und die Weisheit und die Freude. Und jeder manifestiert eine der neun Qualitäten. Da das Ich da ist, kann sich die Qualität nicht entfalten, sondern verbiegt sich zur Fixierung.

Seine ureigenste Bedeutung hat das Enneagramm im spirituellen Zusammenhang. Du siehst plötzlich deine Fixierung – das, was du nicht bist. Je klarer du das erkennen kannst, desto durchsichtiger werden die Fixierung und der ganze Film deines Lebens. Der Schleier fällt. Du kannst erfahren, was du wirklich bist: Liebe, Leere, Gewahrsein. Das Enneagramm erweist sich als ein lebendiges und wirksames Instrument zur Selbsterforschung und Veränderung auf dem inneren Weg. Wenn du schon tiefe spirituelle Erfahrungen gemacht hast, ist das Enneagramm weiterhin ein unbestechlicher Weg, um dir deine blinden Flecken zu zeigen, um der Stille im Alltag mehr Platz zu geben, so dass sie sich immer tiefer entfalten kann.

Schritt 5: Die Identifikation mit dem Körper beenden und den Körper durchlässig werden lassen

Der fünfte Schritt ist tatsächlich sehr wichtig. Ich nenne ihn „Den Körper durchlässig werden lassen". Viele spirituell Suchende hören dem Lehrer entweder nur zu oder sitzen in der Meditation und wollen vielleicht auch alles auftauchen lassen. Wenn aber der Atem nicht frei fließen kann, wenn der Ton nicht von alleine da sein kann, wenn die Muskulatur nicht frei ist, so dass der Brustkorb, die Seiten, der Rücken und der Atem sich nicht frei bewegen können, dann ist es nicht möglich, alles auftauchen zu lassen. Wenn z. B. beim Weinen die Luft angehalten wird, dann kann sich die Traurigkeit nicht vollständig lösen. Ein bisschen löst es sich, ein bisschen Dampf wird abgelassen, aber die Traurigkeit ist weiter da. Nur wenn der Atem frei ist, kann sich die ganze Anspannung, die ganze Energie lösen. Dann kann der Körper freier werden und die Traurigkeit auch wirklich verbrennen. Wenn man Gefühle lässt, wie sie sind, dann verbrennen sie. Genauso ist es mit den anderen Gefühlen: bei der Freude kann man, wie ich sagte, Angst haben zu explodieren. Wenn der Atem frei fließen kann, gibt es keine Angst zu explodieren. Ich meine damit nicht, dass man jetzt tief atmet, sondern dass <u>man</u> gar nicht atmet, weil man nur <u>den Körper</u> atmen lässt.

Wir machen eine kleine Übung[5] dazu. Mache die Augen zu. Atme zuerst wieder zwei oder drei Mal mit einem Seufzer, den du weniger machen, sondern vielmehr geschehen lasse sollst, aus. Aber ein hörbarer Seufzer. Also: Ein bisschen machen, ein bisschen anschieben, aber nur ein bisschen. Es ist gewissermaßen so, wie wenn ich mich nach dem Winter wieder auf die Schaukel setze oder das Kind daraufsetze –

5 Siehe Anhang für eine Erläuterungen der Ton-Übung (S. 266).

sie ist über den Winter ein bisschen eingerostet, da muss ich erst kräftiger anschieben und dann kann die Schaukel von alleine schaukeln. Jetzt weiter den Mund geöffnet haben und wahrnehmen, wie der Atem fließt. Fließt er in den Bauch, in die Brust? Und wo hat der Atem Schwierigkeiten? Fließt er in den Rücken, in die Seiten, ins Becken? Wo fällt es dir nicht leicht? Man kann oft sehr gut merken, wo der Impuls entsteht, zu atmen, statt das dem Körper zu überlassen. Immer wieder Impulse, die auftauchen, nicht berühren und den Atem fließen lassen, ohne etwas zu tun. Ihn noch nicht einmal beobachten, nur geschehen lassen. Und jetzt wieder wahrnehmen, was du fühlst. Es gibt die herkömmlichen Gefühle und dann gibt es Erfahrungen, die tiefer sind als Gefühle: Ruhe, Stille, Frieden, Weite. Das sind Erfahrungen, die sind tiefer als Gefühle. Man muss eigentlich sagen: Was fühlst du oder was erfährst du Tieferes? Oder: Welche Stimmung ist da? Und jetzt, wenn du da etwas ausgemacht hast, lass einen Ton entstehen, den du nicht tust. Wenn wir das Wort „Stimmung" haben, wissen wir sofort, da ist „Stimme" als derselbe Wortstamm, weil Stimme und Stimmung praktisch identisch sind. Ein Ton, den man nicht macht, sondern den man geschehen lässt, der das Gefühl nicht nach außen bringt, nicht weghaben will, sondern der die Möglichkeit gibt, tiefer in das Gefühl hineinzusinken. Und dann trau dich ruhig, einen Ton zu machen. Keinen langen Ton, jeder lange Ton wird gemacht, sondern nur so das Ausatmen begleitend, im Sinne von „Haaaaa" (3-mal). Und dann darauf achten, dass der Ton hilft, das Gefühl tiefer zu fühlen. Und gleichzeitig kann der Ton Anspannung, die da ist, wegschmelzen. Dann kannst du noch der Frage Raum geben: Wie leicht fällt es mir, geschehen zu lassen, oder wie schwer? Wie leicht fällt es mir, mich dem zu überlassen, was geschieht? Oder: Wie viel Angst habe ich, die Kontrolle aufzugeben?

Diese Arbeit mit dem Körper hat sehr viel damit zu tun, geschehen zu lassen. Ich denke, dass die Atemarbeit notwendig ist. Alle vorgegebenen Übungen, wie im Yoga, im Feldenkrais oder in der Alexandertechnik, sind weniger geeignet. Im Daoismus hat sich eine Schule des Yogas über die Jahrtausende entfaltet, in der Bewegungen im Körper[6] entstehen. So wie der Ton jetzt eben entstand, ohne dass etwas getan wurde, können auch Bewegungen entstehen, wo der Körper bewegt wird, ohne dass man etwas tut.

Aufwachen hat etwas mit Loslassen der Kontrolle zu tun. Alle Übungen, die mich kontrollieren, stehen dem Aufwachen im Weg. Man muss sich klar darüber sein, was man will und wohin das führt.

Schritt 6: Die Vergangenheit beenden

Der sechste Schritt ist, die Vergangenheit zu beenden. Das bedeutet Folgendes: Fast alle Menschen leben in dem Wahn, dass die Vergangenheit anders hätte sein müssen, als sie war. Die Eltern hätten anders sein müssen, als sie waren, der Lehrer hätte anders sein müssen, das Studium hätte anders sein müssen, man selber hätte anders sein müssen usw. Und diese Idee führt dazu, dass innerlich Energie aufgewendet wird, das alles noch zu ändern. Der Groll gegen die Eltern wird aufrechterhalten: „Der Vater hätte mir sagen müssen, dass er auf mich stolz ist." „Die Mutter hätte mich nicht so viel allein lassen dürfen." Dabei wird

---

6 Siehe Anhang für eine Erläuterungen der Bewegungsübung (S. 269).

ein Groll aufgebaut, als könnte man das immer noch erreichen. Aber vielleicht sind die Eltern schon tot. Auf jeden Fall ist die Zeit vorbei, in der sie für einen hätten da sein müssen. Und wer sagt eigentlich, dass man ein Recht darauf hat, dass sie für einen hätten da sein sollen, müssen oder können? All das mit sich herumzutragen ist für den spirituellen Weg ein großes Handicap, eine verrückte, wahnwitzige Belastung.

Dazu eine kurze Übung: Schließe die Augen und stell dir vor, vor dir ist ein freier Platz, vielleicht so etwas wie eine Bühne, und auf dieser Bühne spielt sich im Zeitraffer dein ganzes Leben ab, von der Geburt zu irgendeinem Zeitpunkt der Nachkriegszeit an, oder für manche noch während der Kriegszeit oder davor und für andere viel später. Die Eltern – genau diese Eltern, die da waren, keine anderen, das Heranwachsen, die Schule, Geschwister, Freunde, Beziehungen, Beruf, Trennungen, Lebensgefährten, neue Beziehungen, Arbeiten, die sich verändern usw. – alles im Zeitraffer. Alles war da auf der Bühne und jetzt gehst du nach innen und nimmst wahr, was du fühlst. Sag jetzt einen Satz, den du einfach auch sagen kannst, um zu entdecken, was er für Gefühle auslöst. Dieser Satz lautet: „Alles, was war, durfte genau so sein, wie es war. Alles, was jetzt ist, darf genau so sein, wie es ist." (Pause)

Jetzt können wir noch einen Schritt zusätzlich machen. Stell dir vor, dass auf dieser Bühne deine Eltern stehen und Geschwister und die Großeltern und die Urgroßeltern dahinter und es werden immer mehr, vier Großeltern, acht Urgroßeltern und bis zum Horizont sind es unendlich viele, die alle deine Ahnen sind. Jetzt schau auf sie und sage: „Ich nehme euch alle in meine Seele hinein (kurze Pause) – mit allem Guten und allem Schlimmen – euch alle." (Pause) Wahrnehmen, was das auslöst. (Pause) Und dann die Augen wieder öffnen.

Schritt 7: Dem Tod und der Angst begegnen

Der siebte Schritt betrifft die existenziellen Ängste, mich ihnen und dem Tod zu öffnen; die Bereitschaft zu sterben, selbst wenn es in der nächsten Minute sein sollte. In diesem Prozess der Versenkung, des Tieferfallens wird es oft sehr konkret, wenn der Atem anhält und fast aufhört. Der Körper atmet dann so zart, dass man es kaum mitbekommt. An dieser Stelle muss man tatsächlich sagen: „Wenn ich jetzt sterben sollte, dann soll es so sein, dann gebe ich mich dem hin." Es gibt Meditationen, die helfen, mit dem Tod in Kontakt zu kommen. Beispielsweise sich vorzustellen, allein im Wald zu sein und von einer Schlange gebissen zu werden und die Gewissheit zu haben, dass man noch ungefähr 20 Minuten zu leben hat, und sich zu vergegenwärtigen, was in diesen 20 Minuten auftaucht: Traurigkeit, Empörung, Ablehnung. Was passiert, wenn Zustimmung auftaucht? Wie fühlt es sich an, wenn die Zukunft tatsächlich losgelassen wird, indem du sagst: „Ja, da es jetzt so kommen soll, stimme ich dem zu." Ramana Maharshi ist es so mit 16 Jahren widerfahren. Als Schüler hatte er nachmittags das Gefühl, sterben zu müssen. Und dann hat er gesagt: „Gut, dann lege ich mich jetzt hin und will möglichst genau mitbekommen, was passiert, während ich sterbe." Und dabei hat er alles losgelassen und sich vollkommen hingegeben. Das ist die innere Situation, die uns helfen kann, uns dem Tod zu nähern. Und diese Annäherung hilft uns, alle Pläne, Wünsche, Vorstellungen, Erwartungen, wer wir selber sind, fallen zu lassen. Das ist der Kern des Anhaltens und der Kern dessen, was man tun kann, um aufzuwachen.

KAPITEL 3
VON GEFÜHLEN, KÖRPER-
EMPFINDUNGEN
UND GEDANKEN

Wochenendseminar in Wien, 2010

Dieses Kapitel ist die gekürzte Abschrift eines Wochenend-
seminars in wörtlicher Rede. So hat der Leser die Möglichkeit,
in einer besonderen Form nachträglich an dem Seminar teil-
zunehmen und sich auf ganz besondere Weise davon berühren
zu lassen. Wer möchte, der kann sich während des Lesens
auftauchende Fragen notieren. Manchmal beantworten sie
sich durch die weitere Lektüre von allein; manchmal sind
es aber auch Fragen, die gestellt werden wollen und deren
Antworten einen wesentlich weiterbringen. Dann sollte man
sich die Freiheit nehmen, diese Fragen zu stellen, in welchem
Rahmen auch immer.

Ein solches Wochenendseminar hat kein vorgegebenes
Thema. Man kommt zusammen, es tauchen Fragen auf, die
Antworten finden. Mit anderen Worten: Es ist ein sehr offener
Prozess, der dem Raum gibt, was die Teilnehmer gerade wirklich
bewegt. Typischerweise sieht ein solches Wochenende so aus: Es
gibt ein Treffen am Freitagabend, dann drei Treffen von jeweils
zwei Stunden am Samstag und ein dreistündiges Treffen am
Sonntag. Morgens gibt es die Möglichkeit, eine Stunde Yoga mitzumachen. Das morgendliche Treffen beginnt mit einer Bewe-
gungs- oder Ton-Übung, in der der gegenwärtigen Stimmung
oder dem Gefühl innerlich mehr Raum gegeben werden soll.

Bereit sein, alles zu fühlen

Das Treffen beginnt mit einer Innenreise[7] zu den Körper- und Gefühlswahrnehmungen. Diese Übung dauert ca. 10 Minuten.

Halte deine Augen geschlossen und geh mit deiner Aufmerksamkeit durch deinen Körper. Am besten öffnest du dabei den Mund, weil der Körper dann leichter den Atem so verändern kann, wie er es möchte. Du kannst mit deiner Aufmerksamkeit durch deinen Körper wandern und dann an der Stelle bleiben, wo du Druck spürst oder Anspannung oder viel Bewegung oder wo es taub ist. Das Wichtige dabei ist, dass du mit deiner ganzen Aufmerksamkeit an dieser Stelle bist. Dass du das, was da zu spüren ist, ganz spürst, aber nichts damit tust, gar nichts damit tust, nichts machen willst, nicht danach greifst. Du spürst es, du nimmst es wahr und du tust nichts. Du kannst ein bisschen neugierig darauf sein, was aus dieser Körperempfindung wohl entsteht. Du kannst wahrnehmen und spüren, ob vielleicht von alleine Anspannung abfällt oder nicht, weil du es willst. Wenn du auf diese Weise so zurückgetreten bist, dann kann der Körper das tun, was er will. Dann kann das Leben geschehen, so wie das Leben sich gerade in diesem Augenblick entfalten möchte, weil du zurückgetreten bist.

Nach einiger Zeit kannst du zu einer anderen Stelle im Körper wandern und dort deine Aufmerksamkeit

---

7 Siehe Anhang für eine Erläuterung der Innenreise (S. 264).

lassen und nichts tun. Spüren, wahrnehmen und nichts tun und vielleicht noch in deinem eigenen Tempo an zwei, drei anderen Stellen weiterspüren.

Wenn eine Stelle davon schmerzt oder weh tut, kann es eine sehr spannende Erfahrung sein, zu beobachten, was geschieht, wenn du dich diesen Körperempfindungen ohne Gedanken und ohne Erwartungen zuwendest; auch ohne die Erwartung, dass es weiter weh tut. Dann kann es sein, dass die Empfindung sich ändert, weil du kein Konzept mehr hast.

Schließlich kannst du diesen Körper als Ganzes spüren, von den Füßen bis zum Scheitel. Du spürst jetzt die Bewegung, die der Atem im Körper macht, wie eine Welle kann es durch den ganzen Oberkörper fließen. Jetzt spürst du vielleicht die Bewegung des Pulses, des Herzschlages, der sich durch den ganzen Körper fortpflanzt. Und vor allem spürst du energetische Bewegung, ein Strömen und Fließen, das sich durch den Körper zieht oder durch manche Bereiche des Körpers. Und auch jetzt wieder, wenn du das alles spürst, ohne etwas zu tun, ohne etwas zu machen, dann kann es sein, dass der Körper von ganz alleine noch etwas mehr loslässt und dass dieses Vibrieren, Strömen und Flimmern sich im ganzen Körper ausdehnt und verbreitet, weil du dann dem Leben Platz machst.

Und jetzt kannst du deine Aufmerksamkeit mehr darauf richten, was du fühlst oder erfährst. Vielleicht nimmst du es wahr als eine Stimmung. Vielleicht nimmst du zwei Gefühle nebeneinander wahr, vielleicht eine tiefere Erfahrung von Stille oder Leere oder Weite. Und vielleicht ist da diese Leere und Weite und darin taucht ein Gefühl auf. Und wenn du wahrnimmst, was du fühlst, kannst du dich in dieses Gefühl tiefer hineinfallen lassen. Du brauchst nicht hinzugehen, du brauchst nichts damit zu tun. Da ist niemand, der hingehen könnte. Indem du loslässt, fällst du in diese Erfahrung, in dieses Gefühl hinein. Alles loslassen – viel mehr, als du denkst –, alle Konzepte, alle Gedanken und vor allem alle Erwartungen.

Dann kannst du gleich, wenn du die Augen öffnest, darauf achten, in dieser inneren Erfahrung zu bleiben. Du kannst die Augen öffnen und schließen und noch einmal öffnen, ein paarmal hin- und hergehen, um wirklich die Erfahrung zu machen, in der inneren Erfahrung zu bleiben, auch mit geöffneten Augen – und dann die Augen öffnen.

Was bedeutet „Nichts tun"?

Der physische Körper kann loslassen und der emotionale Körper kann loslassen, indem du mit den Gefühlen nichts tust. Die Gefühle loslassen bedeutet nicht, sie beiseitezustellen. Nicht im Sinne von „Ah, ich lasse die Angst los und jetzt hab ich keine mehr". Das ist Unsinn. Die Angst loslassen bedeutet, dass sie da sein darf und du nichts mit ihr machst. Dann ist sie da, dann durchströmt sie dich, durchfließt dich, bringt dich vielleicht in Aufruhr, das Herz schlägt schneller, der Atem verstärkt sich und du tust gar nichts damit. Das bedeutet die Gefühle loslassen. Die Gedanken loslassen bedeutet auch, nichts damit zu tun. Aber es bedeutet natürlich, solange sie noch da sind, dass du ihnen keinen Glauben mehr schenkst. So, wie wenn im Hintergrund im Radio der Werbefunk läuft und du weißt, du brauchst dem, was dort gesagt wird, nicht zu glauben. Genauso ist es mit dem Ich. Das Ich hat sich zu einem bestimmten Zweck etwas ausgedacht. Zu dem Zweck, seine Erwartungen bestätigt zu bekommen, zu dem Zweck, sich besonders und sicher zu fühlen, und zu dem Zweck, dem, was wahrgenommen wird, eine Bedeutung und einen Zusammenhang zu geben. So fühlt sich das Ich sicherer und besser. Du brauchst den Gedanken nicht zu glauben. Egal, ob sie erzählen, dass du großartig bist und toll und so wichtig und bedeutend, oder ob sie erzählen, dass mit dir nichts los ist, dass alles schiefgelaufen ist und du ein Nichtsnutz bist. Das ist ganz egal, das ist nur Propaganda, sonst nichts. Es sind Gedanken, für die du nichts kannst, gar nichts. Du glaubst ihnen einfach nicht mehr. Das geht wirklich, wenn du dir klar bist, dass alle Gedanken nur den Zweck haben, dass das Ich seine Ich-Bedürfnisse erfüllt. Sie sind da in diesen Kopf hineingeraten, genauso wie sie in Millionen und Milliarden anderer Köpfe hineingeraten sind. Millionen und Milliarden von Menschen haben die gleichen Gedanken. Dass sie großartig sind oder dass sie zu nichts taugen. Alle. Du kannst nichts dafür und du brauchst damit nichts zu machen. Und du brauchst ihnen nicht zu glauben.

Die Gefühle loslassen bedeutet, nichts mit ihnen zu tun. Die Gedanken loslassen bedeutet, sie nicht zu glauben und ihnen keine Beachtung mehr zu schenken. Den Körper loslassen bedeutet, alles, was du spürst, zu spüren und nichts damit zu tun. Dann entspannt er sich von selbst, dann lösen sich die Blockaden und die Anspannungen von alleine. Wenn du den Körper lässt, dann wird er so weich und anmutig und beweglich wie eine Katze. Warum sollte dein Körper dümmer sein als der Körper einer Katze? Nur das Ich steht dem im Wege, indem da Gedanken sind: „Ich muss aufpassen, mich schützen, sonst werde ich verletzt. Ich muss mich mühen, mein Gesicht wahren, Fassung behalten oder anstrengen, damit ich standhalte und nicht umkomme." Diese Gedanken strengen den Körper an.

Katzen oder Löwen haben solche Gedanken nicht und darum hat ihr Körper weniger Kummer. Also, alles loslassen! Wenn du das alles loslässt, was bleibt dann übrig? Was ist dann jetzt, in diesem Augenblick? Zuerst fällt auf, dass dann jetzt Frieden ist. Wenn du deinen Gedanken nicht glaubst, hört der innere Krieg auf, der Kampf, die Anstrengung. Und wenn dieser Kampf, diese Anstrengung aufhört, ist Frieden. Es hat nichts damit zu tun, dass es dir gutgeht. Es kann Schmerz auftauchen, Freude, Traurigkeit, das ist ganz egal, aber es ist Frieden. Und mit diesem Frieden geht es dir gut. Das ist die Erlösung, die Befreiung. Kein Urteil mehr, kein Dich-fertig-Machen, kein Irgendetwas-anders-haben-Wollen; einfach Frieden.

Den Kampf aufgeben!

Bisher hat der Mensch versucht, seine schlechten Gedanken durch gute Gedanken zu ersetzen. Wenn jemand mit sich unglücklich ist, versucht er, Dinge zu unternehmen, durch die er glücklicher wird. So hofft er, zufriedener mit sich zu sein. Er versucht vielleicht, sich einzureden, dass es doch gar nicht so schlimm sei. Aber das ist ganz überflüssig, das ist niemals eine Lösung. Du kannst mit beiderlei Gedanken aufhören: mit denen, dass du nicht in Ordnung bist, und genauso mit denen, dass du großartig bist. Höre mit beiden Gedanken auf. Du musst nicht innerlich darum kämpfen, dass die schlechten Gedanken durch gute ersetzt werden: „Ich bin ja doch nicht so schlimm. Manche Menschen mögen mich ja. Vielleicht mag mich das nächste Mal noch jemand mehr. Alles ist zu einem guten Zweck, alles hat das Universum mir geschickt." Das ist alles nur ein Krampf, alles nur eine neue Geschichte, unglaublich anstrengend und gar nicht nötig. Wenn du den Gedanken keinen Glauben schenkst, dann fällt alles ab. Der ganze Kampf und die ganze Vergangenheit.

Den Gedanken keinen Glauben mehr schenken

Du kannst ein kleines Experiment machen. Folge zuerst dem Gedanken „Oh, das ist ganz schwierig, die Gedanken loszulassen und ihnen nicht mehr zu glauben" und dann kehrst du den Gedanken um in „Oh, eine gute Idee, genau so mach ich das jetzt". Was hat der erste Gedanke für eine Wirkung? Und was hat der zweite Gedanke für eine Wirkung? Wenn du denkst: „Oh, das ist eine schwierige Sache, die werde ich bestimmt nicht schaffen", dann führt das dazu, dass es schwierig wird und du es nicht schaffst. Wenn da aber der Gedanke ist: „Oh, das klingt gut. Das scheint eine gute Sache zu sein. Die werde ich ausprobieren und mal sehen, was dabei herauskommt", dann gibt es eine wirkliche Chance, dass es klappt, und zwar bei jedem, egal, wie verquer die Gedanken bisher waren. Du hast die Möglichkeit, auszusteigen. Du kannst alle Gedanken loslassen, kannst es jetzt probieren! Und was bleibt übrig? Nichts. Darin liegt die Möglichkeit, Frieden zu finden, für jeden, und zwar sofort, noch lange bevor du aufgewacht bist. Das Aufwachen ist die endgültige Befreiung, aber indem du den Gedanken nicht mehr glaubst, kannst du in diesem Augenblick bereits freier werden.

Für den ichhaften Geist ist das unangenehm und demütigend, weil er sich bisher auf die Gedanken so viel eingebildet hat: Wie viel Macht sie dir verleihen, wie viel du damit erklären kannst, wie viel du unter Kontrolle bekommst, wie klug du damit bist. Sogar wenn du dich selbst mit den Gedanken niedermachst, gibt es einen Teil des ichhaften Verstandes, der sich darüber freut, wie klug er das macht. Und wenn das aufhört, bedeutet es für den ichhaften Geist eine Demütigung, die umso größer ist, je mehr du mit deiner Klugheit und deiner Verstandestätigkeit identifiziert warst.

Bereit sein, den Schmerz zu fühlen

Aber welchen Lohn, welchen Gewinn erzielst du, wenn du Frieden erfährst, weil der Krieg und der Kampf aufgehört haben?

Was bekommst du dafür? Ist das weniger wert? Inneren Frieden, weil du entschlossen bist, allem ins Auge zu sehen, alles anzunehmen, alles zu akzeptieren, so wie es ist; auch alles zu tragen, so wie es ist. Das Letzte bedeutet Folgendes: Wenn du bereit bist, den Schmerz zu tragen, dann hören die Verkrampfung und der Kampf auf. Dann hört der ganze Alptraum auf. Solange du versuchst, dem Schmerz zu entkommen, verspannst du dich, verkrampfst du dich, kämpfst du, rennst du – und das alles vervielfacht den Schmerz und ist die Ursache für das Leid und den ganzen Alptraum.

Für jemanden, der sich oft als Opfer gefühlt hat und sehr viel Schmerz in sich hat, ist das nicht so leicht zu akzeptieren. Wenn du so viel Leid erfahren hast, dann hast du auch so viele Anstrengungen unternommen, damit es aufhört und du es dir vom Leib halten kannst. Jetzt zu hören: „Mein Gott, gerade dadurch hast du das Leid verstärkt und erst erzeugt, stattdessen käme es darauf an, den Schmerz da sein zu lassen", ist nicht einfach zu verkraften. Es kann sein, dass du dich fragst: „Mein Gott, was wird passieren, wenn ich den ganzen Schmerz zulasse und da sein lasse? Womöglich wird er dann so riesengroß, dass er mich erdrückt, überfordert, überwältigt."

Einverstanden sein!

Es ist deine einzige Chance. Wenn du bereit bist, den Schmerz anzunehmen, so wie er kommt und wie er da ist, wenn du dem zustimmst, dass du in der Vergangenheit so viel Schmerz zu fühlen hattest, wenn du dem allem zustimmst, dann fallen sofort die Verkrampfung, die Anspannung und der Kampf von dir ab. Daher rührt der Satz aus dem Matthäus-Evangelium: „Denn mein Joch ist süß, und meine Bürde ist leicht." Nicht der Schmerz wird süß, aber die Hingabe ist süß. Und der Schmerz kann da sein. Wenn du dich dem hingibst, sind gleichzeitig ein Frieden und eine Süße da. Das gilt für jeden Schmerz und jedes Schicksal, ob es eine Krankheit ist, ob es der Tod ist, ob es ein Verlust ist, der Verlust jedes Augenblicks – jeder Augenblick stirbt und du stirbst in jedem Augenblick. Und all das ist da und all das darf da sein, und dann ist da Frieden. Es ist wirklich eine reale, unmittelbare und gegenwärtige Möglichkeit, Freiheit zu finden.

„Ich habe es ja immer schon gesagt … Ich habe es immer schon gewusst" ist genau so ein Gedanke wie „Alles ist okay, wie es ist". Du hörst mit allen Gedanken auf, sowohl dass es nicht okay ist, als auch dass es okay ist. Das, was ist, braucht keinen Gedanken. Es ist einfach da, sonst nichts. Schmerz ist da, Freude ist da, Frieden ist da. Es ist einfach da. Es braucht nicht okay zu sein. Wozu? Selbst das bedeutet viel zu viel Anstrengung. Es ist auch nicht alles, was da ist, eigens dafür da, dass du daraus etwas lernst. Das ist viel zu viel Bedeutung für dich und für das, was da geschieht. Wer weiß schon, ob das Universum sich um dich kümmert? Es ist einfach da, so wie die Sonne da ist.

Die Sonne scheint, egal, was du daraus machst. Ob du das Licht nutzt, um dunklen Geschäften nachzugehen, ob du das Licht nutzt, um dir einen Sonnenbrand zu holen, oder ob du das Licht nutzt, um Spaß zu haben, das kümmert die Sonne nicht, sie scheint. Sie scheint nicht extra für dich. Kinder glauben, dass die Sonne scheint, weil sie den Teller leer gegessen haben. Oder Mütter glauben, dass Kinder das glauben, egal. Aber du brauchst keinen neuen Glauben. Du hörst einfach mit jedem Glauben auf. So wie die Blume keinen Gedanken hat, sondern einfach da ist. Die Blume ist nicht da und denkt: „Oh, schön, jetzt werde ich da sein und wenn Wanderer vorbeikommen, dann mache ich ihnen eine Freude. Oh, schau, der Wanderer hat mich angesehen! Wie toll! Wie klasse! Oh, jetzt hat mein Leben einen Sinn gehabt!" Was für Anstrengungen und welche Verrenkungen! Es ist einfach.

Das Leben hat keinen Sinn!

Es ist nicht alles eine Botschaft für etwas. Es hat nicht alles einen Zweck für etwas. Das ist ein großer Irrtum. Alles, was einen Zweck hat, ist eingeengt. Schafe haben einen Zweck, sie geben Wolle. Darum sind sie auch eingezäunt, damit sie nicht weglaufen. Du hast keinen Zweck, du bist einfach da. Die Schafe sind auch einfach da, weil sie ignorieren, dass sie einen Zweck haben. Aber du bist noch besser dran, weil du keinen Zweck hast. Du brauchst keinen. Du brauchst keine Rechtfertigung, weil es reicht, dass du da bist. Das ist alles. Das ist das Ganze in seiner Großartigkeit. Du bist da. Du musst nicht gut sein, du musst nicht toll sein, gar nichts.

„Mein Leben jetzt ist dafür da, dass ich eine Lektion lerne, und den Menschen begegne ich, um etwas zu lernen." Wofür sind diese Gedanken gut? Damit das Ich für alles einen Zusammenhang hat und alles einordnen kann. Dieses Bedürfnis des Ichs ist gewaltig. Bei kleinen Kindern ist dieses Bedürfnis verständlich und wir geben ihm Raum. Wir erklären ihnen Dinge, warum die Sonne scheint und was mit der Oma geschieht, wenn sie stirbt. Wir helfen dem Kind, inneren Halt zu finden. Wir sagen Kindern nicht: „Der Tod ist das Nichts und die Oma ist in das Nichts gefallen und aufgegangen im Nichts. Wenn du sterben wirst, wirst du dich öffnen können dafür, dich dem Nichts und dem vollkommen Unbekannten und der vollkommenen Leere zu überlassen." Das Herz des Kindes ist noch klein und zart. Es muss wachsen dürfen. Aber wenn wir uns als Erwachsene immer noch solche Geschichten erzählen, dann ist es, als würden wir uns Geschichten erzählen, um uns zu beruhigen, dass alles seine Ordnung und seine Bedeutung hat. Das Herz bleibt dann ganz eng, ganz klein. Welch eine Weite ist da, wenn du bereit bist, das alles loszulassen. Du brauchst nichts, du brauchst keine Bedeutung. Du darfst da sein, einfach und vollständig, ohne Warum, ohne Wozu. Das macht dich nicht weniger, das macht dich mehr.

Loslassen – Leere, Stille, Nichts

Wenn du den physischen Körper loslässt, bedeutet das, nichts damit zu machen, ihn frei werden zu lassen und die Kontrolle zu beenden. Wenn du deine Gefühle loslässt, bedeutet das, nichts mit ihnen zu machen, sie einfach da sein zu lassen. Und wenn du deine Gedanken loslässt, bedeutet das, ihnen nicht zu glauben und ihnen keine Beachtung zu schenken. Wenn du das tust, dann lässt du gleichzeitig deine Vergangenheit und deine Zukunft los. Das, was du Vergangenheit nennst, sind Gedanken, Konstrukte. Das, was du deine Zukunft nennst, sind Gedanken, Erwartungen und Befürchtungen. Und wenn beides verschwindet ist das eine riesengroße Erleichterung! Was bleibt dann übrig, was ist dann, jetzt? Keine Vergangenheit. Keine Zukunft. Dann bleibt nur noch dieser jetzige Augenblick. Zuerst ist da vielleicht das, was du fühlst in diesem Augenblick – und darunter? Was ist darunter? Darunter ist plötzlich Leere, da ist Nichts. Da ist tatsächlich Nichts. Das ist erleichternd und befreiend und beängstigend, es ist weiterhin Nichts. Was ist, wenn ich mich tiefer in dieses Nichts hineinsinken lasse, was ist dann? Dann ist weiter Nichts. Wenn ich der Ängstlichkeit folge und mich verspanne, was ist dann? Dann ist Enge. Wenn ich dieses Unheimliche, dieses Einengende, diese Unruhe zulasse und wenn sie dann verbrennt, dann ist da Weite. Jede Unruhe, jede Unsicherheit, jede innere Irritation kann wieder verbrennen. Du musst sie nicht beiseiteschieben, nicht unterdrücken, sondern ihr Raum geben und sie verbrennen lassen. Dadurch wird die Stille tiefer, das Nichts wird grenzenloser.

Wenn so eine Nervosität oder Unruhe auftaucht oder wenn es dir langweilig wird, dann kannst du dir sicher sein, dass das die Angst vor der endgültigen Leere und der endgültigen Bodenlosigkeit ist. Jetzt hast du zwei Möglichkeiten: Entweder du folgst der Angst, gehst in den Kopf und machst dir Gedanken oder Geschichten, oder du fühlst diese Bodenlosigkeit, die da hochkommt. Du fühlst sie einfach und tust gar nichts mit ihr.

Frage: Ich frage mich, was tue ich mit meiner Geschichte? Ich habe ja Erinnerungen, was tue ich mit denen? Auch einfach loslassen wie alle anderen Gedanken? Kann ich das genauso machen? Einfach vorbeiziehen lassen?

Christian Meyer: Unbedingt! Wenn dir deutlich wird, dass da nicht *eine* Vergangenheit ist, sondern Tausende, Millionen,

Abermillionen und Milliarden Vergangenheiten und alle auf dieser Erde leben und dass es völlig egal ist, was jetzt deine Vergangenheit ist oder die irgendeines anderen, wenn dir deutlich ist, dass sowieso die ganze Menschheitsgeschichte in dir enthalten ist, dann hörst du auf zu glauben, dass es *deine* Vergangenheit gäbe.

Das sind nicht meine spezifischen Erfahrungen, die ich glaube, gemacht zu haben?

Es gab folgenden Versuch: Man hat Menschen ihre Biografie schreiben lassen und dann drei, vier Dinge darin geändert. Auf die Bemerkung hin, man habe den Eindruck, da sei etwas falsch an dieser Biografie, haben sie die Stellen nicht gefunden, die geändert wurden. Sie haben andere Punkte gefunden, von denen sie annahmen, dass es so gar nicht gewesen sei. Wenn wir uns das deutlich machen, wenn wir das wirklich ernst nehmen, dann sehen wir, dass das, was wir als Vergangenheit bezeichnen, ein Konstrukt ist. Es ist nicht unsere Vergangenheit, es ist ein Konstrukt.

Wenn jemand eine Therapie gemacht hat, erscheinen die Vergangenheit und wesentliche Dinge in der Vergangenheit plötzlich in einem anderen Licht. Es ist einfach eine neue Konstruktion der Vergangenheit. Es mag eine heilsamere Konstruktion sein, das ist in Ordnung. Aber es ist weiterhin nur eine Konstruktion. Man hat auch herausgefunden, dass Ereignisse sich im Gedächtnis dadurch abbilden, dass sie erzählt werden, dass eigentlich erst das Erzählen das Gedächtnis bildet. Man weiß aber auch, dass sich die Geschichten während des Erzählens verändern.

• • •

Die Vergangenheit loszulassen, fällt mir scheinbar leicht, nicht aber die Zukunft oder den Gedanken „Was muss ich jetzt tun?“. Dann denke ich: „Ich wäre jetzt auch nicht hier, wenn ich nicht etwas dafür getan hätte, dass ich heute hier bin." Und das ist ja in der Vergangenheit die Zukunft gewesen. Aber jetzt bin ich da. Also es ist so... ah!

Was für eine Anstrengung!

Ja, aber sonst wäre ich nicht da – wahrscheinlich!

In Wirklichkeit hast du gar nichts dafür getan, dass du hier bist.

Wer hat es dann getan?

Niemand.

Das kann ich nicht begreifen.

Wenn die Griechen früher aufs Meer geschaut haben, konnten sie sich nicht vorstellen, dass sich das Meer, dass sich der Wind von alleine bewegen. Sie hatten die Vorstellung, da muss ein Gott sein, der das macht. Und der muss einen Grund dafür haben, dass er das tut. Und der Grund für diesen Sturm wird sein, dass er auf mich ärgerlich ist. Und was tue ich, wenn er ärgerlich auf mich ist? Dann bringe ich ihm ein Opfer, damit er wieder freundlich gestimmt ist. Wenn ich nur lange genug opfere, merke ich, mein Opfer hat Erfolg! Der Sturm legt sich! Offensichtlich ist Poseidon, dem ich das Opfer dargebracht habe, besänftigt worden. Und zugleich beweist es, dass Poseidon den Sturm gemacht hat. Sonst hätte der Sturm ja nicht aufgehört.

Das ist mir jetzt viel zu kompliziert!

Aber genauso kompliziert ist es, wenn du dir vorstellst, dass du dich bewegt hast, hierherzukommen. Dass du dich hast entscheiden müssen, dass du etwas dafür getan hast. Der Organismus hat sich einfach hierherbewegt als Folge von bestimmten Informationen, die in diesen Organismus gelangt sind, die auf bestimmte Hoffnungen, Erwartungen und Sehnsüchte gestoßen sind, die im Herzen etwas angesprochen haben. Niemand hat etwas damit zu tun. Was glaubst du, woraus dieses Ich besteht, das etwas dafür getan hätte?

In der Zwischenzeit glaube ich an gar nichts mehr.

Das ist gut. Dann besteht Hoffnung!

Was ich schon gemerkt habe, ist, dass es mich dann zieht. Ich war ganz sicher, ich werde da sein, irgendwie werde ich da sein. Und dann geht es auch wieder leicht. Es ist ein bisschen was zu tun. Aber es sind trotzdem Gedanken und Dinge zu tun gewesen.

Das Ich macht viele Gedanken. Soll ich, soll ich nicht? Schaff ich das? Aber diese Gedanken sind nur störend. Sie sind anstrengend und sie sind vor allem überflüssig. Wenn du zum Beispiel in eine wirklich anstrengende Situation kommst, z. B. in einen Unfall oder eine wirklich existenzielle Situation, dann funktionierst du ganz klar ohne diese Gedanken.

Das stimmt.

Jeder hat eine solche Situation schon erlebt, wie neben sich stehend und sich wundernd, wie perfekt, entsprechend den Bedingungen, dieser Organismus dann funktioniert. Wie habe ich das gemacht? Er hatte vorher keine 20 Beinah-Unfälle, in denen er das hätte üben können. Er hat optimal reagiert und hinterher gibt es nur ein Staunen. In dieser Situation, wo es darauf ankommt, kann sich der Organismus diese Ich-Gedanken nicht leisten. Wenn es jedoch darum geht, zum Seminar zu gehen und sich noch Tage Zeit zu lassen, dann kannst du es dir leisten, abends darüber nachzudenken. Wenn du wahrnimmst, dass das Leben selbst für sich sorgt, kannst du dich entspannen.

• • •

Unbewusste Grundüberzeugungen

Es gibt ja auch Glaubenssätze, die man mit sich herumschleppt.

Nicht die Vergangenheit beeinflusst die Gegenwart, sondern, wie du richtig sagst, die Gedanken, die sich aus der Vergangenheit

destilliert haben in Form von Glaubenssätzen und Grundüberzeugungen. Diese bestimmen die Gegenwart, und zwar
einengend. Wenn da der Gedanke ist: „Ich muss stark sein und
verhindern, dass ich wieder so verletzt werde, wie ich damals
verletzt wurde. Nur wenn ich aufpasse, mich schütze und stark
bin, nur dann habe ich eine Chance, den Verletzungen zu
entgehen", dann wirst du dich den ganzen Tag anstrengen und
anspannen und nur dann und wann ein bisschen Luft holen.
Alles, was erlebt wird, wird als eine potenzielle Quelle von
Verletzung wahrgenommen. Alles wirst du untersuchen müssen:
„Könnte ich da verletzt werden? Muss ich da aufpassen? Muss
ich da besonders aufpassen?"

Und was, wenn mir diese Glaubenssätze gar nicht bewusst sind?

Dann passiert es trotzdem. Diese Grundüberzeugungen sind
nicht bewusst. Da ist trotzdem diese Anspannung und du fragst
dich, warum du so angespannt bist.

Wie wird man die los?

Indem du bereit bist, alles zu erfahren, was auftaucht, auch jede
Verletzung, und du deine Anspannung, deinen Panzer loslässt,
indem du jedes Risiko eingehst. Das ist ein Unterschied. Es ist
wichtig, dass du nicht versuchst, die quälenden Gedanken mit
besseren Gedanken zu bekämpfen und zu ersetzen. Wenn du
nämlich sagen würdest: „Oh, es wird alles gutgehen. Niemand
wird mir eine Verletzung zufügen. Ich werde sicher sein", versuchst du nur, die Angst zu bannen, aber gleichzeitig wirst du
weiterhin in deiner Anspannung sein. Wenn du aber sagst: „Es
ist okay. Wenn Verletzung kommt, dann kommt Verletzung.
Mir ist es wichtiger, offen zu sein, weil es mir wichtiger ist, die
Erfahrung zu entdecken, die unter allem ist", dann wird der
Glaubenssatz aufhören.

*Manchmal, in der Hitze des Gefechts, kann man das ja nicht
immer so bewusst haben. Das heißt, dann wird man ja automatisch so reagieren, wie man immer reagiert, oder nicht?*

Wenn aus der Vergangenheit Gedanken da sind, dann hat man Konzepte über sich und die Welt, dann werden die Erfahrungen so eingeengt, dass sie zu den Konzepten passen. Und das ist anstrengend. Die Lösung besteht darin, dass du dich dafür öffnest, diesem Augenblick so zu begegnen, wie er ist, vollständig, ungeschützt, verletzbar, lebendig.

Die Lösung besteht darin, dass jedes Gefühl da sein darf und du nichts damit machst. Dass du den Körper loslässt, was bedeutet, dass alle Körperempfindungen da sein dürfen und du nichts damit machst. Dass du alle Gedanken loslässt, du ihnen nicht mehr glaubst und ihnen keine Beachtung mehr schenkst.

• • •

Alles darf sein

Die Frage, die sich mir stellt, und welcher Gedanke mir sehr weh tut, ist der Gedanke, dass andere Menschen leiden.

Was löst es bei dir aus?

So etwas zwischen Mitleid und Hilflosigkeit, weil ich ihnen ja nicht helfen kann.

Weil du glaubst, du würdest am liebsten helfen, und dann merkst, dass du hilflos bist? Lass uns noch mal einfacher sein. Wenn du siehst, wie viel Schmerz und Leid in der Welt ist, was löst das für ein Gefühl aus? Hilflosigkeit war eins, was noch?

Es fühlt sich so an wie Mitleiden.

Schmerz?

Schmerz, ja klar.

Genau. Was wäre, wenn du jetzt bereit wärst, den Schmerz und die Ohnmacht anzunehmen und zu fühlen?

Das kann ich tun? Das habe ich ja versucht, aber dann kommt der Gedanke wieder und es fängt von Neuem an.

Das hat einen anderen Grund. Mit deinem Fühlen ist gleichzeitig der Gedanke verbunden, es müsste anders sein!

Ja.

Und dieser Gedanke „Das müsste anders sein" ist die Ursache dafür, dass der Schmerz immer und immer wiederkommt. Das ist die Ursache für dein Leid. Wie kommst du auf diese fixe Idee, dass es anders sein müsste?

Weil ich glaube, dass die Menschen so wenig leiden sollten wie möglich.

Stell dir vor, du wärest Gott und würdest die Welt erschaffen. Wenn du jetzt den Gedanken hättest: „Ich will die Welt und die Menschen so machen, dass sie möglichst wenig Leid und Schmerz haben", dann hättest du eine andere Welt geschaffen. Hat Gott aber nicht gemacht.

Wir glauben hier ja nicht an Gott.

Glaubst du nicht? Wenn du Gott wärest, hättest du es besser gemacht. Deswegen kann es gar nicht sein, dass es da jemanden gibt.

Genau.

Schade, dass du es nicht gewesen bist, der die Welt erschaffen hat, denn dann würde es uns allen besser gehen. Du zweifelst doch ein bisschen, oder? Ja, es gibt Unrecht, Ungerechtigkeit und man kann der Auffassung sein, dass dem Menschen unnötig viel Leid zugemutet wird. Das kann alles sein. Dennoch ist es der Gedanke „Es müsste anders sein", der deine Verkrampfung und dein Leid verursacht. Wenn es anders sein müsste, wäre es anders. Dadurch, dass es so ist, wie es ist, beweist es einfach, dass es so sein darf, wie es ist. Der Krieg darf sein, die Hungersnot darf sein, die Qual und das Leid, das der Mensch dem Menschen zufügt, all das darf sein.

Das heißt nicht, dass es gut ist. Das heißt nicht, dass es toll ist. Es heißt nicht, dass nicht der Traum da sein darf, dass der Mensch aufhören möge, anderen Leid zuzufügen. Das darf alles da sein. Aber auch der Schmerz und das Leid darüber, wie es ist, dürfen da sein.

Weißt du, das wird in dem Bild der Erlösung sehr prägnant zum Ausdruck gebracht. Bereit zu sein, den Schmerz der ganzen Welt zu tragen, gewissermaßen bereit zu sein, das ganze Kreuz auf deine Schultern zu nehmen. Das bedeutet, dass du bereit bist, das zu akzeptieren und mit allen Wesen und Menschen mitzufühlen. Das bedeutet, dass du dem zustimmst, dass es so ist, wie es ist. Dann wirst du frei. Dann wirst du erlöst, dadurch. Dadurch beendest du das Leid.

So ist es auch mit dem eigenen Schmerz. Solange man ihn bekämpft, verkrampft man sich und erzeugt so Leid. Das Gleiche gilt natürlich für den kollektiven Schmerz. Wenn du dagegen kämpfst und angehst, dann merkst du, wie dein eigenes Leid nie aufhört, wie du dich darin verkrampfst, mit dem Schicksal haderst. Wenn du es nicht Gott nennst, dann kannst du es Schicksal nennen, was auch immer. Wenn du den Schmerz annimmst und den eigenen Schmerz darüber, wenn du bereit bist, den ganzen Schmerz zu tragen, wirst du Frieden finden. Die Menschen haben das missverstanden. Sie glauben: „Jesus hat das ganze Leid für uns getragen, dann müssen wir uns damit nicht mehr befassen. Er hat das Leid getragen und dadurch hat er uns erlöst." Aber das ist ein Missverständnis. Jesus wollte sagen: „Wenn ihr das tut, was ich tue, nämlich bereit seid, das Leid und den Schmerz zu fühlen und zu tragen, dann werdet ihr frei, dann werdet ihr erlöst."

Wenn du dich für den ganzen Schmerz öffnest – und das heißt auch zu sagen: „Ja, er darf da sein!" –, dann wirst du weit und kannst dich völlig entspannen. Dann bist in Frieden damit. Dann ist das Gefühl da, der Schmerz da, aber gleichzeitig auch der Frieden. Und der Frieden ist die Erlösung. Wenn du dich dann in den Frieden noch tiefer hineinfallen lässt, dann wachst du auf. Dann ist es nicht nur Erlösung, dann ist es Glückseligkeit.

Die Wand, gegen die du mit dem Kopf anrennst, ist eine viel größere Macht. Die nämlich, die das Schicksal in der Hand hat.

Und die Wand ist viel dicker als dein Kopf, sonst wärst du Gott und hättest die Welt erschaffen können, aber dafür hat man dich nicht ausgesucht. Die Wahrheit ist, du bist nichts anderes als göttlich. Und diese Göttlichkeit, die du bist, bedeutet auch, dass du alles liebst, vollkommen. Du bist nur Liebe. Und Liebe bedeutet gerade, das alles zu umfassen und alles anzunehmen. Auch den Schmerz, auch den Traum, dass das Leid beendet wäre. Alles darfst du lieben und annehmen, alles – dich, die anderen, die Welt, die Schönheit der Welt, die Gefährdung der Welt.

Weißt du, wenn diese Erde aufhört zu existieren, dann wird es andere Planeten geben, andere Universen. Deine Göttlichkeit ist davon nicht berührt. Es würde schmerzen, wenn die Erde so viel früher aufhörte, als es ihr vielleicht bestimmt ist. Ein Widerspruch in sich selbst, denn wenn es ihr bestimmt wäre, würde sie nicht aufhören. Weißt du, wenn du auch das akzeptierst, dann ist da Frieden. Und wenn du in den Frieden hineinfällst, in diese Leere, dann entdeckst du: „Mein Gott, das sind ja nur Formen, die kommen und gehen. Es ist ja gar nicht das Wirkliche. Das Wirkliche ist unveränderlich!"

Selbst, wenn du gekreuzigt würdest, wäre diese Wirklichkeit, diese Unendlichkeit, dieser Frieden immer noch da. Es scheint nur nicht da zu sein und weg zu sein, weil du die Augen zumachst. Man kann mit einem Daumen dafür sorgen, dass man die Sonne nicht sieht. Obwohl der Daumen so klein ist und die Sonne so groß. So kannst du mit zwei Daumen dafür sorgen, dass du die Wirklichkeit und die Leere und die Unendlichkeit nicht siehst.

Aber wenn du dich fallen lässt, jetzt, was erfährst du jetzt?

Ich glaube nicht viel. Also, eigentlich nichts.

Nichts. Lass dich in dieses Nichts hineinfallen. Atme noch ein-, zweimal mit einem Seufzer aus. Und jetzt kannst du in dieses Nichts hineinfallen. Atme noch mal aus. Und dann lass den Atem los.

Erlaube dem Körper zu atmen, wie er will. Gib nach! Und jetzt nimm wahr, wie sich dieses Nichts verändert, wenn du hineinfällst. Ob es weiter wird oder tiefer. Der Körper darf mehr loslassen. Es darf auch ein Gefühl in diesem Nichts auftauchen. Was erfährst du jetzt?

Abgesehen von dieser Aufregung ist viel Ruhe da und viel Frieden. Also ich habe nicht das Gefühl, dass ich mich auflösen würde, sondern eher, dass ich mehr zusammenwachse.

Das ist kein Gefühl, das ist ein Gedanke. Es ist eine Erwartung über die Zukunft.

Ja, vielleicht.

Du kannst aufwachen.

Nichts tun und dennoch bleibt nichts ungetan – Der Weg der inneren Erfahrung

Als du ein kleines Kind warst, da brauchtest du die Hand der Mutter und die Hand des Vaters, um Halt zu haben. Dann bist du herangewachsen. Die Hand der Mutter und die Hand des Vaters zogen sich langsam zurück und aus Gewohnheit hast du nach dem Nächstbesten gegriffen, woran du dich festhalten konntest: Gedanken, Erklärungen, Konzepten, natürlich auch äußeren Strukturen. Vor allem anderen Menschen, von denen du weißt, dass sie sagen: „Ja, du bist ein toller Kerl, und das hast du fein gemacht!" So hat sich jeder seine Welt eingerichtet mit allen möglichen Dingen, an denen er sich festhalten kann.

Das Wichtigste, woran der Mensch sich festhält, sind seine inneren Gedanken: Wie alles ist, wie alles zu sein hat, was zu erwarten ist, was der Tag mit sich bringt, wo du mittagessen gehst und wen du da treffen wirst und was der von dir denkt. Alles sind Erwartungen und Pläne, Erklärungen und Einordnungen. Jede Erfahrung wird eingeordnet in die Erlebnisse, die du schon hattest. „Ah, das kenne ich, das ist da und da. Ein bisschen anders, interessant." Das macht der Geist und dadurch gewinnt er den Eindruck, als hätten die Erlebnisse eine Kontinuität, eine zeitliche Abfolge. Das ist alles nur ausgedacht. Das ist ein Haltegriff. Dieser Haltegriff ist tatsächlich nötig, weil jeder Mensch den inneren Abgrund spürt. Er ist nötig, solange dich nicht entweder der Mut der Verzweiflung oder eine alles übertönende Sehnsucht dazu veranlasst, dieses Festhalten zu beenden und dich in diesen Abgrund hineinfallen zu lassen – in diese Leere, die zunächst wie ein Abgrund erscheint.

Den Mystikern ist dieser innere Abgrund seit vielen Jahrhunderten bekannt. Schon im 13. Jahrhundert sprach man vom „Aufstieg in den Abgrund". Aber der Abgrund ist auch andernorts bekannt. In der Psychologie liest man zum Beispiel, wenn der Mensch keine verlässlichen Beziehungen hätte, dann würde er in diesen inneren Abgrund, an dessen Rand jeder steht, hineinfallen – mit der Vorstellung, dass das natürlich nicht sein darf. An anderer Stelle ist zu lesen, dass man sich innerlich schon weit erkennen und erforschen kann, dass man aber, wenn man einen Schritt zu weit ginge, in diesen inneren Abgrund fallen würde.

Bei den Existenzialisten lesen wir viel über diesen Abgrund und die Leere, die damit verbunden ist, lesen über den recht mutigen und auch spannenden Vorschlag oder die Aufforderung, im Angesicht dieses Abgrunds und dieser Leere zu leben, sie nicht zu ignorieren oder vor ihr wegzurennen. Sie schlagen vor, Verantwortung zu übernehmen und im Angesicht dieses Abgrundes freier zu sein. Aber auch sie konnten sich nicht vorstellen, dass man sich in diesen Abgrund hineinfallen lassen kann und gerade dadurch Freiheit und Befreiung findet.

Das Geheimnis ist „Nichts tun". Aber „Nichts tun" ist nicht einfach. Damit ist nicht gemeint: „Leg die Hände in den Schoß und schon wird alles gut." So ist es nicht! Denn wenn du die Hände in den Schoß legst, dann läuft die innere Maschinerie, die Konditionierung, den ganzen Tag weiter: Streben nach

Anerkennung und Liebe, auch deine Tricks, die du draufhast, um Anerkennung zu bekommen, dass sie dich anlächeln und freundlich sind. Das läuft alles ab, den ganzen Tag. Wenn du also die Hände in den Schoß legst, bedeutet das nicht, dass du nichts tust. Es bedeutet, dass alles so weiterläuft wie bisher. Selbst wenn du den ganzen Tag zu Hause säßest, würde es in deinen Fantasien weiterlaufen, in Gedanken, in dem, was du innerlich machst. Selbst wenn du meditierst, läuft es immer noch weiter: „Ah, das Meditieren habe ich heute gut gemacht, das war ja klasse. Es war aber noch etwas anstrengend, da muss ich sehen, wie ich das besser mache. Ob ich das so gut mache wie die anderen, die mir erzählt haben, was bei denen passiert? Bei mir ist so was noch nicht passiert, vielleicht muss ich mich mehr konzentrieren." Es ist also nicht damit getan, einfach die Hände in den Schoß zu legen und die Dinge laufen zu lassen, wie sie laufen.

Die Sehnsucht nach dem Ein-Sein: Entdecken, wie „Nichts tun" geht

Der Wunsch, zu gestalten, in meinem Leben ist groß. Ich bin jetzt 40 Jahre alt, habe zwei Kinder im Alter von neun und elf, bin verheiratet, habe das auch erlebt, was eine Frau gestern über ihre Ehe erzählt hat: Ablehnung auf den Mann projiziert, die eigentlich gegen den Vater gerichtet ist. Ich habe mich aus diesem Schussfeld herausgenommen und versucht, in die Konfrontation mit dem Vater zu gehen. Und es ist so mein Spiel in meinem Leben, da gibt es den Partner, die Kinder und dann gibt es meine Arbeit. Die Arbeit mache ich eigentlich nur für die Existenz, aber ich bin zufrieden damit, dass ich sie habe. Ich bin dankbar.

Eigentlich bin ich jetzt an dem Punkt, an dem ich sage, ich bin zufrieden für die großen Wellen, die jedes einzelne Thema schon geschlagen hat. Die Wellen werden ruhiger und ich bin dankbar für alles, was da ist. Die Liebe zu den Menschen gibt mir Halt, da finde ich mich wieder in einem System, und es wird jetzt ruhiger. Und eigentlich bin ich da, dazuzulernen und zu akzeptieren, dass es ruhiger wird. Mich beschäftigt jetzt sehr dieses Wollen, weiterzukommen, das, was ich bin, noch mehr einzusetzen. Gleichzeitig höre und lese ich, dass das Wollen mich eigentlich hindert, dass ich eigentlich nichts mehr wollen soll. Nichts mehr machen wollen.

Wenn dieses „Ich möchte weiterkommen" da ist, was für ein Gefühl ist damit verbunden?

Es ist ganz klar, dass ich einen Teil von mir noch nicht gelebt habe.

Das ist aber kein Gefühl! Das ist ein Gedanke. Was für ein Gefühl ist damit verbunden?

Das ist einfach das Gefühl, dass das der Sinn ist.

Das ist wieder ein Gedanke.

Eigentlich ist es das Gefühl der Leere.

Das stimmt, das ist auch da. Aber es ist noch ein Gefühl da, nämlich Sehnsucht. Sehnsucht! Du nickst jetzt sofort, wenn du das hörst, aber wie kommt es, dass du das nicht benennen konntest?

Die Sehnsucht ist ein Gefühl. Ja, sie ist immer da, die Sehnsucht!

Genau, sie ist immer da. Und jetzt fällt dir das auf! Sie ist immer da, du merkst es jetzt und jetzt ist es dir bewusst!

Dazu passt etwas, was ich neulich gelesen habe: In Kalifornien hatte eine Frau ein Baumbestimmungsbuch zu Weihnachten geschenkt bekommen, in dem ein ganz bizarrer Baum abgebildet war. Sie sagte: „Mein Gott, so einen Baum gibt es in Kalifornien nicht. Wenn es den gäbe, der wäre mir auf jeden Fall aufgefallen." Eine Stunde später ging sie die Straße entlang. Da waren acht Häuser und in sechs Vorgärten stand dieser Baum. Erst als sie einen Begriff davon hatte, konnte sie ihn wirklich wahrnehmen.

Deine Sehnsucht, die immer da ist, wird weggeschoben und betäubt, weil sie nicht richtig wahrnehmbar ist, weil sie nicht richtig Raum haben darf. Du sagst, die Sehnsucht richtet sich darauf, weiterzukommen. Wohin denn?

Die Sehnsucht ist ein Gefühl, das nach Erfüllung sucht, nach Leben.

Wenn du Erfüllung hättest, was wäre dann?

Das frage ich mich die ganze Zeit …

Dann lass uns mal fragen, in welcher Richtung du denn suchst?

Ich habe leider so viele Ideen, dass ich mich nicht entscheiden kann.

Ich habe diesen Prozess selten so klar erleben können, wie du ihn uns jetzt gerade darstellst. Da ist eine Sehnsucht im Menschen – und was tut der? Er entwickelt Ideen und sucht nach Objekten. Was könnte ich haben, was mir Erfüllung gibt? Was könnte ich machen, was mir Erfüllung gibt? Aber das ist es alles nicht.

Die Sehnsucht richtet sich nach etwas, was sich in diesen Begriffen nicht fassen lässt. Sie richtet sich auf Ganzheit. Sie richtet sich auf Eins-Sein. Diese Sehnsucht weiß, dass das Aus-gerichtet-Sein auf Erfüllung bedeutet, zu Hause anzukommen, dass es bedeutet, die Wahrheit zu finden. Das sind verschiedene Worte, die dasselbe meinen. Wenn wir die Sehnsucht wirklich verstehen, als Sehnsucht nach Eins-Sein und Frieden und Liebe, dann verstehen wir plötzlich: Es hat gar nichts damit zu tun, dass ich etwas mache, bekomme oder tue. Dieser Frieden, dieses Eins-Sein hat damit zu tun, dass dieses Ich verschwindet.

In jedem Menschen kommt in einem Alter ab zehn, zwölf oder 13 Jahren diese Sehnsucht hoch.

Im Jugendalter wird sie zu diesen romantischen Sehnsüchten nach der Frau, nach dem Mann, aber auch zu diesen romanti-schen Sehnsüchten nach der Veränderung der Welt. Und dann wird die Sehnsucht, die keinen richtigen Widerhall findet, auf

Objekte, Beruf, Arbeiten, Auto, Haus oder dergleichen gerichtet und kanalisiert, sie wird dann heruntergedimmt.

Jeder kann in seinem eigenen Leben anschauen, welches Schicksal diese Sehnsucht bisher hatte, welche verschiedenen Formen sie annahm und worauf sie sich richtete – auch welche Enttäuschungen und welche Hoffnungen damit verbunden waren. Aber in Wirklichkeit trifft all das, was da geschieht, diese Sehnsucht nicht. Du sagst ja: „Eigentlich bin ich mit allem zufrieden." Trotzdem ist diese Sehnsucht da, die viel weitergeht, viel tiefer. Es gehört eine gehörige Portion Mut dazu, zu dieser Sehnsucht zu stehen und sie anzuerkennen, zu sagen: „Ja, ich habe diese Sehnsucht, ich fühle diese Sehnsucht. Ich lasse sie zu."

Der Mut besteht in Folgendem: Zwangsläufig ist da die Angst vor Enttäuschung. Zwangsläufig kommt da gleich eine tiefe Verzweiflung. Indem du die Sehnsucht nach Ganzheit zulässt, kommst du in Berührung mit der Verzweiflung darüber, dass du bisher dein ganzes Leben so getrennt warst und bist. Kirkegaard sagte dazu: „Der Mensch ist verzweifelt, auch dann, wenn er es nicht mitbekommt." Wenn man die Sehnsucht nicht fühlt, weil man sie verdrängt, dann bekommt man die Verzweiflung auch nicht richtig mit: „Mein Gott, was wäre, wenn ich dieses Ziel verfehlen würde?" Aber wenn die Sehnsucht da sein darf, dann kommt man auch mit der Verzweiflung in Berührung. Nicht sofort, nicht immer. Aber es ist gut, wenn man sich dafür öffnet

Was also willst du mit deiner Sehnsucht machen?

Der erste Gedanke ist: „Nichts machen, sie da sein lassen." Dann frage ich mich natürlich als Nächstes: „Wie mache ich das?"

Du kannst ganz konkret entdecken, wie „Nichts tun" geht. Schließe jetzt die Augen, geh nach innen und frage dich: „Was fühle ich jetzt?" Entdeckst du da ein Gefühl?

Das erste Gefühl ist das Gefühl von meinem Körper und dann die Wärme.

Das ist eine Körperempfindung. Das ist in Ordnung. Und was fühlst du?

Ruhe.

Jetzt kannst du das Nichtstun entdecken. Das Nichtstun zeigt sich darin, wie du auf diese Ruhe reagierst. Gehst du vielleicht gegen die Ruhe an und willst sie weghaben? „Ah, ich hätte gerne etwas Interessanteres!", denkst du vielleicht. Der andere Weg wäre, von der Ruhe wegzugehen und zu überlegen: „Wo kommt sie her?" Es gibt die Möglichkeit, gegen sie anzugehen, von ihr wegzugehen oder nach ihr zu greifen: „Ah, Gott sei Dank, dass ich jetzt die Ruhe habe! Ich hätte gern mehr davon. Warum ist sie nicht häufiger da?" Das sind die drei Reaktionsmuster, die normalerweise mehr oder weniger geschehen.

Das Nichtstun besteht darin, dass du all das sein lässt und stattdessen mit der Ruhe nichts willst, nichts machst und nichts hast. Das ist das Nichtstun.

Unsere Konditionierung ist so mächtig, dass du ganz bewusst sagen musst: „Ich folge diesen Impulsen jetzt nicht und bleibe in der Ruhe, egal, was sie mit mir macht und was geschieht." So kannst du dich selber dafür einsetzen, dass dieses Nichtstun beginnt und eine Chance hat.

Wenn ein Gefühl auftaucht oder irgendeine andere Wahrnehmung, dann gibt es drei Reaktionen. Dagegen angehen: „Oh, ich will das nicht. Warum quält mich dieses Gefühl jetzt?" Weggehen: „Oh, das habe ich in der Zeitung gelesen. Wie spielt meine Fußballmannschaft heute wohl? Ob sie wohl noch genug Punkte bekommen?" Greifendes Hingehen: „Ah, das ist Ruhe. Gott sei Dank! Davon will ich jetzt mehr haben. Und sie soll dableiben. Großartig, dass ich die Ruhe jetzt habe. Hoffentlich bleibt sie jetzt! Was kann ich jetzt tun, damit sie bleibt?"

Wenn ich all das nicht tue, dann bin ich offen, ganz und gar offen. Dann habe ich eine Chance, der Ruhe wirklich zu begegnen. Wenn du dich ganz von ihr erfassen lässt, dann geschieht wieder etwas. Vielleicht taucht Angst auf, die Kontrolle zu verlieren oder von dem Gefühl überwältigt zu werden. An dieser Stelle geht es wieder darum, die auftauchenden Impulse nicht zu berühren. Da taucht Angst auf, dass mich das Gefühl überwältigt – und ich bleibe dennoch in dem Gefühl der Angst und tue nichts.

Das ist der Weg der inneren Erfahrung, der hinsichtlich des Aufwachens der einzig wirklich Erfolg versprechende Weg ist. Das habe nicht ich erfunden, in vielen Traditionen und bei vielen Lehrern klingt das ebenfalls an. Es ist nur nirgendwo so klar erkennbar, worin der innere Prozess besteht. An welcher Stelle habe ich eine Chance anzuhalten, an welcher Stelle habe ich die Chance, Veränderung zu bewirken?

Es geht nicht um die Veränderung der Gefühle, das ist sehr wichtig! Früher hat der Mensch sich gekümmert: „Ah, Gott sei Dank, jetzt geht es mir gut. Wie kann ich dafür sorgen, dass es mir noch besser geht und dass ich mich immer gut fühle?" Das hört auf. Alles klar? Seid ihr ernüchtert? Wer will jetzt gehen?

* * *

Die Angst, von Gefühlen überwältigt zu werden

Du hast gesagt, wenn die Verzweiflung groß genug ist, dann hält einen weniger zurück. Die Erfahrung mache ich momentan auch. Es ist mir völlig egal, ob ich weine oder nicht. Was mir früher absolut peinlich war.

Das ist etwas sehr Wertvolles und Großartiges. Wenn ich den Mut habe, zur Sehnsucht und zur Verzweiflung zu stehen, dann fallen viele Beschränkungen einfach weg.

Ich habe das Glück, dass ich Zeiten habe, in denen ich alleine bin, in denen ich mir das gönnen kann.

Dann bekommt das Wichtige seinen Platz und man denkt nicht: „Oh, wie ist meine Schminke und wie sehe ich aus und was denken die anderen jetzt über mich?" Solche Gedanken

basieren auf der Tragödie „Ich habe zu wenig und ich brauche".
Ich brauche, dass die anderen mich mögen, dass sie mich in
Ordnung finden, dass ich nicht anecke, dass sie mich nicht aus-
grenzen. Ich brauche, ich brauche, ich brauche. Jetzt brauche
ich mehr davon und mehr davon und mehr davon.

•   •   •

Ich habe schon Angst vor Verletzung, das ist da.
Weißt du, der Körper wird sowieso verletzt. Irgendwann existiert er nicht mehr. Und zwischendurch gibt es verschiedene
Verletzungen. Was macht das?
*Also eigentlich steigert es nur den Mut, weil nicht wirklich viel
passiert.*
Exakt. Die Befürchtungen sind hunderttausend Mal größer
als das, was wirklich passiert. Und wenn es passiert, kann man
sich doch nicht davor schützen, dann erwischt es einen doch
auf dem falschen Fuß. Also es lohnt sich auch gar nicht, dem
allem zuvorkommen zu wollen. Sei wiederum mutig, verletzbar
zu sein. Dann kann das Leben anfangen. Mit der Angst vor
Verletzbarkeit bist du immer versorgt und immer geschützt. Mit
dieser Rüstung und dem Panzer bist du aber auch immer vom
Leben getrennt. Wenn du verletzbar bist, dann hast du keine
Erwartungen, dann schützt du dich nicht, dann bist du offen für
das, was geschieht. Das bedeutet nichts tun, anhalten, still sein.
Und der Angst keinen Raum geben?
Der Angst den Raum geben, den sie haben will, indem man
nicht in Geschichten und Katastrophenfantasien flüchtet. Die
Angst fühlen und verbrennen lassen. Keinen Raum geben wäre
die Angst wegschieben. Wenn du die Angst fühlst, dann ist das
deine Chance der inneren Lösung und der inneren Reinigung.
So merkst du: Wenn ich das fühle, wenn ich das zulasse, werde
ich innerlich freier.

Ich fühle die Angst sehr schnell, so, als würde mein Herz brennen, aber das ist körperlich.

Fühlst du im Augenblick gerade etwas davon?

Ja, ich fühle es gerade. Deshalb kann ich es sagen.

Schließe die Augen und bleib dabei! Gib dieser körperlichen Energie Raum! Öffne deinen Mund ein wenig, dann kann der Körper besser atmen, wie er will. Und neben den körperlichen Phänomenen kannst du auch das Gefühl wahrnehmen. Es steigt auf und du brauchst nichts zu machen und dann wird es verbrennen. Lass noch mehr los!

Kann etwas dabei passieren?

Es kann etwas passieren. Eigentlich ist es erstaunlich, dass so wenig passiert.

Ja, solange diese Kontrolle da ist.

Die Kontrolle ist nicht da, es ist nur die Illusion von Kontrolle. Festhalten ist keine Kontrolle. Schau dir die Katze an oder das Reh: Die halten nicht fest, die haben nichts unter Kontrolle. Aber indem sie in diesem harmonischen Einklang mit der Natur sind, kommt alles zur perfekten Realisation.

•   •   •

Wie das Leben anfängt, wirkliches Leben zu sein

In die Ruhe zu fallen, das ist wunderbar. In die Angst hineinzu-fallen, das habe ich mich noch nicht getraut. Ich weiche aus. Ist es wichtig, die Verbindung zu den Gedanken nicht zu machen und zu der Geschichte, die damit zusammenhängt? Oder wie kann man das jetzt genau sagen?

Also du weichst der Angst aus mit dem Gedanken: „Ich schaff das nicht!" Oder wie lautet der Gedanke?

Ja, ich habe Angst, es überwältigt mich.

Was machen wir jetzt mit dem Gedanken? Wir fragen zuerst: „Woher weißt du das?"

Ich weiß es nicht.

Du hast noch nie die Erfahrung gemacht, von einem Gefühl überwältigt zu werden?

Nicht von der Angst.

Von einem anderen Gefühl auch nicht.

Ja, doch!

Nein. Weißt du, warum ich das weiß? Dann wärst du ja nicht hier! Wenn es dich überwältigt hätte, dann wärst du umgekommen! Was meinst du denn mit „überwältigt werden"? Die Fassung verlieren oder dass die Schminke sich auflöst?

Nicht weiterwissen, also totaler Kontrollverlust.

Was war denn da, als du einen totalen Kontrollverlust hattest? Das interessiert mich jetzt.

Es stimmt schon, ich hatte so etwas noch nicht.

Was stellst du dir vor unter einem totalen Kontrollverlust?

Überschnappen.

Wenn du überschnappst, was würde dann passieren?

Totale Orientierungslosigkeit.

Wenn du überschnappen würdest, wie würde das aussehen? Was müssen wir uns darunter vorstellen?

Ich habe das nie zu Ende gedacht. Ich weiche schon vorher aus.

Wir wollen uns jetzt die Katastrophenfantasien, die dahinterstecken, richtig ausmalen. Du schnappst jetzt über. Was würden wir dann jetzt zum Beispiel erleben, wenn du überschnappst?

Ja, ich weiß nicht, irgendwelche Zuckungen.

Du würdest unkontrollierte Bewegungen machen?

Ich weiß es nicht. Ich habe wirklich keine Ahnung.

Du hast gar keine Ahnung vom Überschnappen!

Totale Spekulation. Keine Ahnung.

Wenn du diese unkontrollierten, zuckenden Bewegungen machst, wie lange würde das wohl gehen?

Na, nicht lange.

Wie lange ungefähr?

Drei bis vier Minuten?

In welchem Raum würde sich das abspielen? Wie groß wäre der Raum, den du dafür bräuchtest?

Ja, so wie hier.

So wie hier, das würde schon reichen. Und das nennst du überschnappen?

Das ist noch sehr kontrolliert. Ein kontrolliertes Überschnappen.

Wir wollen jetzt das unkontrollierte Überschnappen. Wie wäre das?

Es geht eher in die Richtung, dass ich Ängste habe, die sich auf den Rückfall einer Krankheit beziehen.

Was war das für eine Krankheit?

Es war eine Brustkrebs-Operation vor acht Jahren. Und wenn ich Ängste habe, gehen diese meistens in diese Richtung – Angst vor einem Rückfall.

Du hast die Befürchtung, wenn du die Kontrolle aufgibst, wenn du alle Gefühle zulässt, dass dieser Rückfall dann eintreten könnte?

Ja, wenn ich diesen Ängsten Raum gebe, mache ich Platz für einen Rückfall.

Das ist ein wirkliches Missverständnis! Die Ängste zu fühlen und dadurch weich und gelöst zu werden, das ist das, was dem Körper am ehesten hilft. Das ist die grundlegende Tragödie, in der der Mensch steckt. Der Mensch versucht, dem Schmerz auszuweichen, und erzeugt dadurch die Verkrampfung. Der Mensch versucht, der Angst auszuweichen, und ist dadurch den ganzen Tag angespannt und immer kontrolliert und verdirbt sich das ganze Leben. Wer die Angst loswerden will, muss sie fühlen.

Wir haben auch noch folgendes Dilemma, du sagst: „Wenn ich das Gefühl zulassen würde, dann hätte ich Angst, es würde mich überwältigen, ich würde überschnappen." Es gibt zwei Alternativen. Entweder, ich sorge das ganze Leben dafür, dass ich nicht in die Nähe von Gefühlen komme, von denen die Möglichkeit besteht, dass sie so groß sind, dass sie mich überwältigen, mit der Folge, dass ich vier Fünftel des Lebens verpasse. Oder ich riskiere, überzuschnappen und die Kontrolle zu verlieren, vom Gefühl überwältigt zu werden, und lasse es darauf ankommen mit der Chance, das ganze Leben zu bekommen.

Das ist die ganz klare Alternative. So kannst du der wirklichen Lebendigkeit, der wirklichen Freude, dem wirklichen inneren Gelöst-Sein begegnen. Sterben tut man auf jeden Fall. Wenn man dann auf dem Sterbebett liegt, kann man sagen: „Das ganze Leben habe ich geschafft, keine überwältigenden Gefühle zu bekommen!" Doch dadurch wird das Leben ganz schön fade und anstrengend. Oder man riskiert es, setzt es aufs Spiel und sagt: „Okay, dann schnappe ich über, dann sprenge ich jede gesellschaftliche Norm, bin unkontrolliert, habe keine Kontrolle, riskiere es. Mal schauen, was dabei herauskommt. Vielleicht komme ich dadurch zur Lösung, dass dann das Leben anfängt, wirkliches Leben zu sein."

•   •   •

Liebet eure Feinde – die Vergangenheit annehmen

Du hast mehrmals davon gesprochen, dass ein Gefühl verbrennt. Das finde ich sehr interessant. In Anbetracht dessen, dass es Gefühle gibt, die sehr stark und qualvoll sind, zum Beispiel eine

Riesenwut auf jemanden zu haben oder auch riesengroße Angst
vor etwas zu haben, fast Panik.

Stark ja, aber qualvoll?

Ich glaube, da stimmen viele mit mir überein, dass große Angst
qualvoll ist. Aber bitte, ich möchte das noch weiterverfolgen.
Du sagst, wenn man sich dem jetzt völlig willenlos hingibt, dann
verbrennt dieses Gefühl in ziemlich kurzer Zeit. Könntest du
diesen Vorgang des Verbrennens eines so starken Gefühls näher
erläutern?

Bei Tieren hat man Folgendes beobachtet: Wenn sie gerade dem
Löwen entkommen sind und Todesangst hatten, dann stehen
die da und zittern am ganzen Körper. Der Körper zittert aus.
Und dann gehen sie weiter und äsen wieder und kümmern sich
um das, was gerade da ist.

Das ist das, was jedes Gefühl macht, wenn man es lässt, wenn
man nicht wieder in die Geschichte hineingeht und es neu
aufrührt. Es gehört allerdings noch etwas Zweites dazu. Wenn
diese Riesenwut auf jemanden, von der du eben sprachst, immer
wieder hochkocht, basiert das auf dem Gedanken „Das hätte
der oder die nicht tun dürfen, das hätte anders sein müssen".
Das ist etwas anderes als ein Gefühl, das ist eine innere Haltung.
Wenn man in dieser Haltung bleibt, dann dauert das Gefühl
80 Jahre an oder länger. Das Problem ist also nicht das Gefühl,
sondern der Gedanke.

Wir können ganz leicht sehen: Wenn er es nicht hätte tun
dürfen, dann hätte er es nicht tun können. Dadurch, dass er
es getan hat, durfte er es tun. Die Welt ist nicht zusammenge-
brochen. Er ist nicht vom Blitz getroffen worden. Es ist sogar
noch nicht einmal großartig etwas passiert. Er durfte es tun.
Das Gefühl bleibt also ganz lange da und wird nie verbrennen,
solange du bei dieser inneren Einstellung bleibst. Um zu einer
Lösung zu kommen, gibt es noch einen zweiten Schritt. Diese
Riesenwut, die verdeckt den Schmerz, den du hast, über das,
was da passiert ist, über die Verletzung, die dir zugefügt wurde.

Und diese Wut soll dazu führen, dass du den Schmerz nicht spürst: „Wenn der das nicht getan hätte, dann hätte ich den Schmerz nicht." Er hat es aber schon getan. Man kann es nicht mehr rückgängig machen. Die Verletzung ist schon passiert. Die Wut will es nachträglich rückgängig machen. Das kann sie aber gar nicht. Dadurch ist man in einer Falle gefangen. Und dann verbrennt die Wut tatsächlich nie. Der zweite wichtige Schritt neben der Veränderung dieser bizarren, verrückten und absurden inneren Haltung, ist, den Schmerz zu fühlen und zu sagen: „Ja, egal aus welcher Absicht, egal aus welchen Gründen dieser Mensch sich mir gegenüber so verhalten hat, in mir so eine schlimme Verletzung ausgelöst hat, ich fühle jetzt den Schmerz." Dann kommt die Sache zur Ruhe! Natürlich kann es sein, dass dann andere Verletzungen hochkommen, die auf dieselbe Weise unterdrückt wurden. Dann ist es gut, wenn auch die hochkommen dürfen und gefühlt werden.

Wenn wir so wollen, ist das die dritte große Tragödie. Der Mensch glaubt, es hätte anders sein müssen: „Weil ich es so will, weil ich es so verdient hätte, weil man mir das nicht hätte antun dürfen, weil ich das ja auch niemand anderem antue, weil ich sowieso schon so viel Unglück erlebt habe, weil ..." Das ist wirklich Leid ohne Ende! Hast du eine Idee, warum du diese Riesenwut hast, weswegen jemand dies oder jenes nicht hätte tun dürfen? Wie erklärst du dir das?

Im Extremfall gibt es ja Gesetze. Wenn jemand mir etwas Kriminelles antut, dann wird er ja auch bestraft und kommt ins Gefängnis.

Manchmal!

Ja, aber wenn es gut funktioniert, eigentlich meistens.

Es gibt auch die Möglichkeit, dass jemand dir etwas Kriminelles antut und er entkommt.

Ja, aber das ist nicht im Sinne des Erfinders.

Das sagst du! Die Frage ist auch, wer der Erfinder ist? Selbst wenn er als Folge davon ins Gefängnis kommt, bedeutet es trotzdem, dass er es tun durfte. Wenn er es nicht hätte tun dürfen, dann hätte ihn der Blitz erschlagen oder er wäre zur Salzsäule erstarrt.

In philosophischer Hinsicht hat er es tun dürfen, aber nicht nach der Ordnung unserer Gesellschaft, die ja auch einen Sinn hat.

Er durfte es tun, er muss nur die Konsequenzen tragen.

Wenn er bestraft wird und ins Gefängnis kommt, dann würde ja meine Wut gestillt sein.

Er durfte es tun. Er wird nur hinterher bestraft dafür. Die innere Haltung ruft die Wut hervor, die dann glaubt, zur Ruhe kommen zu können, wenn der andere gehängt oder eingesperrt wurde. Aber davon hast du nichts. Das befriedigt nur dieses Ich da oben, das sagt: „Ach, Gott sei Dank, dem geht es noch schlechter als mir!" In Wirklichkeit ändert das für dich überhaupt nichts. Es würde für dich keinen Unterschied machen. Wenn man dir sagen würde: „Wir haben den jetzt auf ewig eingesperrt" – obwohl sie ihn gar nicht erwischt haben –, hätte das für dich die gleiche Wirkung. Die innere Auswirkung hat mit der Realität nichts zu tun, sondern nur mit deinen Gedanken. Es ist verrückt und erzeugt dieses immer weitergehende Karma „Ich will Rache, will Wiedergutmachung. Er darf das nicht tun, mir darf er das nicht antun usw".

Das Dilemma unseres Karmas fing schon damit an, dass Kain Abel getötet hat. Wir alle stammen vom Mörder ab – und nicht von dem, der umgebracht wurde. In Spanien hat man in einer Höhle Überreste von Neandertalern entdeckt, die aufgegessen wurden, und zwar nicht von Tieren. Wir stammen von den Mördern ab und nicht von denen, die aufgegessen wurden. Und das wirkt immer weiter auf unser Karma. Wir wollen, dass das gerächt wird, wir wollen, dass das wiedergutgemacht wird.

Und es gibt nur einen Weg, dieses Karma zur Ruhe kommen zu lassen, indem du bereit bist, den Schmerz der Verletzung zu tragen und zu fühlen, ohne Wenn und Aber, ohne Rache, ohne zu glauben, es wäre ein Balsam auf deiner Seele, wenn der andere gehängt würde oder es ihm noch schlechter ginge als dir. Es gibt nur diesen einen Weg: den Schmerz zu tragen und still zu sein – und die andere Wange hinzuhalten. Das kann jeder für sich und in sich tun und es hat damit Auswirkungen auf den Frieden in der Welt: „Ich beende den Krieg und beende diese Sucht nach Rache und Wiedergutmachung. Ich beende das."

Natürlich darfst du dich wehren, wenn du dich wehren kannst, aber das ist hier ja nicht mehr der Fall. Die Verletzung ist schon geschehen. Sie kann nicht mehr verhindert werden.

Ich sage es noch einmal: Diese ganze innerliche Wut will die Verletzung rückgängig machen. Aber das geht nicht, und deshalb hört sie nicht auf. Man merkt, wie schwer dieses Thema ist, welche Energie damit verbunden ist und wie schwer der innere Schritt ist. Wir sehen, welche Bedeutung so ein schlichter Satz wie „Liebet eure Feinde!" hat, wenn man erkennt, dass man nur mit dieser Haltung das ganze Karma der Menschheit beenden kann. Die Feinde zu lieben bedeutet nicht, ihnen etwas Gutes zu tun. Darum geht es überhaupt nicht, sondern es geht darum, dass man innerlich den Schmerz trägt und nicht aus Rache dieses Rad des Karmas immer weitertreibt, sondern anhält, indem man Schluss damit macht.

· · ·

Situationen verändern, hinausgehen oder annehmen

Wenn mein Sohn mich respektlos behandelt, weil er sauer ist, und ich nicht will, dass er so mit mir spricht, was mach ich dann?

Für diese Alltagssituationen gibt es drei Möglichkeiten: Du kannst deine Situation ändern, wenn du sie ändern kannst. Du kannst aus einer Situation hinausgehen, wenn du kannst bzw. willst, und du kannst die Situation so annehmen und akzeptieren, wie sie ist. Du kannst deinem Gegenüber sagen: „Ich will nicht, dass du so mit mir redest." Wenn das funktioniert, großartig! Du kannst die Beziehung beenden und ausziehen, wenn du das willst und kannst. Wenn du aber sagst: „Ich kann es nicht ändern, ich will oder kann auch nicht weggehen, ich will aber trotzdem, dass es anders ist", ist das verrückt! Du kämpfst dann innerlich gegen etwas, das nicht geändert werden kann. Du müsstest dir eingestehen, dass du keine Möglichkeit hast, auf den anderen einzuwirken, aber es trotzdem willst. Deine drei Möglichkeiten werden dabei durcheinandergeworfen, und das macht den Menschen fertig. Erst wenn man diese drei Möglichkeiten auseinanderhalten kann, kann man Frieden finden.

Es gibt noch etwas, nämlich die obsessiven Gedanken, die dazukommen. Obwohl man merkt, dass es nur das Ego ist, welches da spricht und unbedingt recht haben will, ist es so schwer für mich gewesen, auszusteigen. Sobald man eine Sekunde nicht aufmerksam ist, läuft es weiter wie eine Schallplatte. Extrem!

Wenn man erst auf der Rutsche sitzt, ist es schwer, anzuhalten und auszusteigen. Wenn das Programm erst mal läuft, dann kann man mitunter wirklich nur noch zusehen und sagen: „Gott, hoffentlich geht das jetzt bald irgendwann zu Ende." Dieses Bild ist wirklich sehr hilfreich. Wenn du dich in einer Situation befindest, in der die Gedanken einfach ablaufen, kannst du nur geduldig sein und sagen: „Okay, ich schaffe es jetzt nicht, dagegen anzugehen." Es gibt Methoden, wie man damit umgehen kann. Was dabei vielleicht helfen würde, ist, alles aufzuschreiben, was man dem anderen vorwirft. Das Unterbewusste scheint dadurch ein bisschen zur Ruhe zu kommen.

Ja, das habe ich auch gemacht.

Es gibt noch etwas anderes, was immer hilft. Wenn man auf jemanden wütend ist, weil er dies und das gemacht hat, dann hilft es auch, sich zu fragen: „Mein Gott, wenn ich jetzt *mein* Leben anschaue, wo habe *ich* das Gleiche auch schon mal gemacht?"

• • •

Das Verführerische der Wut

Mir ist heute in der Früh etwas passiert, das neu für mich ist. Ich war total wütend, denn ich habe kein Frühstück bekommen und musste einkaufen gehen. Und dann war ich wütend, weil ich bemerkt habe, dass ich permanent alles bewerte. Ganz egal, ob der vor mir eine Glatze hatte oder ich im Schaufenster irgendetwas gesehen habe. Bis ich dann darauf gekommen bin, wie viel Spaß es mir macht, andere zu verletzen. Ich habe bemerkt, was für eine Kraft dahinter steckt. Sie macht lebendig und ich spüre sie in meinem ganzen Körper. Gleichzeitig habe ich bemerkt, dass diese Kraft dazu da ist, den Schmerz abzuhalten, der darunter verborgen ist. In diesem Moment war ich betroffen von diesem Schmerz. Aber das ist das Leben. Ich habe mir gedacht: „Da ist die Tür und wenn ich das darunter erreiche, ist egal, was passiert."

Das ist das Verführerische an der Wut. Verführerisch ist das Erleben dieser Energie und der Kraft, die darin steckt. Man kann sagen, das ist eine Art „Nahlebenserfahrung", die einen dazu bringen kann, diese Wut immer wieder zu fühlen. Das ist eine ganz, ganz tragische Falle, in der man stecken kann. In Wirklichkeit vernichtet die Wut alle Gefühle, die man sonst hat. Das hat die Evolution so eingerichtet, denn wenn ich aggressiv bin, mich gegen den Bären verteidigen muss, dann werden die Gefühle abgeschaltet. Ich kann mich dann nicht darum kümmern, ob es eine Bärenmutter sein könnte, die Junge zu versorgen hat. Ich kann in dem Moment des Aggressivseins meine eigenen Gefühle des Bedauerns und des Schmerzes nicht gebrauchen, muss sie in dem Moment abschalten, damit ich wütend und aggressiv sein kann.

Deswegen stecken die Menschen, die so schnell in Wut geraten, wirklich in der Klemme. Therapien, die darauf abzielen, bei den Menschen die Wut hochkommen zu lassen – in den Therapien der 1970er Jahre ist das aufgekommen –, sind eine große Tragödie, weil da scheinbar eine Lebendigkeit ist, doch in Wirklichkeit sind die anderen Gefühle rein physiologisch abgeschaltet. Wut sagt immer: „Ich will den Schmerz nicht fühlen." Wenn man das wirklich verstanden hat, dann findet man durch die Wut hindurch immer zu dem Schmerz. Und das ist heilend. Nicht die Wut ist heilend. Wenn man dem Schmerz Raum geben konnte, der unter der Wut ist, ist das das Heilende.

Die Tür zum Augenblick

Das Treffen beginnt mit einer Bewegungsübung[8]. Sie dauert ca. 30 Minuten, man kann sie auch länger oder kürzer machen.

Schließ deine Augen und atme mit einem Seufzer aus. Wir können ganz anstrengungslos sein und zugleich Anstrengung wegfließen lassen. Dann spüre im Körper die Bewegungen, ganz verschiedene, ein Strömen und Fließen, ein Pulsieren und dann auch noch andere Bewegungen, innerlich, entweder feiner oder stärker. Du kannst auch spüren, wie daraus Bewegungsimpulse entstehen. Stell dich nun irgendwo in den Raum, die Augen weiter geschlossen, und lass Bewegungen von innen heraus entstehen, so, wie der Körper sich bewegen will. Es sind spontane Bewegungen, die du nicht machst, sondern die von alleine geschehen, die du aber zu Beginn ein bisschen anschieben kannst. So wie bei einer Schaukel, die eigentlich ganz von allein schaukelt, aber zu Beginn etwas Schwung braucht. Doch nur ganz wenig, nicht viel. Du kannst ausprobieren,

---

8 Siehe Anhang für eine Erläuterung der Bewegungsübung (S. 269).

ob der Körper diese Bewegung machen will. Dann kommt es darauf an, dass du auf den ganzen Körper achtest, von den Sohlen bis zum Scheitel. Will da Bewegung in den Füßen, in den Beinen entstehen, im Becken, im Bauch, in den Armen, Händen, im Kopf oder im Gesicht? Und wenn du – am besten mit geöffnetem Mund atmend – spürst, wie der Atem durch den Körper fließt, dann gibt es da im Oberkörper eine Wellenbewegung, die im Becken ansetzt, durch den Bauch und die Brust und den Raum dazwischen. Das ist bereits die erste spontane Bewegung des Körpers. Und dann kommt es drauf an, keine Bewegung zu machen, die du schon kennst und gewohnt bist und von der du weißt, dass sie dir früher mal gutgetan hat. Den Körper entdecken lassen, was er jetzt für eine Bewegung entstehen lassen möchte. Und es sind dann auch oft sich wiederholende Bewegungen. Dabei muss man besonders achtsam sein, bei jeder neuen Bewegung, auch wenn sie zunächst ganz gleich zu sein scheint. Immer mit der Aufmerksamkeit dabeibleiben, ob sich dieses Mal die Bewegung vielleicht etwas weiter oder kürzer oder näher bewegen will. Mit anderen Worten, die ganze Zeit ganz bewusst in der Bewegung und im Augenblick bleiben. Wenn dabei ein Ton entstehen will, ist das in Ordnung, aber gib dem keine besondere Energie. In erster Linie kommt es jetzt hierbei auf die Bewegung an. Also spür deinen Körper jetzt noch mal vollständiger und dann steh auf! Wenn es den Körper deutlich nach unten zieht, dann folge dem! Aber nicht zu früh, nicht, weil du dir denkst: „Och, es wäre jetzt angenehm und schön zu liegen", nicht so, sondern wenn die Bewegung des Körpers den Körper zum Boden bringt. Dann geht auf dem Boden die Bewegung weiter. Die Augen sind geschlossen. Und wenn du jemand anderen berührst, dann ist das in Ordnung, weil das mit zu der Bewegung gehört. Du brauchst dich nicht zu sorgen, ob du jemanden dann berühren oder anstoßen würdest. Das gehört mit dazu. Atme mit offenem Mund und spür im Becken, in den Füßen die Bewegung, die da entstehen will. Probiere eine Bewegung aus, ob der Körper die machen will. Atme etwas tiefer. Es brauchen keine Bewegungen sein, die sich gut anfühlen, keine, die du kennst. Am besten ist es, wenn du dich überraschen lässt von dem, was der Körper jetzt tut, dann kannst du sehr sicher sein, dass es ein Geschehen ist und kein Tun. Es ist gut, den Gürtel zu lockern, damit man in den Bauch atmen kann. Gut. Denk auch an die Füße, die vielleicht gehen wollen, die Schritte machen wollen, die Knie, die sich bewegen wollen, das Becken. Macht nicht so lange Töne, nicht länger, als der Atem. So ist es gut. Es entsteht mehr Bewegung. Der Körper traut sich mehr. Unbedingt bewegen und atmen. (Die Übung dauert ca. 30 Minuten.)

Jetzt lass die Bewegung ausklingen. Dann finde einen Platz, wo du sitzen oder liegen kannst. Und dann lass dir Zeit. Lass dir Zeit, die innere Bewegung zu spüren, dem inneren Ton zuzuhören. Gerade jetzt kann sich oft am leichtesten innerlich noch ganz viel lösen und abfallen. Vielleicht bemerkst du, dass auch die inneren Bewegungen langsam ausklingen. Vielleicht bemerkst du, dass im Unterschied zu vorher das energetische Fließen und Strömen deutlicher wird und sich mehr im Körper ausbreitet. Indem du Muskelanspannung loslässt, erlaubst du diesem energetischen Strömen und Fließen, sich mehr auszubreiten. Die Wirkung, die es hat, ist heilsam, weil dieses Strömen, Pulsieren, Fließen und Vibrieren wiederum lösend wirkt auf den Körper, auf die Organe und dabei den Atem löst, der ganz von alleine kommt und geht.

Dann kannst du wahrnehmen, was du fühlst oder erfährst, deine Stimmung oder eine tiefere Erfahrung, ohne etwas zu tun. Und wenn du wahrnimmst, was du fühlst oder erfährst, dann kannst du immer tiefer in diese Erfahrung hineinfallen. Es ist einfach – nicht unbedingt leicht –, weil es deinen Mut braucht loszulassen. Aber es ist einfach. Manchmal hilft es dir auch, wenn du dir bewusst bist, dass du jetzt noch einmal doppelt so viel loslassen kannst, wie du vorher schon losgelassen hast.

Wenn du gleich langsam aufstehst und die Augen öffnest, achte darauf, dass du in der inneren Erfahrung bleibst. Und für alle, die auf dem Rücken liegen, ein ganz, ganz wichtiger Hinweis: Wenn du aufstehst, dreh dich erst auf die Seite und dann stütze dich mit beiden Händen ab beim Aufstehen und atme dabei aus, weil du sonst durch das Aufstehen den ganzen Rücken schon wieder anspannst.

• • •

Das Gewahrsein selbst bewegt den Körper. Gewahrsein in Aktion, aus der Ruhe in die Aktion. Ist das richtig?

Diese Arbeit ist ein paar tausend Jahre alt und stammt aus einer taoistischen Schule. Im Taoismus haben sich viele Bewegungsformen entwickelt. Im Tai-Chi, im Qi Gong oder dem taoistischen Yoga gibt es viele vorgegebene Bewegungsformen, das was der Chinese „Ju-Wei" nennt. Dann gibt es diese Bewegung, die wir jetzt gemacht haben, das Geschehen-Lassen, und das nennt sich „Wu-Wei". „Wu-Wei" ist die nicht-intentionale Bewegung, die von alleine geschieht, die gewissermaßen durch das Bewusstsein selbst bewegt wird, oder wie der Taoist sagen würde, durch die Chi-Energie, was dasselbe ist. Wenn schon diese vorgegebenen Bewegungen im Tai-Chi und im Qi Gong heilsam sind, um wie viel heilsamer sind dann die Bewegungen, die der Körper sich selber sucht, wenn wir es ihm gestatten. Aber ihr größerer Wert liegt darin, dass du damit ein weiteres Instrument hast, mit dem du dich im Loslassen und Geschehen-Lassen üben kannst. Du trittst zurück und Bewegung geschieht, die du nicht machst, sondern der du dich hingibst. Das ist sehr wertvoll.

In den 1970er Jahren wurde die Dynamische Meditation erfunden. Dabei ging es darum, die Gefühle rauszubrüllen, um sie so loszuwerden. Das hat nicht funktioniert, denn dann ist man zwar entspannt, aber die ganze Energie kommt nicht nach innen, wirkt nicht innerlich lösend, wirkt nicht vertiefend. Es gibt ein entspanntes Körpergefühl, aber spirituell gesehen bringt es nichts. Diese Bewegung, der du dich hingibst, ohne etwas zu tun, und die keine Absicht hat und die sich immer spontaner bewegen kann, die ist heilsam, weil sie deine innere Haltung verändert.

• • •

Ich habe manchmal drei Gefühle gleichzeitig gespürt, nämlich Traurigkeit, Angst und darunter Liebe. Ich glaube, ich bin so ein bisschen vakuumverpackt und die Gefühle tauchen nicht wirklich auf.

Mache die Augen zu! Was fühlst du jetzt? Traurigkeit. Lass sie ganz an dich herankommen, lass sie ganz da sein, verändere deine Haltung ein bisschen, so dass sie zur Traurigkeit passt! Und sonst tue nichts, nur die Traurigkeit fühlen, ihr erlauben, da zu sein, das ist das Einzige, was du tun kannst. Lass die Traurigkeit einen Satz sagen.

„Du hast verloren!"

Wiederhole den Satz zwei, drei Mal! Lass den ganzen Schmerz zu! Du kannst weich werden und hineinschmelzen in diesen Schmerz, ihn zulassen und dich davon erfassen lassen, bewegen lassen, den Schmerz fühlen und bereit sein, ihn zu fühlen. Sonst ist nichts nötig. Das Einzige, was von dir gefordert wird, ist die Bereitschaft, den ganzen Schmerz zu fühlen und wirklich an dich herankommen zu lassen. Mehr brauchst du nicht zu tun. Nichts mehr. Das ist alles. Deshalb ist es so einfach.

●　●　●

Ich habe Angst, dass ich jemandem weh tue, weil ich oft heftig bin, wenn ich mich bewege.

Bei dieser Arbeit geschieht das Bewegtwerden von innen heraus, deshalb kommt es ganz selten zu solchen heftigen Bewegungen. Ich habe gesagt ganz selten, weil man nichts ausschließen darf. Es ist noch nie passiert, dass sich irgendjemandem dabei weh getan hat. Die Bewegung ist anders, selbst wenn sie sehr intensiv wird. Es ist sowohl mit dem Tönen als auch den Bewegungen so. Ihr spürt das selber: Bewegungen, die stärker oder heftiger werden, entwickeln sich, die kommen nicht plötzlich. Plötzliche heftige Bewegungen sind gemacht: „Oh, jetzt würde ich mal gerne so richtig ...!" Sie sind mit Gedanken verbunden. Die

Bewegungen können heftiger werden, aber dann sorgen sie auch dafür, dass der Raum da ist. Alles sorgt füreinander.

•   •   •

Ich habe gemerkt, dass meine Bewegungen sehr schamgebremst waren. Ich habe so stark Heuschnupfen und damit ständig Atemnot. Durch die Bewegung taucht die Angst auf, zu ersticken.

Schließ deine Augen. Lass den Atem zu und schmelze! Ausatmen ist wichtig! Ausatmen! Ausatmen! Die Angst zulassen! Nichts damit machen, sie nicht aufbauschen und nicht beiseiteschieben.

Ich komme gut an meine Gefühle heran, aber nur bis zu einer bestimmten Grenze. Warum sind die Gefühle wichtiger als die Gedanken? Das beschäftigt mich schon den ganzen Tag.

Wieso die wichtiger sind? Ganz einfach deswegen, weil Gefühle eine gegenwärtige Erfahrung sind. Egal, ob sie ausgedacht sind, egal, wie unwirklich sie sind, egal, woher sie kommen. Aber wenn du etwas fühlst, dann betrittst du den Raum der gegenwärtigen Erfahrung. Die Gedanken kommen immer aus der Vergangenheit und trennen dich von der gegenwärtigen Erfahrung und dem gegenwärtigen Augenblick. Das ist der Unterschied. Es geht nicht darum, ob die Gefühle wirklicher sind als die Gedanken, sondern es geht nur darum, dass die Gefühle den Zugang zum jetzigen Augenblick herstellen. Es ist gar nicht wichtig, ob sie wirklich sind oder nicht oder ausgedacht. Sie sind eine Tür und es ist nicht wichtig, woraus diese Tür besteht. Wenn du dich dem Gefühl hingibst, bist du schon beim Loslassen und stehst schon am Beginn der Leere, und nur die ist wichtig. Gefühle an sich sind nicht wichtig, sie sind wichtig, weil sie die Tür zum Augenblick darstellen – zu dem, was wichtig ist und weiterführt. Sie sind ein bisschen wichtiger als die Gedanken, weil sie gewissermaßen das Salz in der Suppe des Lebens sind. Die Angst, die Freude, der Mut, der nötig ist, die Wehmut, all das macht den Reichtum und die Lebendigkeit des Lebens aus.

Haben Körperempfindungen auch diese Funktion, die Tür zum Jetzt zu sein?

Die Körperempfindungen sind begrenzt auf diesen Raum hier von vielleicht 1,72 m x 40 x 40 cm. Das Fühlen ist nicht begrenzt auf diesen Raum.

Wenn du dich fragst: „Was fühle ich jetzt, Heiterkeit, Freude oder Wehmut?", und weiter fragst: „Wo ist die Heiterkeit, diese Freude und diese Wehmut?", dann kannst du entdecken: „Oh, die ist in meinem Herzen!" Und wenn du dann fragst: „Wie weit ist sie und wie tief?", kannst du entdecken: „Oh, sie füllt alles aus, ist unendlich, die Wehmut oder die Heiterkeit oder die Freude geht immer weiter!" Das ist der Unterscheid zu den Körperempfindungen.

Es gibt noch einen weiteren kleinen Unterschied: Körperempfindungen sind im Gegensatz zu den Gefühlen fade. Gefühle sind wirklich abenteuerlich. Die Energie des Körpers fühlt sich gut an, das ist schön, das ist etwas Wertvolles und das spielt eine Rolle. Aber die Gefühle sind es, die wirklich das Leben ausmachen, die Freude, die Wehmut, die Traurigkeit, der Abschied, der eine Traurigkeit hervorruft, die Sehnsucht, der Schmerz. Das ist das, was es lebendig macht. Das ist noch nicht die Unendlichkeit, das ist noch nicht das Aufwachen. Das Aufwachen mit dem Frieden und der Glückseligkeit, das ist noch ein ganz anderes Thema, eine ganz andere Liga. Aber schon die Gefühle machen im Bezug auf das Leben den Reichtum aus.

Gerade deshalb, weil ich diese Weite der positiven Gefühle kenne, habe ich Angst vor der Angst und davor, dass sich diese Angst ausweitet und nicht mehr weggeht.

Und dann?

Das ist kein gutes Gefühl, wenn die Angst bleibt.

Fast jeder hat so eine besondere Tante, wenn man die erst mal einlädt, dann geht die nicht wieder weg und bleibt.

Geht nicht mehr weg?

Sie sagt, dass sie nur für einen Nachmittag kommt und dann ...

Ja genau, und sie geht nicht mehr weg. Das ist die Angst vor der Angst.

Dann lädt man sie besser nicht ein, die Tante.

Deshalb vermeide ich die Angst.

Aber wenn man die Tante nicht einlädt, ist das kein großer Verlust.

Aber das wäre dann doch ein Ausweichen!

Außer wenn es die Erbtante ist, dann nimmt man das in Kauf. Die Alternative ist wieder: Ich halte die Angst weg und verzichte auf das Leben, auf das volle Leben, oder ich riskiere das. Vielleicht ist es dann ein Leben voller Angst, aber vielleicht gewinne ich auch Lebendigkeit und das wirkliche Leben. Was willst du jetzt tun? Willst du dir weiter alles vom Leibe halten, damit es dich nicht überwältigt, und dabei auf das Leben verzichten, auf das wirkliche Leben?

Eben nicht. Das ist es ja!

Dann musst du riskieren, dass das Gefühl, das du zulässt, nie mehr verschwindet, dass es immer dableibt.

Das klingt sehr unwahrscheinlich.

Wie wahrscheinlich das ist, ist egal. Man begibt sich auf die Suche nach der Wahrheit und deswegen akzeptiert man alles, was sich auf diesem Weg zur Wahrheit zeigt, denn das gehört mit zur Wahrheit. Man begibt sich nicht auf die Suche nach der Wahrheit, damit es einem besser geht. Anfangs ja und das ist auch in Ordnung, aber auf Dauer trägt das nicht. Wenn man die Wahrheit finden will, damit es einem besser geht, dann ist das Bessergehen letztlich doch das Wichtigere und dann ist man nicht an der ganzen Wahrheit interessiert, sondern nur, soweit sie einem hilft.

Wenn man sich auf den Weg zur Wahrheit macht und sagt: „Okay, es ist egal, was für mich dabei herauskommt, ich will die Wahrheit finden", dann liegt darin wirkliche Freiheit und diese Freiheit ist auch beglückend.

Kolumbus brach mit seiner Mannschaft und den Schiffen auf und sie waren sich nicht ganz sicher, ob die Erde nicht vielleicht doch eine Scheibe sei und sie womöglich an einer Stelle hinunterfallen würden. Sie sagten sich: „Es reizt uns so sehr, herauszufinden, wie es wirklich ist, dass wir es in Kauf nehmen, wenn wir direkt in die Hölle fallen. Es ist uns wichtiger, dass wir es versucht haben."

Das macht uns menschlich, das macht uns lebendig und das lässt die ganze Sache zum Abenteuer werden. Wir unterstützen uns gegenseitig, damit es leichter wird, aber wir trösten uns nicht mit Sätzen wie „Das wird schon alles zum Besten für dich sein. Die Angst, die wird schon verschwinden". Das würde dir nicht wirklich helfen, weil es eine Lüge ist, so zu tun, als wenn man irgendetwas darüber wüsste. Und jede Lüge wird bestraft. Du hast das Leben und du kannst das Leben aufs Spiel setzen. Du hast es sowieso nicht unter Kontrolle, aber du kannst dem bereitwillig zustimmen. „Ja, wenn ich dabei draufgehen sollte, bin ich einverstanden."

Weißt du, das ist dieser innere Schritt, bei dem du spürst: „Bin ich dabei, alles loszulassen, meine Zukunft, meine Vorstellungen? Bin ich dabei, dieses Ich wirklich zu verlassen?" Dieses Abenteuer der Selbsterkenntnis, des Selbsterforschens, des Erforschens der inneren Tiefe ist genauso groß wie der Aufbruch Kolumbus' nach Amerika. Und wenn du herunterfällst, weil die Erde doch eine Scheibe ist, dann hast du es wenigstens versucht.

Du hast gesagt, wenn man sich hineinfallen lässt und durchgeht durch dieses Gefühl, dann verbrennt es. Das gibt mir Hoffnung.

Habe ich gesagt, dass es garantiert ist?

Nein, aber es klingt gut!

Das ist die Hoffnung! Das ist in der Regel so, aber niemand kann sagen, wie es für dich ist. Öffne dich der Zukunft und der Tatsache, dass du nicht weißt, was sein wird. Das ist die Wahrheit, dass niemand weiß, was sein wird. Es ist die Erfahrung, dass Gefühle verbrennen und ausklingen. Und gleichzeitig weißt du, dass du die Zukunft nicht kennst, und gleichzeitig wissen wir auch, dass manchmal Gefühle nicht so schnell verbrennen. Und dann öffnest du dich dem, was ist, egal, wie lange es dauert, egal, was es für Konsequenzen hat. Du darfst dir ruhig Zeit nehmen, das in dir arbeiten und wirken zu lassen. Es ist sowieso ein innerer Prozess, der Einsichten entstehen lässt und der dich innerlich wandelt. Es gibt keinen Trost. Jeder spirituelle Trost ist nur ein Konzept, das dich auf neue Weise einengt.

Stimmt, das ist wieder nur ein Konzept, womit man die Angst eigentlich wieder weg haben will.

Genau. Du musst nichts tun, nur diese innere Haltung annehmen und dich dafür öffnen, was das Gefühl mit dir macht. Das muss eine wirkliche und vollständige Offenheit sein. Wenn es dem Gefühl einfällt, dich nie wieder zu verlassen, dann stimmst du dem auch zu. Hat es dich erschreckt? Was fühlst du jetzt? Verzweiflung oder Schmerz oder Angst?

Du merkst, dass die Angst und der Schmerz sich lösen, weil du dich ihnen öffnest. Weich werden! Alles zulassen, weich werden. Merkst du, dass du dich da hinein entspannen kannst? Das macht den Unterschied. In das Gefühl hinein entspannen und noch mehr loslassen.

Gefühle zulassen und sich in sie hinein entspannen. Dann kann jedes Gefühl willkommen geheißen werden, weil jedes Gefühl eine Chance ist und eine Möglichkeit, innerlich, weicher zu werden und tiefer zu sinken und sich tiefer fallen zu lassen. Jedes Gefühl ist ein weiterer Schritt und die nächste Tür.

Kapitel 4
Die Begegnung mit der Angst –
das innere Sterben
und das Aufwachen

Wochenendseminar, Wien 2010

Die Angst, allein zu sein

Christian Meyer: Wie sind deine eigenen Erfahrungen mit dem Aufwachen?

Teilnehmer: Also es sind Erfahrungen von Vertiefung und von Wachheit. Ich meine, ich wache jeden Morgen auf, aber das ist wieder etwas anderes. Meine Erfahrung ist nicht, dass es ein großer Knall ist, sondern dass es eine laufende Vertiefung ist.

Ja, eine Vertiefung. Woran bemerkst du diese Vertiefung? Was sind das für Erfahrungen des Erwachens, die du erlebst?

Das ist, wenn es ganz still ist.

Ja, beschreibe das mal, so genau es geht! Wenn es ganz still ist, was ist dann?

Ich kann es ganz schwer in Worte fassen.

Ja, natürlich. Wir müssen bezüglich dieser Erfahrung die Sprache erst entwickeln.

Ja, und es ist auch so, als würde Sprache immer daran vorbeireden.

Wir müssen Worte finden, welche die Erfahrung treffen. Also! Wenn es ganz still wird …

Wenn es ganz still wird und das Leben geschieht, ist da keine Person, die das tut, sondern das Leben, das vielleicht etwas mit mir tut.

Was glaubst du, wodurch das ausgelöst wird? Was ist gerade vorher, wenn es zu dieser Erfahrung „Oh, jetzt ist es ganz still!" kommt? Wovon wird das wohl eingeleitet?

Von einem Anhalten.

Kannst du das an einem Beispiel deutlich machen, wie du dann anhältst?

Es passiert einfach. Wenn ich es bewusst mache, dann ist es entweder ein Mitten-im-Gedanken-Innehalten oder ein Hingehen. Vor zwei Tagen bin ich mit einem sehr schwierigen Gefühl dagesessen und wusste nicht, was ich tun sollte, und dann war da ein „Ich habe keine Ahnung. Es ist egal, es kann bleiben oder gehen". Und dann ist es still geworden.

Was für ein Geschenk!. Und jetzt wird es auch still und kann noch tiefer werden. Du kannst dich hinein entspannen und es ist größer als der Kosmos. Kannst du dich erinnern, wie das war, als du das zum ersten Mal erlebt hast?

Also die erste Erinnerung, die auftaucht, ist eine Erinnerung an Ostern in der Kirche, als ich ungefähr sieben oder acht Jahre alt war und so ein ganz tiefes Inspiriert-Sein erfuhr.

Ja, inspiriert von diesem Ereignis des Erlöst-Seins.

Das hat niemand verstanden. Das war komisch.

Und wie ist das dann weitergegangen?

Das ist weitergegangen als eine ständige Sehnsucht und ein Sog nach innen.

Und dann sind die Jahre ins Land gegangen. Wie hast du dann diese Stille das nächste Mal ganz bewusst wieder erlebt?

Ich glaube, das war so mit sechzehn beim Meditieren und dann in Satsangs, beim Meditieren, und in Indien.

Wenn die Stille da ist, wie du beschrieben hast oder auch jetzt, warum hört sie auf?

Sie hört dann auf, wenn ich glaube, dass etwas anderes wichtiger ist oder wenn ich glaube, dass ich irgendetwas richtig machen muss.

Ja. Du hast vollkommen recht, wenn etwas anderes plötzlich wichtiger wird und insbesondere der Gedanke auftaucht: „Oh, ich muss das jetzt richtig machen und darf nichts falsch machen!" Ja, aber warum tritt das auf?

Aus Angst!

Aus Angst. Also ist deine Hauptaufgabe in allen Situationen, in denen Angst auftaucht oder auftauchen könnte, die Angst einzuladen. Die Angst ist der Motor dafür, dass die Gedankentätigkeit wieder anfängt. „Mache ich etwas falsch?" Und das wird dann plötzlich wichtiger. Deine Aufgabe besteht jetzt darin, in all diesen Situationen die Angst zu fühlen. Du kannst fragen: „Welche Angst liegt dem zugrunde?" Wenn du diese Angst fühlst, dann brauchst du die Gedankentätigkeit nicht wiederaufzunehmen. Dann ist zwar in dem Augenblick auch die Stille nicht so überwältigend, weil die Angst da ist, aber das wird dich weiterbringen. Was ist das für eine Angst?

Die Angst davor, ausgestoßen zu werden.

Habe ich schon mal erzählt, welche archaische Angst dem zugrunde liegt? Seit die Menschen existieren, seit sechs Millionen Jahren ungefähr, gab es in der Horde die Regel, dass jeder das Recht auf Zugehörigkeit zum Stamm hat. Ebenso gab es die Regel, dass, wenn sich jemand so richtig danebenbenahm, er vom Stamm ausgeschlossen wurde. Diese Angst, sich danebenzubenehmen und ausgestoßen zu werden, die ist so machtvoll. Wenn ich aus der Horde, vom Stamm ausgeschlossen werde, dann bin ich dem Tod geweiht. Das bedeutete nicht, sich irgendwo anders ein Haus im Grünen zu suchen oder an einen anderen Ort zu ziehen. Das war es nicht. Wurde man ausgeschlossen, war man den wilden Tieren ausgeliefert und das war gleichbedeutend mit dem Tod. Das ist wichtig. Nur so kann man diese Heftigkeit der Angst verstehen und kann gleichzeitig auch sehen, wie unpersönlich sie ist. Da ist es für dich ganz heilsam, wenn du das wirklich erforschst. Du kannst es dir die nächste Zeit zur Aufgabe machen, alle Situationen zu prüfen, in denen Angst auftaucht. Was ist das für eine Angst? Das wird dir sehr helfen.

Und nun zu deiner allgemeinen Frage zum Aufwachen. Diese Erfahrungen des Aufwachens, die du erlebst, sind bereits eine ungeheure Gnade, die nur wenigen Menschen zuteilwird. Ich glaube, der Dichter Kahir hat nur eine Minute lang diese Stille erlebt und sein ganzes Leben dem gewidmet, diese Minute zu beschreiben, zu preisen und in seinen Gedichten zu besingen. Du hast darüber hinaus die allerbesten Chancen, dass diese Erfahrungen des Aufwachens sich immer mehr vertiefen. Da ist nur die Stille, die immer da ist. Du kannst dich ihr viel mehr anvertrauen und hingeben als bisher. Die Zeit steht still. Nichts existiert außerhalb dieser Stille. Nichts braucht sich je zu verändern. Alle Bewegung, die in der Form geschieht, ist schön und manchmal anstrengend. Jede Bewegung versinkt wieder in dieser Stille, weil nur die Stille dauerhaft ist – du selbst bist diese Stille! Du kannst dich vielleicht noch mehr fallen lassen. Es braucht nichts getan zu werden. Die Stille ist unendliche Liebe, die nie aufhört und keine Grenze hat. Und du bist diese Liebe. Plötzlich merkst du, dass du nichts falsch machen kannst, weil nichts existiert. Du kannst jetzt ewig hier sitzen bleiben. Du kannst aufstehen, ins Café gehen oder zur Arbeit. Es ändert alles nichts an der Stille. Wir bleiben jetzt ewig hier sitzen. Wozu sollen wir aufstehen?

Es hat sich jetzt etwas verändert. Bisher war die Stille so wie Inseln im Meer, die mal da waren und dann wieder verschwanden. Jetzt ist die Stille das Festland und zwischendurch liegt hier und da ein See. Es ist nun deine spirituelle Übung, in möglichst vielen Situationen die Angst ausfindig zu machen und zu fühlen. Diese ganze Angst hochkommen zu lassen. Sie einzuladen diese Angst, von all deinen Vorfahren, die ausgestoßen wurden oder Angst davor hatten, dass es sie treffen würde. Alle Angst, die auftaucht, fühlen, immer wieder – im Kaffeehaus, in der U-Bahn, auf der Arbeit – immer wieder. Das wird deiner weiteren Vertiefung dienen.

Die Liebe und die Stille haben noch tausend Mal mehr Sehnsucht nach dir, als du je nach ihnen haben könntest, obwohl auch diese Sehnsucht größer ist als das Meer, größer als der Ozean. Diese Sehnsucht der Stille ist es, die dich zieht. Deine Sehnsucht nach der Stille bewegt dich auf sie zu. Da ist diese Glückseligkeit, darin baden, hineinschmelzen, denn du bist die Glückseligkeit selber, sie ist deine Natur.

Der Angst ins Auge sehen

Also ich fühle jetzt diese Liebe und es bleibt trotzdem eine Frage. Mich hat das angesprochen mit der Angst, denn ich fühle die Angst nicht richtig. Bei einer Übung, da hatte ich den Eindruck, dass ich Angst als Trauer wahrnehme, weil ich mich in der Trauer recht gut einrichten kann. Es gab eine Situation, da dachte ich, ich müsste jetzt Angst fühlen, aber ich fühlte Trauer. Jetzt möchte ich dieser Angst noch mal auf die Spur kommen.

Weißt du, was ich für eine Erfahrung gemacht habe? Als ich das Enneagramm kennen lernte, habe ich die gleiche Entdeckung gemacht und gemerkt: „Mensch, wirklich überall wo ich hinkomme, könnte plötzlich Angst auftauchen!" Dann fiel mir folgende Verrücktheit ein: Ich hatte damals schon fünf Therapieausbildungen hinter mir mit ungefähr 1.500 Therapiestunden. In all diesen Stunden ist nie Angst aufgetaucht! Das hat mich vielleicht erstaunt! Doch dann verstand ich plötzlich. Alle möglichen Situationen hatte ich vorher nicht als Angst definiert. Es kam mir vor wie: „Ich interessiere mich für die Menschen, die im Café sitzen. Ich interessiere mich für sie." Das ist aber motiviert von: mich umgucken, ob die mir alle freundlich gesinnt sind, ob mir da jemand etwas wollen könnte. Vor allem bei der Sechser-Fixierung ist das so. Da ist die Angewohnheit, die Arbeit vor sich herzuschieben. Man denkt zuerst, das ist einem lästig, aber nein, nein! Das ist alles nur Angst. Angst, wenn man die Arbeit täte, dass man dann etwas falsch machen könnte, und wie schwer ist es, Entscheidungen zu treffen. Wieder ist da die Angst, einen Fehler zu machen, die pure Angst, sonst nichts. Auch im Restaurant: „Soll ich das nehmen oder sollte ich das nehmen? Was nehmen die anderen? Aha! Die nehmen das! Sollte ich das auch tun? Vielleicht sollte ich aber gerade das andere nehmen." Dabei geht es um eine Hühnersuppe. Aber auch hier ist die Angst im Spiel: „Oh Gott, nachher bestelle ich etwas und dann entdecke ich, dass ich einen Fehler gemacht habe und dann werfe ich mir das vor. Dann ist es falsch, denn wenn die Hühnersuppe bestellt ist, dann ist sie da! Und es wird gegessen, was auf den Tisch kommt." Hinter all diesen Verhaltensweisen steckt Angst! Das ist so verrückt! Dafür ist es ein Vorteil, das Enneagramm und die Fixierungen kennenzulernen. Für die Sechs ist die Angst der durchgehende rote Faden. Alle Verhaltensweisen der Sechser-Fixierung sind – nicht nur, aber auch – von Angst bestimmt, davon eingefärbt oder durch sie motiviert.

Ich werde es erforschen.

Es darf auch lustig dabei zugehen, wenn man das erforscht und entdeckt. Man muss sich folgendes Bild vor Augen halten: Der Stammesmensch früher musste durch die Savanne und den Wald streifen, immer mit dem Blick darauf, bewegt sich da etwas? Einerseits könnte das eine Schlange oder der Säbelzahntiger sein, aber es könnte auch etwas zu essen sein, was da herumläuft. Natürlich muss man beim Säbelzahntiger vorsichtiger sein als beim Kaninchen. Wenn man den nicht frühzeitig sieht, ist es schlimmer, als wenn man das Kaninchen übersieht. Und so geht man unbewusst auch heute noch durch die Welt: „Bewegt sich da irgendetwas?" Das wird zur zweiten Natur. Wenn man jetzt die Angst wahrnimmt, die dahintersteckt, dann ist es einem leichter möglich, davon zurückzutreten, und man hat endlich die Chance, beim Inneren zu bleiben. Dann berührt einen das nicht mehr so. Wenn sich irgendetwas bewegt draußen, wird es wahrscheinlich kein Säbelzahntiger sein, aber wir müssen auch sehen, dass wir die Überlebenden von denen sind, die Angst vor dem Säbelzahntiger hatten. Die, die keine Angst vor dem Säbelzahntiger hatten, von denen stammen wir sicher nicht ab.

●　●　●

Die Angst vor dem Tod

Ich habe mich eben in letzter Zeit auch darin geübt, mit diesen Ängsten achtsamer zu sein, und das ist auch der Fall. Es ist mir im letzten Jahr immer bewusster geworden, wie viele Ängste ich habe und was die Motivation für viele Sachen ist. Wirklich massive Ängste treten bei mir oft in der Nacht auf. Sie sind aber nicht so fassbar, es sind Alpträume. Die habe ich schon lange, phasenweise gehäuft. Es ist dann so, dass ich mich nicht wirklich ganz bewusst darauf einlassen kann, weil das in einem halben Schlafzustand geschieht. Das sind schon oft Todesängste oder Bedrohungen von außen und ich würde diese Ängste gern besser fühlen. Ist es vielleicht so, dass ich ihnen tagsüber immer noch zu sehr ausweiche, so dass sie dann in der Nacht auftreten? Kann das sein?

Ja, das ist so. Weißt du, des Nachts ist die Abwehr geringer. Egal, ob man schläft und träumt, auch wenn man nachts wach wird, ist die Abwehr geringer. So können sich nachts die Gefühle erlauben, aufzutauchen, die tagsüber unter dem Teppich bleiben. Welche Angst ist in deinen Alpträumen?

Das ist unterschiedlich. Ich habe teilweise Angst, dass ich irgendwann sterben muss, und das ist so schlimm, dass ich es nicht aushalten kann, und das habe ich tagsüber normalerweise nicht.

Hast du ein bisschen Zeit verfügbar in deinem Leben? Oder ist das ganz ausgefüllt von Aufgaben und Verpflichtungen?

Unterschiedlich. Ich habe schon auch Zeit.

Gut. Dann könntest du überlegen, mal für einige Wochen in ein Hospiz zu gehen und Menschen, die im Sterben sind, zu begleiten. Weißt du, das ganze Reden übers Sterben wird dir nicht so viel helfen, als wenn du ein, zwei Menschen begegnest. Ich weiß nicht, ob es möglich ist, mit ihnen zu sprechen. Was denkst du denn dazu?

Ich habe mir auch schon überlegt, mal so etwas zu machen, Hospiztätigkeit.

Dort werden auch manchmal Seminare angeboten, in denen es nur um Tod und Sterben geht. Wenn du dieses Thema bewältigt hast, wird dir das einen Entwicklungsschub geben wie nichts anderes.

Schließ mal deine Augen. Stell dir vor, du bist irgendwo in der Natur, vielleicht im Wald. Jetzt stell dir vor, dass dich eine Schlange gebissen hat, von der du weißt, dass ihr Gift in einer halben Stunde zum Tode führt und von der du weißt, dass es gegen das Gift dieser Schlange kein Gegenmittel gibt. Selbst wenn du in der Stadt wärst, gäbe es kein Gegenmittel. Und jetzt kannst du alles auftauchen lassen, was in dieser halben Stunde geschieht. Was kommen für Gefühle hoch? Nimm wahr, was du innerlich tust, wonach es dich drängt? Und es werden ganz sicher verschiedene Gefühle sein, gleichzeitig oder nacheinander. Lade alle Gefühle ein! Dann nimm das Gefühl, was im Vordergrund ist und lass dieses Gefühl einen Satz sagen!

Jetzt kannst du die Augen wieder öffnen und wir können uns über die Entdeckungen austauschen.

Wir tun so, als ob wir ewig lebten

Ich merke, dass ich die ganze Zeit zittere.

Und was für ein Gefühl ist damit verbunden?

Angst.

Ja. Wollen wir die Angst noch genauer untersuchen? Angst wovor? Angst vor dem Sterben, aber wovor genau?

Es ist vielleicht die Angst vor dem Ausgeliefertsein, die Angst vor dem Alleinsein, vor der Hilflosigkeit.

Ja, du bist hilflos, ohnmächtig und allein. Im Tod oder auf den Tod zugehend sind wir alle allein und ohnmächtig. Was ist daran so schlimm?

Es ist einerseits nicht schlimm. Das denke ich mir immer wieder und dann ist es doch offensichtlich wieder schlimm. Ich weiß nicht.

Es macht auch Sinn, sich klar und deutlich zu machen, dass in dem Moment, wo man auf den Tod zugeht, dieser Todeskampf entsetzlich ist. Wenn man aber vorher schon diese innere Bereitschaft hat, das anzunehmen, was da kommt, dann wird auch in dem Maße, in dem der Körper nicht mehr fähig ist zu atmen und alles schwerer wird, eine Bereitschaft da sein, das hinzunehmen und sich darauf einzulassen. Dann geschieht das, was man bei vielen alten Menschen, die in Ruhe ihrem Sterbeprozess überlassen werden, beobachten kann: ein friedliches Hinübergehen. Der Todeskampf entsteht erst, wenn jemand sich nie mit dem Tod auseinandergesetzt hat und davon regelrecht überfallen wird. Das ist der Grund dafür, warum im Buddhismus das wichtigste Buch das Totenbuch ist. Es beschreibt das ganze Leben als ein Vorbereiten und ein Einüben des Todes. Nicht, weil die Buddhisten so todesfanatisch wären, sondern weil es das Leben reicher macht. Also, da ist diese Angst vor der Ohnmacht, dem Ausgeliefertsein ...

Ja, auch vor Krankheiten. Ich sehe ja, wie es den alten Menschen geht. Das ist nicht so lustig, finde ich.

Was macht dir Angst bei den Krankheiten?

Ich sehe so viele hilflose, alte, verzweifelte Menschen.

Ja, gut. Du siehst hilflose Menschen. Du siehst verzweifelte Menschen, aber die sind ja nur deswegen verzweifelt, weil sie ihre Situation nicht anzunehmen vermögen. Im Unterschied dazu kennen wir viele kranke Menschen, die wegen Aids oder Krebs auf den Tod zu gehen, die sagen, dass das letzte halbe Jahr für sie das wichtigste war. Als der Buddha realisierte, dass es überall Krankheit und Tod gibt, fragte er sich: „Ist dieses Leben so, dass das Leid zwangsläufig ist?" Klar ist dieses Leben bestimmt von körperlichem Zerfall und Krankheit. Aber das, was Leid erzeugt, das wird nur von den Gedanken gemacht, nur von dem Ich, das etwas anderes will als das, was gerade geschieht; von dem Ich, das mit dieser Krankheit, dem Tod und dem Ende nicht einverstanden ist. Das dagegen ankämpft und diese Verzweiflung, die du genannt hast, die erzeugt erst das Leid. Die Verzweiflung ist niemals die Folge des Leides. So hat Buddha als einer der Ersten diesen Weg der Freiheit entdeckt oder jedenfalls als einer der Ersten, von denen wir hören und gehört haben. Er sagt: „Es hängt nicht von den äußeren Umständen ab, nicht davon, ob du krank oder gesund bist, sondern es hängt davon ab, ob du anhaftest und hinter etwas anderem herrennst als dem, was ist." Also die Ursache für das Leid und die Verzweiflung ist das Ich und nicht die Krankheit.

Ja, das verstehe ich.

Wir sind gewohnt, in unserer Gesellschaft Krankheit und Tod als Störung des Lebens zu betrachten. So, als wäre das Leben perfekt und großartig, wenn es bloß den Tod nicht gäbe, wenn es bloß keine Krankheit gäbe. Aber das ist natürlich Unsinn. Leben bedeutet, ein Leben auf den Tod hin. Leben bedeutet, dass der Körper zerfällt und krank wird. Mal so, mal so. Das ist keine Störung des Lebens, sondern Teil des Lebens und das, was Leben ausmacht. Ich glaube, das Dilemma kommt auch daher, dass wir unser eigenes Leben als ewig wahrnehmen. In unseren Planungen und Überlegungen kommt der eigene Tod selten vor. Wir tun so, als würden wir selbst ewig leben, und dann sind wir erstaunt, dass andere Menschen sterben. In Wirklichkeit ist das Leben begrenzt für jeden, mit einer Zeitspanne, die keiner kennt. Manche Kinder sterben mit vier Monaten und manche Menschen erreichen ein Alter von über 100 Jahren. Die meisten liegen irgendwo dazwischen. Es gilt, dieses Leben in seiner Begrenztheit anzunehmen, für sich selbst und für die anderen. Wenn man das tut, dann wird die Frage erst wirklich bedeutsam: „Was mache ich mit dieser Zeit, die mir geschenkt ist? Wozu soll sie da sein? Was soll mir das Wichtigste darin sein?"

Muktananda wurde einmal nach den Reihern gefragt, die den ganzen Tag am Ufer bewegungslos im Wasser stehen, ob diese auch meditieren würden und Erleuchtung finden könnten. Muktananda sagte: „Sie meditieren den ganzen Tag, aber sie meditieren auf Fische. Deshalb bekommen sie Fische." Wenn man den ganzen Tag darauf meditiert, nicht überzuschnappen, dann wird man es schaffen, nicht überzuschnappen. Aber lohnt sich das? Wenn wir das Leben in seiner Begrenztheit sehen und wahrnehmen, dann wird die Frage dringlicher: „Wozu soll es da sein? Welchem Ziel möchte ich dieses Leben widmen? Was soll die Frucht meines Lebens sein?" Da ist dann wieder dieser Wunsch nach dem gelingenden Leben, Beruf, Kindern, liebevollen Beziehungen, und da ist der Wunsch nach dem Aufwachen und der Erfüllung in der Erfahrung deiner selbst als Frieden und Unendlichkeit. Was ist das Wichtigste?

Mit dem Tod einverstanden sein

An dieser Geschichte mit dem Schlangenbiss war ja das Wunderbare, dass das eigentlich schon gelöst war.

Genau. Und jeder von uns ist in dieser Situation. Wir alle wurden schon von der Schlange gebissen. Wir wissen nur nicht genau, ob wir noch eine halbe Stunde oder noch ein halbes Jahrhundert leben. Wir sind schon für den Tod bestimmt. Und insofern können wir genauso, wie du gerade beschrieben hast, aufatmen. Ja! Es ist sowieso ausweglos.

Aber die Gedankentätigkeit wird eigentlich ständig davon angeregt: „Was könnte noch sein? Was könnte ich noch machen? Was könnte noch helfen?" Das lässt sich nicht vergleichen mit einem normalen Leben.

Ja, aber es hilft nichts. Und dann kommt genau das Resultat, das du beschrieben hast. Dass man Frieden erfährt und Frieden findet. Hingabe an das, was geschehen wird, an den Tod, wann auch immer er kommt.

Dieses Vertrauen zu haben, dass genau die Zeit ...

Vertrauen? Welches Vertrauen? Um Gottes Willen! Das wollen wir nicht. Weißt du, da baust du dir schon wieder eine neue Falle. Kein Vertrauen! Worauf willst du vertrauen, wenn du weißt, dass du sterben wirst?

Na, ich meine das Vertrauen zu haben, dass die Zeit angemessen ist, wie sie ist, und dass ich ihr nicht nachlaufen muss ...

Kein Vertrauen haben, dass die Zeit angemessen ist! Weißt du, sobald du Vertrauen hast, dass die Zeit angemessen ist, kommt schon wieder der Zweifel: „Was passiert, wenn es nicht angemessen ist?" Die Zeit ist nicht angemessen. Der Tod wird eintreten und fragt nicht danach, ob es für dich angemessen ist. Kein Vertrauen! Versteht ihr, man denkt, man hat dann Trost und es geht einem besser. Stimmt aber nicht. Man weiß ja insgeheim, dass man diese Aussage nicht wirklich treffen kann.

Das heißt, man weiß insgeheim, dass man sich belügt, dass man sich etwas vormacht. Dann lebt man auf Treibsand. Fakt ist, du brauchst kein Vertrauen. Du weißt, du wirst sterben. Wenn du dazu okay sagst, ist alles gut. Nur dann findest du Frieden.

Ich stimme dem schon zu. Aber man neigt dazu, dass man es verlängert, wenn es verlängert werden kann. Vielleicht um diesen Weg noch weiter gehen zu können.

Da ist etwas dran. Man hat, wenn man erst mal auf die Wahrheit versessen ist, den Wunsch, das Leben möge so lange dauern, bis man diese Wahrheit auch findet. Wenn man diese Erfüllung erfährt in der Stille und der Unendlichkeit, dann kann man auch leichter sagen: „Mag der Tod doch kommen!" Wenn das Leben noch nicht erfüllt ist, ist das schwerer. Der Mensch hat nicht nur diese innere Sehnsucht, sondern weiß auch innerlich von dieser Bestimmung, Frieden und Erleuchtung finden zu können. Es tut gut, wenn man auf diese Macht schaut, über das eigene Leben hinaus. Auf diese Macht, die das Schicksal in Händen hält, auch dein Schicksal. Es ist gut, sich ihr gegenüber innerlich zu verneigen und zu sagen: „Ich stimme dem zu, ohne wenn und aber und ohne zu wissen. Ohne zu wissen, wann, ohne zu wissen, warum." Das ist wirklich befreiend. Das ist der gleiche Satz wie: „Nicht mein Wille, sondern dein Wille geschehe!" Das ist der befreiendste Satz der ganzen Menschheitsgeschichte.

KAPITEL 5
DAS AUFWACHEN DER SCHÜLER

Im folgenden Kapitel geht es darum, wie sich das Aufwachen und das aufgewachte Sein konkret gestalten können. Der Prozess des Aufwachens wird in drei wörtlichen Protokollen beschrieben. Daraufhin folgen Interviews mit aufgewachten Schülerinnen und Schülern über ihre Erfahrungen vor, während und nach dem Aufwachen. Ein Protokoll eines Treffens mit aufgewachten Schülerinnen und Schülern, in dem Fragen, die nach dem Aufwachen auftauchen, gestellt und beantwortet wurden, schließt sich an. Das Kapitel schließt mit einigen Gedanken zum Lehrer-Schüler-Verhältnis.

Durch die innere Tiefe zum Aufwachen: Drei wörtliche Protokolle

Die drei folgenden Protokolle sind während eines Wochenend-seminars, eines Sommer-Retreats und abendlicher Treffen im spirituellen Zentrum „Zeit und Raum" entstanden. In diesen „Gesprächen der Stille" treffe ich mich mit Menschen, die sich dem Aufwachen und der Vertiefung des Aufwachens widmen. Dort haben sie die Möglichkeit, Fragen zu stellen und die 7 Schritte zu erlernen und zu vertiefen.

„Stille, Leere, Unendlichkeit – du bist es, die mich jetzt gleich sterben lässt"

Gespräch mit R. P. (weiblich, 35 Jahre) im März 2012

Ich bin jetzt sehr aufgeregt. Ich mache ungefähr seit September Bewusstheitsübungen[9] mit jemandem. Das Ganze ist also noch

---

9 Siehe Anhang für eine Erläuterung der Bewusstheitsübung (S. 257).

sehr neu für mich. Aber es ist schon sehr viel passiert. Und ich
merke, es ist eine starke Sehnsucht in mir nach dieser Stille.
Da, wo ich sie schon ein bisschen gespürt habe, dass sie da ist,
das hat das richtig entfacht. Das war immer schon in mir. Und
jetzt merke ich einfach oft, also mittlerweile ist es nicht mehr so
schwierig, die Gefühle da sein zu lassen, und die Geschichten
treten dann langsam in den Hintergrund. Ich habe auch oft sehr
intensive Träume, wo ich dann mit einer ganz starken Todesangst
und Verzweiflung konfrontiert bin.

Gut. Gut ist das.

Ich weiß, dass das da ist, und es ist auch so, dass mich das nicht
mehr so erschreckt, weil ich das schon seit vielen Jahren kenne.

Das ist ein richtig großer Fortschritt.

Seit ungefähr drei Jahren habe ich diese Träume und …

Sind das Träume mit Todesangst oder auch Träume vom Tod?

Es ist ein Traum eigentlich mit Todesangst. Es ist die Erwartung
des sicheren Todes. Ich habe z. B. geträumt, es war im Traum
klar, ich werde jetzt erfrieren. Ja, ich bin dagesessen und es war
klar, ich werde erfrieren. Es wird niemand kommen und mich …

Gut, ja. Und was hat die Angst da zu suchen?

(lacht) Weiß ich nicht, sie war im Traum da und als ich aufge-
wacht bin, war sie auch da.

War da?

Ja.

Was hat die Angst gesagt?

Du wirst hier ganz alleine sterben.

Ja. Gut, das ist ja so. So wird es ja auch sein. Wo ist denn jetzt
die Angst? Du wirst jetzt, hier, ganz alleine sterben.

Das Komische war, es war gar nicht dieses Gefühl, die Angst,
die da war …

Nein, nein, was du denkst, dass sie da gewesen sein müsste …

In der Situation, als ich aufgewacht bin, nach dem Traum, war sie da. Also der ganze Körper war irgendwie, ich hatte das Gefühl, dass … ich weiß nicht, es war im Körper eigentlich – irgendwie in jeder Zelle.

Aha, als du aufgewacht bist, hast du die Angst gefühlt, da ist sie richtig da gewesen?

Ja.

Gut. Und in diesem Augenblick, hast du ihr Zeit gelassen und ihr Raum gegeben?

Ja.

Gut – sehr gut. Konnte sie dann verbrennen?

Also ich habe einfach gemerkt, das war eben das Komische, ich hatte nicht das Gefühl. Ich hatte vorher schon einmal einen Traum und da war dieser Punkt, an dem ich das Gefühl hatte, ich halte das nicht aus und dann bin ich weitergegangen und dann ist sie verbrannt.

Gut. Dann hast du das doch ausgehalten. Eine gute Erfahrung.

Das war eine sehr gute Erfahrung, ja. Aber es war auch schon öfters so, dass ich auf einmal weg war und ich habe gar nicht gewusst, wie es passiert. Also es war nicht so, dass auf einmal der Gedanke da war, ich kann das nicht aushalten, es war der Gedanke da, öffne dich, lass los.

Gut, und dann war sie trotzdem weg, die Angst?

Ja.

Gut. Und jetzt mach mal die Augen zu und lass uns mal vorstellen, dass du erfrierst und gleich sterben wirst. Jetzt sprich einmal zu der Stille, zu der Leere, zu der Unendlichkeit, die auch dein Schicksal in der Hand hat. Fange an mit dem Satz: „Du bist es, die mich jetzt gleich sterben lässt."

Du bist es, die mich jetzt gleich sterben lässt.

Und dann rede mal weiter, was noch auftaucht, was du ihr zu sagen hast – der Stille, der Unendlichkeit. Trau dich, das, was auftaucht, in Worte zu packen.

Du bist nichts.

Du bist nichts. Und weiter.

Einfach nichts.

Einfach nichts. Jetzt sage ihr auch, wie es für dich ist – mit diesem Tod vor dir, dieser Gewissheit.

Ich habe Angst.

Ich habe Angst. Angst wovor?

Angst, nicht mehr zu sein.

Angst, nicht mehr zu sein. Und jetzt nimm einmal wahr, ob du auch das der Stille und Unendlichkeit übergeben kannst, indem du sagst: „Ich gebe mich hin und was du auch immer für mich vorgesehen hast nach diesem Übergang, nach diesem körperlichen Tod, es soll mir recht sein."

Ich gebe mich hin, was auch immer du für mich vorgesehen hast. Ich bin so nervös.

Ja, es ist etwas sehr Bewegendes und sehr Berührendes und das zu sagen ist einer der wichtigsten, vielleicht sogar der wichtigste Schritt, den man im Leben tun kann. Nämlich, dass man dem Schicksal, dass sich dessen Unentrinnbarkeit nirgendwo so deutlich zeigt, wie darin, dass es den Zeitpunkt und die Art unseres Todes bestimmt. Dass man das anerkennt und dass man dem bereitwillig zustimmt, ist der wichtigste Schritt im Leben, ganz sicher. Nicht nur zu erkennen, dass wir keine Kontrolle darüber haben, und es deswegen hinnehmen, sondern vielmehr, dem bereitwillig zuzustimmen. Dieser Schritt, dass wir wissen, dass das ganze Leben, das wir gehabt haben, ein Geschenk war, verändert alles – wenn wir vollkommen aufhören, daran herumzumäkeln, ob das Geschenk uns jetzt passt oder nicht, ob es groß genug ist oder noch größer hätte ausfallen sollen, und wir dieses Geschenk und die Herausforderung, das was uns zugemutet wird, gleichermaßen annehmen. Dadurch geben wir alles hin und durch diese Hingabe werden wir überreich beschenkt. Das ist das vielleicht größte Geheimnis des Menschseins. Diese Hingabe, die darin besteht, dass wir für uns selber nichts mehr wollen und noch nicht einmal erbitten. Alles aufgeben können und dann kommt ganz unerwartet, auch unverdient, ein ungeheures Geschenk an Frieden, Stille und Glück. Aber die Hingabe geschieht nicht deswegen, nicht um ein neues Geschenk zu bekommen, sondern aus dem Wunsch, der Stille alles zu geben, was wir können. Alles, was wir haben. Aus Dankbarkeit, aus Erkenntnis, aus Verliebtheit, aus Verliebtheit in die Stille, aus Dankbarkeit und Liebe. Die Stille tausendmal mehr lieben als uns selbst. Jetzt nimm mal wahr, ob es an der Zeit ist, den Satz zu sagen: „So soll es mir recht sein." Oder vielleicht gibt es etwas anderes, was du sagen möchtest, wonach dir gerade ist?

Ja, ich will in die Stille. Ich will mich der Stille hingeben.

Ja.

Dem Nichts.

Dem Nichts. Und wenn es für dich den Tod und das Sterben vorgesehen hat, dann darf es sein. Dann darf es so sein. – Jetzt lass dich fallen, tiefer als je zuvor. Was erfährst du jetzt?

Ich habe das Gefühl, nach unten zu gleiten.

Du hast das Gefühl, nach unten zu gleiten. Und du gleitest immer tiefer.

Ja.

Und wirst gezogen von der Stille.

Es ist ein ganz langsames Sinken.

Ein ganz langsames Gleiten und Sinken. Immer tiefer. Es hört nicht auf. Es geht weiter und weiter. Tiefer und tiefer.

Es ist sehr hell.

Und es ist so hell. Und wie hat sich das Sinken und Gleiten verändert?

Der Sog, der zuerst nur ganz leicht wahrnehmbar war, ist stärker geworden.

Der Sog ist stärker geworden und du gleitest und sinkst weiter?

Ja. Es ist noch einmal heller geworden, dann nochmal dunkler.

Ja, und du sinkst weiter und überlässt dich dem Sog. Mal schwächer, mal stärker. Aber immer tiefer. Es ist gut. Es ist alles richtig. Es ist richtig, weil alles so geschieht und du nichts tust, dich hingibst und dich dem überlässt, was geschieht.

Manchmal sind da noch Gedanken, aber sie verschwinden sofort wieder.

Genau. Da sind Gedanken und die verschwinden sofort wieder. Das ist gut.

Dieses Gefühl, was du vorher gesagt hast, dass der Atem weniger wird …

Genau der Atem wird weniger …

Da ist jetzt eine Angst aufgestiegen …

Da ist eine Angst aufgestiegen, aber die darf da sein – und verbrennt. Und du lässt dich weiter fallen, sinken. Die Angst darf da sein, aber sie tut nichts. Du überlässt dich weiter dem Sog. Der Atem darf ganz wenig werden und du brauchst nichts zu machen, du überlässt dich dem. Der Satz „Nicht mein Wille, sondern dein Wille geschehe" ist nur eine andere Formulierung von dem, was du selbst eben gesagt hast. Wir treten zurück in dieser Liebe zur Stille und zum Nichts, die stärker ist als alles andere.

Da ist der Gedanke da, die Stille festhalten zu wollen, dass sie dableibt.

Tiefer hineinfallen. Die Stille ist immer da. Du brauchst sie nicht festzuhalten. Das ist, als wenn du im Ozean schwimmst.

Du brauchst das Wasser nicht festzuhalten, weil es wegfließen könnte. Es ist immer da. Was erfährst du jetzt?

Es geht immer noch weiter.

Es geht immer weiter. Das ist schön.

Endlos.

Endlos.

Manchmal hell, manchmal dunkel.

Manchmal hell, manchmal dunkel. Endloses Tiefersinken.

Es ist ganz langsam.

Es ist ganz langsam?

Da waren der Gedanke, die Vorstellung da, dass es schneller … es geht ganz langsam.

Es geht ganz langsam. Ist es sogar langsamer geworden?

Ja.

Es ist langsamer geworden.

Es ist so schön, dass nur das noch da ist, nur die Stille.

Dass nur das noch da ist – diese Stille, die du selber bist. Unendlich still. Immer schon da gewesen und immer da seiend. Und du selbst bist das.

Es ist unglaublich. Es ist …

Ja, das stimmt. Es ist unglaublich und dennoch das Wahrhaftigste und Wirklichste, das dir je begegnet ist. Das Sicherste, Vertrauensvollste. Was erfährst du jetzt?

Ich glaube, da ist eine Angst, aber ich bin gar nicht sicher, ob sie nicht schon wieder weg ist.

Aha, ein Anflug von Angst. Worauf bezog sich dieser Anflug von Angst?

Nicht mehr zu existieren.

Nicht mehr zu existieren. Ganz recht, die Ich-Vorstellung hat aufgehört zu existieren und du bist die Stille und existierst immer, ohne Begrenzung, für alle Zeit. Was erfährst du jetzt?

Es ist überraschend, dass es bleibt.

Es ist überraschend, aber gleichzeitig auf irgendeine Weise ganz selbstverständlich, oder?

Ja.

Das ist wunderschön.

Jetzt kommt Zweifel, dass das bleiben kann.

Aber das macht ja nichts. Das macht nichts. Du wirst es einfach entdecken.

Ja.

Und sicher ist, es bleibt immer. Nur du könntest weglaufen. Aber sogar dann würdest du immer wieder zurückfinden, weil es immer da ist. Weil du es selber bist. Heute, morgen, übermorgen, für alle Zeit – sich vertiefen und sich ausweiten und einen Platz auf dieser Erde, von dem Stille ausgeht, Frieden und Liebe – ohne ein Tun, ganz von allein.

Als dem Buddha die Erleuchtung widerfahren war, haben sie 40 Nächte gefeiert und getanzt und wir machen einfach weiter. Was geschieht jetzt?

Ich bin ganz durcheinander.

Der Kopf ist durcheinander, aber die Erfahrung nicht. Die Erfahrung ist eindeutig. Und auch der Kopf braucht nicht durcheinander zu sein, denn es ist so, wie deine Erfahrung ist, selbstverständlich. Es ist die Gnade, die diesem Organismus widerfährt, und es ist die Folge und die Frucht dieser vollständigen Hingabe, die sich in der Bereitschaft zeigt, dem Tod zuzustimmen, selbst wenn er in der nächsten halben Stunde geschehen sollte. Die Stille und das Nichts wichtiger zu finden, als alles, was sich um einen selbst dreht, ist das Ergebnis dieser Hingabe. Das ist ganz so, wie es geschieht. Die Erfahrung ist

Stille und lässt auch den Verstand stillstehen. Und dann kommen wilde Gedanken, aber die machen nichts.

Mach die Augen wieder auf und nimm wahr, was du siehst. Was siehst du?

Menschen.

Menschen, und was siehst du genau, was sind die Menschen?

Sehnsüchtig.

Sehnsucht ist da, …

… Sehnsucht nach der Stille.

Sehnsucht nach der Stille.

Sehnsucht nach der Liebe.

Sehnsucht nach der Liebe. Und siehst du auch, dass die Sehnsucht und die Liebe gleichzeitig überall sind?

Ja.

Ja.

Danke.

Nicht mir, sondern der Stille. Und dieses Gefühl der Dankbarkeit wird immer bleiben, wird nie aufhören. Möchtest du noch etwas sagen?

Für mich ist das jetzt ganz überraschend gewesen und es ist wirklich so, dass die Stille da ist. Ich habe ja zuvor nur glauben können, was die anderen erzählt haben. Aber es ist einfach unglaublich, wenn man das erfährt, dass das da ist. Obwohl ich es geglaubt habe, …

Du hast es geglaubt, aber jetzt weißt du …

Ja, jetzt weiß ich es. Es ist wirklich unglaublich.

So schön.

Das Laute hat aufgehört, das war so unglaublich. Dieses ganze Laute, dieser Lärm.

Das ganze Laute, der ganze Lärm – waren nur ein Traum. War nicht wirklich, nur ein Traum. Ich danke dir.

• • •

„Das Ich fällt weg"

Gespräch mit E. M. (männlich, 38 Jahre) im April 2012

Als ich letzte Woche Montag da war, hast du zu mir gesagt, wenn die Gedanken kommen, muss ich nicht danach greifen und ich muss auch nicht wegrennen. Ich habe das versucht, aber dann waren sie doch da, ohne dass ich es gemerkt habe. Und dann habe ich wohl danach gegriffen und habe versucht, sie wieder loszulassen. Eben hast du gesagt, um aufzuwachen, muss man dem etwas Mächtigeres entgegenstellen. Was ist das? Ist es das, was du mir gesagt hast?

Nein.

Nein?

Das Wichtige ist der Wunsch, aufzuwachen. Wenn der stark genug ist, führt das dazu, dass du jeden Tag von morgens bis abends daran denkst und in jedem Augenblick dich fragst: „Was fühle ich jetzt? Tue ich etwa? Wie kann ich fühlen, ohne etwas mit dem Gefühl zu tun? Wie kann ich loslassen, zurücktreten? Was macht das Gefühl jetzt im Augenblick mit mir?" Dann wachst du auf, wenn der Wunsch stark genug ist.

Danke.

Gedanken sind da und was du tun kannst ist, ohne mit den Gedanken irgendetwas zu machen, deine Aufmerksamkeit darauf zu richten, was du fühlst. Du fragst dich: „Ah, was fühle ich jetzt?" Und dann taucht da eine bestimmte Stimmung auf. Mach das mal, mache mal die Augen zu. Was fühlst du jetzt?

Einen Sog.

Einen Sog. Überlass dich dem Sog. Lass dich tiefer und tiefer fallen. Überlass dich diesem Sog vollständig. Sag dabei innerlich den Satz: „Nicht mein Wille, sondern dein Wille geschehe." Einen Satz, den du an die Unendlichkeit richtest. Sag ihn von ganzem Herzen, so dass nichts mehr da ist, was du wollen könntest. Dabei ist es wichtig, zu hundert Prozent nichts zu tun und gleichzeitig zu hundert Prozent alles geschehen zu lassen. Was erfährst du jetzt? Halte die Augen geschlossen und bleibe bei dem, auch wenn du antwortest.

Weite.

Ja, lass dich in diese Weite hineinfallen, um zu entdecken, wie tief diese Weite ist. Lass dich fallen und fallen. Überlass dich dem Sog, so dass du vollständig zurücktrittst. Nichts dabei erwarten und offen sein für alles. Was erfährst du jetzt?

Ich bin im Nichts. Da ist nichts.

Da ist nichts. Und wie erlebst du dich in diesem Nichts? Fällst du noch oder …

Ich falle noch.

Gut, dann fall weiter. Fall tiefer und tiefer. In dieses Nichts hinein. Immer weiter dich fallen lassen und zulassen, dass das Fallen sich verändern kann, aber nichts tun. Nichts tun und alles zulassen. Was erfährst du jetzt?

Dunkelheit.

Gut. Und was erlebst du? Fällst du tiefer?

Nein.

Nicht mehr, sondern – wie fühlt sich das an?

Ich hänge fest.

Du hängst fest? Ist das ein richtiges Festhängen? Nicht ein Schweben, sondern ein Festhängen? Nimm wahr, was da geschieht. Ja, ist es ein Festhängen?

Es ist eng.

Eng? Fall durch die Enge hindurch. Die Enge ist typisch. Fall durch die Enge hindurch, lass alles geschehen. Vielleicht taucht da Angst auf, dann fühle die Angst. Lass die Bewegung zu, tue aber nichts damit, lass das geschehen. Geschehen lassen, aber nichts verstärken. Gefühle können verbrennen, wenn wir nichts damit machen und nicht danach greifen. Was erfährst du jetzt?

Einerseits Stille und Ruhe, aber da ist auch etwas Kaltes. Ich weiß nicht, ob es Angst ist, etwas Kaltes.

Es kalt zu nennen, ist eine gewagte Vermutung, das ist unnötig. Du fühlst Angst? Es ist eher die Angst vor der Bodenlosigkeit, wenn da Angst auftaucht.

Ich bin jetzt hier unten, aber ich weiß nichts.

Lass dich fallen, entspann dich hinein. Was erfährst du jetzt?

Fallen.

Ja. Überlass dich wieder dem Fallen. Vollkommen loslassen. Nichts wollen, nichts festhalten, nichts tun. Was erfährst du jetzt?

Glück.

Gut. Hat sich das Fallen verändert?

Es fühlt sich nicht wie Fallen an.

Sondern, wie fühlt es sich an?

Schweben.

Schweben.

Weite. Es wird weiter.

Ja. Ein Schweben in dieser Weite. Und das fühlt sich glücklich an. Was nimmst du noch wahr?

Liebe.

Liebe. Was noch? Vor allem, was nimmst du wahr, womit du nicht gerechnet hast? Was dich nicht richtig überrascht, aber was doch neu ist.

Das ist normal.

Dass es normal ist, das überrascht dich?

Ja.

Gut. Dass es dir ganz normal vorkommt?

Ja.

Das ist überraschend?

Ja.

Dass es dir wie natürlich und selbstverständlich vorkommt?

Ja.

Obwohl es …

… tief ist.

Unendlich tief.

Aber es ist nicht neu.

Es ist nicht neu?

Es kommt mir normal und schon immer da gewesen vor.

Es kommt dir so vor, wie schon immer da gewesen. Und hast du diese Erfahrung schon einmal gemacht?

Nein.

Nein. Und trotzdem kommt es dir deutlich so vor, dass es schon immer da gewesen ist.

Ja.

Ja. Verändert sich das Schweben? Oder bleibt es?

Es bleibt.

Es bleibt.

Was geschieht jetzt? Was erfährst du oder was nimmst du noch wahr?

Es ist jetzt kein Stillstand, aber das ist auch kein Schweben. Ich bin das jetzt. Ich bin jetzt da drin.

Du bist jetzt das.

Ja, ich bin jetzt das.

Die Weite, in der du vorher geschwebt bist, bist du jetzt.

Ja, ich weiß, dass ich das bin. Ich weiß, dass ich das jetzt bin.

Ja. – Verändert sich noch etwas?

Ich fühle mich sehr erfüllt.

Du fühlst dich sehr erfüllt. Ja. Was nimmst du jetzt wahr?

Frieden.

Frieden. Was gibt es noch?

Als ob etwas wegfällt.

Als ob etwas wegfällt. Ja, was gibt es noch?

Es fällt weiter weg, aber jetzt ist da…

Ja? Was ist das, was weiter wegfällt und dennoch da ist?

Ich kann es nicht anders beschreiben, als ich … Ich falle weg.

Du fällst weg.

Ich falle jetzt weg.

Das Ich fällt weg?

Das Ich fällt weg.

Das Ich fällt weg. Du bist nicht das Ich. Du bist diese Weite.
Dieses Schweben und diese Weite.

Ja.

Immer schon. Immer schon und für immer. Diese Entdeckungen
sind das Aufwachen, und wenn du achtsam bist und still bleibst,
dann kann sich dieses Aufwachen vertiefen und es muss sich
auch in die verschiedenen Lebensbereiche hinein durchsetzen,
damit die Ich-Trance nicht wieder anfängt. Dann vertieft es
sich. Du kannst dir einen Gefallen tun, indem du so oft wie
möglich kommst und auch zusätzlich jemanden findest, mit
dem du Partnerübungen machst, etwa die Bewusstheitsübung.
Es ist definitiv das Größte, das im Leben geschehen kann. Es
ist ein Anfang, und wenn du das beachtest, kann es sich sogar
noch vertiefen. Lies den Text von den „7 Schritten" und hole

dir die CD von den „7 Schritten", das ist eine 45-minütige Innenreise und Meditation.

Danke schön.

Danke dir.

• • •

„Das ganze Universum – nur Stille"

Gespräch mit T. R. (weiblich, 35 Jahre) im Juli 2012

Hallo, ich wollte einfach noch einmal hier sitzen.

Ja.

Ich fühle mich gerade bewölkt und hätte so gerne Sonnenstrahlen oder Klärungen. Und ich glaube es reicht mir, wenn ich nur kurz sitze. Ich stehe vor dem Nichtwissen, wie ich diese Gedankenkulissen hinterfragen oder durchschauen kann.

Zunächst zur Frage „Was fühle ich jetzt wirklich?". Punkt eins: Zwei oder drei Mal mit einem Seufzer ausatmen. Punkt zwei: Den Mund geöffnet halten und den Atem wieder loslassen, so dass der Körper frei und gelöst atmen kann. Die Bewegung des Atems spüren und andere Bewegungen, die im Körper geschehen. Punkt drei: Die Frage, welche Stimmung habe ich gerade, oder kann ich schon wahrnehmen, was ich fühle oder erfahre?

Denn weil man so viel zu denken hat, ist man getrennt von dem Fühlen und der Stimmung. Deswegen ist es gut, zunächst mit solchen Fragen anzufangen, mitunter Schritt für Schritt. Ist meine Stimmung gerade angenehm und wohlig oder unangenehm gequält? Ist da jetzt gerade Ruhe oder Unruhe oder beides? Erst wahrnehmen, dass es Unruhe ist, dann vielleicht die Aufregung in der Unruhe fühlen. Dann fragen, ist das eher eine freudige oder ängstliche Aufregung? Oder ist da ein anderes Gefühl drin, das sich zeigt? Und dann entdecken: „Oh, ich bin dabei, etwas tiefer zu fallen, und der Körper löst die Anspannung mehr auf." Wenn man dann wahrnimmt, welches Gefühl da ist, sich hineinfallen lassen. Was fühlst du jetzt?

Etwas Aufregung, aber auch eine Stille, so eine zarte Stille.

Schön, eine Aufregung und gleichzeitig eine zarte Stille – gewissermaßen um die Aufregung herum. Eine zarte Stille, die die Aufregung trägt und gleichzeitig ermöglicht, da zu sein. Was fühlst du jetzt?

Noch etwas mehr Stille, vertiefend.

Ja, die Stille vertieft sich. Und sind da noch Gedanken am Herumturnen?

Ein bisschen.

Welche Art von Gedanken?

Ich werde beobachtet.

Ja. Das ist absolut selbstverständlich. Wenn du in die Tiefe gehst und ein Gefühl verbrennst, die Stille erfährst – ein kleiner Teil bleibt immer noch die innere, spirituelle Lehrerin – wahrnehmend, bewusst, beobachtend, aber auch dich innerlich gewissermaßen ein bisschen leitend, sagt sie dann von alleine: „Achte darauf, ob der Atem gerade frei genug läuft, fließt!" Sie sagt dann: „Sei aufmerksam, wie tief die Stille ist. Lass dich wiederum da hineinfallen" und dann: „Achte darauf, vielleicht ist da eine kleine Ängstlichkeit, die zwischendurch auftaucht." Das sind Dinge, die die innere spirituelle Lehrerin sagt.

Und du kannst tiefer fallen, noch tiefer. Den ganzen Weg, der kein Weg ist. Es ist perfekt. Gib dich hin, es ist für alles gesorgt. Lass dich tiefer fallen, selbst wenn zwischendurch ein kurzer Moment des Anhaltens durch Körperempfindungen oder Gefühle geschieht. Du kannst sofort wieder tiefer fallen, immer tiefer, ohne Ende dich der Stille und der Tiefe, die Sehnsucht nach dir haben und dich deswegen den Sog spüren lassen, hingeben. Alles, alles geschehen lassen, wenn etwas von alleine geschieht und nichts, nichts tun, was du tun würdest. Und noch tiefer fallen, dich völlig der Stille überlassend – so völlig, dass du entdeckst, eins mit ihr zu sein. Was erfährst du jetzt?

So eine leere Weite. Aber gleichzeitig Geräusche.

Geräusche natürlich, die gehören zur Form.

Aber still ist es. Sehr still.

Sehr still. Wie weit ist die Stille? Hat die eine Grenze?

Nein, jetzt nicht.

Wie erfährst du die Stille? So, als wenn du da drin bist, oder so, als wenn du das bist?

Ich bin drinnen.

Aha. Wie fühlst du dich da drinnen? Schwebend oder fliegend?

Als ob ich im Wasser schwimmen würde.

Also ob du im Wasser schwimmen würdest. Es ist so schön. Und du schwimmst von alleine, nicht, dass du dich bewegen musst, um zu schwimmen, ja?

Treiben.

Treiben. Praktisch, wie im Wasser schweben, ja. Es ist so schön.

Der Körper ist irgendwie schwer und leicht.

Schwer und leicht, ja.

Gerade nicht so spürbar.

Ja. Öffne langsam die Augen und nimm wahr, was du wahrnimmst.

Auch Stille.

Genau. Alles ist Stille. Das ist das Aufwachen. Unendliche Stille. Bewegungslose Stille. Das ganze Universum – nur Stille, ewige Stille. Schau dich um, ob noch irgendetwas anderes hier wäre, außerhalb der Stille. Nur Stille. Nimmst du noch irgendetwas wahr?

Mein Herz klopft.

Ja, das tut die Form. Hat die Stille eine bestimmte Qualität?

Sie ist so weich.

Wie weich? Auf welche Weise weich?

So hell und weich. Und luftig.

Hell und weich und luftig.

So wie Sonnenlicht.

Und nichts, absolut nichts bewegt sich.

Außer der Atem.

Nur die Form bewegt sich. Aber die Stille nicht.

Ja.

Der Dank geht an die Stille, die unendliche, die jeder und jede zu haben wünscht. Es ist so selbstverständlich. Die Stille, diese Unendliche ist vollständig selbstverständlich.

Ich trau mich jetzt nicht wirklich weg.

Die Stille ist überall. Und weil du die Stille bist, bist du auch immer hier. Weil du überall bist. Nie weggehend, immer dableibend.

Danke dir.

Interviews mit erwachten Schülerinnen und Schülern

In den letzten Jahren sind dutzende Schülerinnen und Schüler aufgewacht, von denen zahlreiche im Rahmen eines Forschungsprojekts zum Thema Aufwachen interviewt wurden. Für dieses Buch habe ich eine Auswahl getroffen, die das breite Spektrum der Erfahrungen widerspiegelt.

Den Interviews lag Fragenkatalog zugrunde, die jede und jeder individuell zusammenstellen, also entweder einzelne Fragen ganz auslassen oder aber leicht erweitern konnte. Die Schülerinnen und Schüler sind hier mit anonymen Anfangsbuchstaben, Geschlecht und Alter bezeichnet. Ihre Antworten wurden nur grammatikalisch leicht korrigiert.

„Da war keine Angst mehr"

Interview mit B. N., männlich, 35 Jahre

1. Was ist beim Aufwachen für dich geschehen? Was genau hast du erlebt? Gab es einen Auslöser?

Das Ganze passierte in einer Mittagspause während des Retreats in Wien im September 2011. Ich saß im Raum der Stille im Stephansdom und wollte das anwenden, was mir an diesem Tag klar geworden war. Das waren zwei Dinge. Erstens: Gerade ich als Mann komme mit Zartheit im Fühlen viel weiter als mit meiner bis dahin sehr fordernden Haltung „Ich WILL da jetzt durch das Gefühl!". Es ging vor allem um Angst, die sich jedes Mal beim Fühlen zeigte, aber immer nur ganz zaghaft. Christian meinte am Vormittag zu mir, es ginge nicht darum, das Gefühl zu fühlen, weil man es weghaben will, sondern nur darum, es anzunehmen und zu fühlen, weil es da ist, es liebevoll willkommen zu heißen, weil es so lange nicht da sein durfte. Der zweite wichtige Aspekt, den ich erfahren hatte, war das Atmenlassen ohne einzugreifen. Ich hatte im Retreat gelernt, mich der Angst vor dem Ersticken zu stellen, wenn ich aufhöre, willkürlich zu atmen. Als diese Angst verbrannt war, konnte ich mich viel besser in jedes Gefühl fallen lassen.

Erst kam die Angst wieder nur zaghaft, aber da ich zärtlich fühlte, wurde sie immer stärker, bis sie sich auflöste. Und noch ein anderes Gefühl, das ich nicht mehr erinnere, kam hoch. Beim Ausfühlen des zweiten Gefühls kam ich in das innere Fallen, welches ich schon öfter erlebt hatte. Wiederum half mir aber die Zartheit, Ruhe zu bewahren, so dass ich mich ganz dem Fallen überlassen konnte, bis das Fallen in einen Zustand der extremen inneren Komprimierung überging. Sie dauerte eine Weile und mein Herz klopfte ziemlich stark, auch weil ich wusste, dass dies ein wichtiger Schritt in dem von Christian beschriebenen Prozess sein könnte. Die Kontraktion löste sich dann in einen Zustand der Weite auf. Irgendwann merkte ich, dass jemand weinte, und sah einen Mann, der vor dem kleinen Altar betete. Ich öffnete die Augen ganz und saß noch eine Weile da, voller Rührung für diesen Mann und für Gott. Dann ging ich hinaus und dachte: „War das jetzt das Aufwachen? Ganz schön unspektakulär". Aber etwas war doch anders: Es war der Frieden, aber das bemerkte ich da noch nicht so klar. Ich ging ganz aufmerksam und irgendwie wie bekifft (nur viel klarer) durch die Altstadt spazieren, bis ich an eine Kirche des Franziskanerordens kam. Dort setzte ich mich hinein und musste weinen vor Glück. Ich lief dann noch eine Weile durch die Stadt auf der Suche nach einem Park und kam viel zu spät zum Seminar, weil ich mich total in der Zeit verschätzt hatte.

Fand das Aufwachen für dich zu einem bestimmten Zeitpunkt statt oder war es ein stufenweiser Prozess oder beides?

Ich würde sagen, das eben beschriebene Erlebnis im Dom war ein wichtiger und vielleicht der deutlichste Schritt zum Erwachen aus der Egotrance, aber ich hatte im Jahr 2000 oder 2001 mal eine Art Gipfelerlebnis, wo ich für mehrere Stunden ein „kosmisches Bewusstsein" erfahren habe. Ich fühlte mich damals mit allem eins und konnte alle Probleme, die ich mir testweise ausdachte, sofort lösen. Alles war in Ordnung und voller Liebe. Seitdem war ich auf der Suche nach einer Wiederholung.

2. Hast du das Gefühl, dass dich etwas auf das Aufwachen vorbereitet hat? Gab es wichtige Ereignisse, die dir „zugestoßen" sind, oder etwas, was du selber getan hast (zum Beispiel Übungen etc.)?

Ich habe mit Yoga, transzendentaler Meditation (TM), später mit Qi Gong versucht, viele Blockaden in Körper und Seele aufzulösen und diesen Raum der „klaren Leere" aus meinem Gipfelerlebnis wieder zu betreten. Manchmal bin ich sogar ins Fallen gekommen, war dann aber immer so aufgeregt und wusste auch nicht, was ich dann tun sollte. Ich glaube also, das Aufwachen hatte, besonders durch die Energiearbeit, die meine körperlichen Schmerzen und einen Großteil der Depression reguliert hat, eine gute Basis. In der Qi-Gong-Schule, in der ich arbeite, habe ich in den letzten vier Jahren fast kontinuierlich zweimal am Tag geübt, d. h. eine Übung (Bronzeglocke) gemacht, bei der man 40 Minuten nur dasteht, ohne sich zu bewegen, und höchstens den Spontanbewegungen folgt. Dann habe ich in vielen Retreats das komplette energetische Reinigungsprogramm dieser Schule durchlaufen, was oft sehr schmerzvoll, entgiftend (körperlich, viele Träume, viele Emotionen usw.), aber auch sehr herzöffnend war. Mein größter Lehrer war anfangs mein Rücken. Ich hatte mit Ende 20 so starke Rückenschmerzen und Wirbelverschiebungen, dass ich teilweise nicht mehr laufen konnte. Das war ein starker Antrieb für Psychotherapie, Psychosomatik, dann Yoga und letztendlich Qi Gong und innere Arbeit.

Welche Rolle hat der Lehrer oder haben andere Personen für das Aufwachen gespielt?

Mein erster persönlicher Kontakt war mein TM-Lehrer, der mir mein Gipfelerlebnis als wiedererreichbaren Zustand gedeutet hat. Leider gab die Praxis der TM nichts an die Hand, um mit dem umzugehen oder arbeiten zu können, was hochkam. Meine Qi-Gong-Meister spielten auch eine große Rolle für die innere Entwicklung. So richtig fassbar und erfahrbar, fast kontrollierbar wurde aber die Arbeit in Richtung Aufwachen durch Christians Methoden, vor allem auch durch den Enneagrammkurs, die Bücher von Eli Jaxon-Bear, Gangaji und Poonjaji. Ich glaube, ohne das lebendige Beispiel von Christian und seine Betonung, dass das Aufwachen jetzt möglich ist, wäre es nicht so schnell gegangen, aber wer weiß das schon. Ich hatte auch vorher manchmal die Erfahrung, nach unten in die Tiefe zu fallen, aber keiner meiner früheren Lehrer hatte mir etwas dazu sagen können, geschweige denn mich irgendwie anleiten können, dieses Fallen zu vertiefen.

3. Was hat sich nach dem Aufwachen in deinem Leben geändert? Gab es oder gibt es bestimmte ungewöhnliche Phasen und/oder Krisen?

Die erste Woche nach dem Erwachen war ich wie auf Drogen. Da musste ich aber auch kaum arbeiten und war von der Familie getrennt. Anfangs hatte ich auch immer Angst, wenn die Stille schwächer wurde, sie wieder zu verlieren. Aber nun habe ich gelernt, dass unter jedem Gefühl, das gefühlt werden will, die Stille wartet. Zwei Krisen sind erwähnenswert: Die eine baute sich langsam während der Arbeit im Qi-Gong-Zentrum auf, weil ich nicht mehr gewillt war, den hektischen und viel zu vollgepackten Arbeitsalltag mitzumachen. Eine kritische, aus einer vorher nicht zu Ende gefühlten Wut entstandene E-Mail führte zu einem leichten Knall während einer Teamsitzung, deren Nachwirkungen alle Zweifel „meiner" Sechser-Fixierung (im Enneagramm) aktivierten. Die zweite Krise war die Anpassung meiner Rolle in der Beziehung zu meiner Frau. Ich glaube „meine" neue innere Unabhängigkeit war nicht so leicht für sie, weil sie mich immer sehr gehalten und gestützt hat.

Welche Rolle spielen der Lehrer oder andere Personen nach dem Aufwachen?

Christian als „mein" Lehrer, aber auch Bücher von Erwachten spielen eine wichtige Rolle beim Vertiefen und der Integration der erwachten Perspektive in alle Lebensbereiche. Speziell bei Christian ist es auch eine energetische Sache, d.h. die Stille wird schon tiefer, wenn ich ihn treffe oder auch wenn wir zusammenarbeiten. Andere besonders mir vertraute Personen spielen aber auch insofern eine große Rolle, als ich jetzt viel mehr spüre und manchmal das Gefühl habe, „ihre" Emotionen zu spüren, und somit wortlos mit ihnen in Kontakt trete.

Hat sich das aufgewachte Sein entwickelt, verändert, hat es sich vertieft oder ist es flacher geworden? Hast du das Gefühl, dass es dafür bestimmte Ursachen gab oder gibt?

Es entwickelt sich definitiv immer weiter. Wenn die äußeren Umstände sehr hektisch sind, wird die Erfahrung der Stille flacher, aber sie verschwindet nie ganz. Durch das ständige Fühlen besonders abends und morgens, manchmal auch nachts (ich brauche teilweise viel weniger Schlaf), löst sich viel „alte" Struktur auf und das aufgewachte Sein breitet sich in neue Bereiche aus. Obwohl ich einen generellen Frieden mit allem, was ist, verspüre, gibt es doch täglich wieder Themen, wo ich durch Fühlen oder die Schritte von Christian den Frieden ganz konkret freilegen muss. Am liebsten würde ich nur noch sehr wenig arbeiten und mich viel mehr treiben lassen. Die Stunden mit meiner kleinen Tochter sind neben den Stunden allein die friedlichsten. Ich glaube, Kinder spüren den Frieden sehr schnell und es macht ihnen nicht solche Angst wie vielen Erwachsenen.

Ich glaube, „man" sollte immer ein wenig auf der Hut sein, denn ich bemerke, wie die Egostruktur nach wie vor vieles benutzen kann, um sich irgendwie wieder neu zu erschaffen, z. B. in einer Art Vertiefungszwang der Stille, den ich bemerke, oder ein Lehrerego gegenüber Menschen, die auch erwachen wollen, oder ein Überheblichkeitsego gegenüber früheren Lehrern. Der Nährboden ist aber nach meiner Erfahrung immer ein nicht gefühltes Gefühl oder eine verdrängte Stimmung. Wenn da wirklicher Frieden oder Stille ist, dann ist da kein Raum für Egostruktur. Das Gute ist, dass „ich" jetzt Kritik viel besser annehmen kann, und das löst vieles, was da an Ichstruktur entstehen will, wieder auf.

4. Dein Verhältnis zu Vergangenheit und Zukunft: Hat sich dein Verhältnis zur Vergangenheit geändert, zum Beispiel hinsichtlich der Erinnerung oder der Bewertung?

Die Vergangenheit ist jetzt eher ein Hilfsmittel zur Lernerfahrung oder um zu schauen, wo ich noch Frieden machen kann. Der ganze Oh-je-Fehler-gemacht-Schuldkomplex ist weg. Es war halt so, wie es war, aber es ist wirklich vorbei und es ging nicht besser oder schlechter als so, wie es war.

Was ist mit der Zukunft: Gibt es noch etwas zu erreichen? Etwas, das dir wichtig ist?

Die Zukunft ist viel offener. Wenn ich Emotionen wie Freude oder Euphorie nicht ausfühle, kommen allerdings oft viele

Planungsgedanken. Sie sind zwar sehr kreativ, aber auch etwas lästig, weil sie ja nicht gewollt sind. Was sich schon vor dem Erwachen abzeichnete, ist jetzt noch viel deutlicher: Ich weiß definitiv nicht, wohin die Reise geht, aber ich freue mich auf alle Herausforderungen und erwarte viele spannende Dinge. Ja, und es ist definitiv noch ein Ziel da, sich zu entwickeln, das Leben und seine Geheimnisse zu ergründen, noch mehr zu erwachen und ein besserer Diener des Lebens zu werden.

Wie ist dein Verhältnis zum Tod?

Ich hatte bis zum Erwachen im Dom immer sehr starke Angst im Dunkeln, speziell, dass mich etwas packt oder dass irgendwo was lauert und mich angreift. Ich hab das jetzt im stockdunklen Keller getestet, bin sogar in dunkle Räume gegangen, die ich nicht kannte – da war keine Angst mehr. Ich bin auch mutiger in der Konfrontation mit Menschen, wo ich früher eher Angst hatte, die greifen mich irgendwann an, wenn ich nicht nett bin. Aber ich habe immer noch so ein Thema mit dem leicht zwanghaften Immer-gesund-sein-Wollen und der Ernährung.

„Alles floss in den nächsten Augenblick, spielend leicht, heiter."

Interview mit P. G., weiblich, 38 Jahre

1. Was ist beim Aufwachen für dich geschehen?

Es war im Sommer-Retreat 2011: Bei den Bewegungs- und Tonübungen fiel mir auf, dass ich bereits leerer geworden war als noch ein Jahr zuvor. In einer Übung des Schmelzatmens beobachtete meine Übungspartnerin, dass mein Körper bereits sehr entspannt und weich war, und meinte, dass mir dieser Körper beim Aufwachen nicht mehr im Wege stehen sollte.

Bei der Übung des „Verbundenen Atmens" erlebte ich einige Tage später ein sehr intensives Strömen und Pulsieren – ich spürte meinen Körper nicht mehr – da war nur noch Strömen und überfließende Liebe; so intensiv und lebendig! Diese Erfahrung blieb noch einige Stunden sehr präsent und trat allmählich wieder in den Hintergrund. Es blieb eine so tiefe Sehnsucht danach bestehen – sehr schmerzvoll – und in den Bewegungsübungen der nächsten Tage erfasste mich immer wieder eine große Traurigkeit.

Im Satsang bat ich Christian schließlich um Hilfe, um weiterzufinden. Da saß ich und wurde aufgesogen in diese Energie, die von Christians Augen ausgeht, und ich fühlte mich wie aufgelöst. Er meinte: „Ich kann dich nur erinnern an das, was du ohnehin schon bist – diese Liebe, die du vor einigen Tagen so stark gespürt hast. Das bist du selbst." Und wieder diese Augen, diese Energie, dieses Gezogen werden, das Öffnen und Sein. Die nächsten Tage waren begleitet von einer weichen, dämmenden Stille – durchbrochen von brennender Sehnsucht und Traurigkeit, Gedankenbewölkung und Verwirrtheit. Das Retreat neigte sich dem Ende zu. Wir bekamen die Aufgabe, einen Brief an unser Selbst zu verfassen. Ich formulierte darin die große Sehnsucht, vollständig zu verglühen und aufzugehen im All-eins-Sein, und immer wieder Dankbarkeit für alles, was hier geschah!

Der Auslöser des Aufwachens war am letzten Abend des Retreats. Ich meldete mich im Satsang; wusste nicht so recht, was ich tatsächlich fragen wollte, aber es zog mich raus zu Christian. Ich fühlte mich verwirrt und bat um Rat, um mein Gedankentreiben im Kopf endlich abstellen zu können. Er begleitete mich in einer Bewusstseinsübung. Ich folgte einfach diesem Sog und Gezogen werden in die Tiefe. Die Stille wurde immer dichter und dämmender, mein Körper immer durchlässiger und bald verschwand er; ich fand mich flutend, schwimmend in einer luftig weichen sonnenhellen Stille und Frieden und Stille, STILLE.

Nach einiger Zeit bat mich Christian, mal meine Augen zu öffnen und zu beschreiben, was nun wahrnehmbar sei. Ich sah die Menschen im Satsang sitzend – reglos, farblos wie leere Hüllen: Sie waren Stille!

Ich hatte das Gefühl, aus meinen Augen tritt eine Energie, so stark wie ein Laserstrahl. Ich schloss sie wieder und dann durchflutete mich Liebe – so süß und lebendig und endloser Frieden, so satt! „Danke, dass ich für immer hier bleiben darf!", huschte es durch den Kopf und „Was war das jetzt? Das Aufwachen?", dann Nichts und wieder Stille, so dämmend wie in einem tiefen weiten Schneeloch.

In dieser Nacht saß ich noch lange in Stille, habe dann kurz geschlafen und am Morgen war ich so glücklich – die Stille, Frieden, Liebe waren immer noch da! Und alles floss, floss in den nächsten Augenblick, spielend leicht, heiter.

2. Hast du das Gefühl, dass dich etwas auf das Aufwachen vorbereitet hat?

Soweit ich jetzt sehen kann, hatten mich die letzten zehn Jahre schon irgendwie auf das Aufwachen vorbereitet. Ich war einige Jahre in einer Integrativen Gestalttherapiegruppe eines sehr wachen Therapeuten, wo ich bei holotropen Atemübungen intensive Erfahrungen gemacht hatte. In einem Vipassana-kurs in Indien erfuhr ich eine Öffnung in meinem Herzen und konnte seither die Liebe deutlicher in meinem Leben spüren. Seit damals habe ich regelmäßig meditiert, alleine und in Gruppen. Für zwei Jahre auch mit einem Lehrer, der leider sehr ungreifbar war. In der Geburt meiner Tochter erfuhr ich diese körperliche Erweiterung, die bedingungslose Hingabe und Liebe an ein Geschöpf, aber auch unglaubliche Anstrengung und Selbstaufgabe, die mich beinahe in ein Burnout brachten: depressive Zustände, Einsamkeit, Hoffnungslosigkeit.

Über einige Freundinnen meiner Meditationsgruppe erfuhr ich von Christian Meyers Arbeit und besuchte den offenen Abend beim Frühjahrs-Retreat 2010. Die Bewusstseinsübung faszinierte mich, die Worte Christians waren flüssig, klar und so wahr. Bei einer Bewusstseinsübung mit einer Therapeutin, die in dieser Arbeit daheim ist, erfuhr ich eine Tiefe wie noch nie in einer Meditation! Von da an zog es mich. Ich kam zum Sommer-Retreat 2010 und lernte die Töne- und Bewegungsübung kennen. Sie täglich zu machen, war extrem effektiv, denn ich wurde in diesen zwei Wochen mit jahrhundertealten Schmerzen und Angst konfrontiert. Tränen konnten endlich fließen und dann stellten sich tiefe Gelöstheit, Entspannung und Frieden ein.

Kurz danach begann ich wieder in meinem früheren Job als Lehrerin zu arbeiten. Alles war nun neu mit dieser zweiten Rolle als Mutter mit Kleinkind am Nachmittag. Ich hatte wenig Zeit für mich und begann nachts hungrig zu lesen: Pyar Troll, Eckhart Tolle ... – vor allem Erfahrungsberichte von aufgewachten Menschen fand ich faszinierend!

Zunehmend konnte ich nun die gelernten Übungen aus Christians Arbeit einsetzten, wenn sich Neurotisches aufbäumte. Mit einer Freundin traf ich mich wöchentlich zur Bewusstseinsübung und manchmal für Shiatsu. Parallel war ich in einer Traumatherapie, die ich als immer uneffektiver empfand und schließlich pausierte.

Dann klappte die Organisation des Winter-Retreats samt kleinem Kind ganz leicht; ich erlebte wieder viel Stille und Frieden und hatte eine tiefe Begegnung mit meinem Lehrer Christian, was mich nun ins volle Vertrauen zu ihm fallen ließ. Ich spürte einen Sog, dem ich nur noch folgen konnte, und eine tiefe Dankbarkeit, ihn als Lehrer gefunden zu haben!

Später ergab sich eine wunderbare regelmäßige Begleitung in Körperarbeit nach Christians Methoden durch eine ausgebildete Freundin. Das öffnete und ließ mich tiefer kommen. Auch in „dunklen" Abschnitten hatte ich nun Werkzeuge – vor allem das Hineinfallen in die Gefühle und die Bewegungs- und Tonübung, die mich weitertrugen. Im Frühsommer erlebte ich nach einer Traumatherapiesitzung mit der EMDR-Methode eine speziell tiefe Stille und Gegenwärtigkeit. Alles durfte sein und war in Frieden.

3. Was hat sich nach dem Aufwachen in deinem Leben geändert?

Kurz danach war da sofort ein großer Zweifel, ob dies alles tatsächlich geschehen ist. Große Angst, dass ich ES wieder verlieren könnte. Da waren die Erfahrungen einer aufgewachten Freundin sehr hilfreich; sie beobachtete und begleitete mich mit Körperarbeit.

Berichte und Beschreibungen vom Vertiefungsprozess des Aufwachens zu lesen, der Austausch mit aufgewachten Freundinnen, alles war Orientierungshilfe und interessant! Ich beobachtete, dass Ereignisse sich passend ergaben – das eine ergab das andere. Es floss und floss ganz leicht, alles „magisch" gesteuert.

Die Menschen waren Liebe, die Begegnungen lächelnd von Selbst, liebegetragen. Sie sind mir lieber als früher. Das Ich-Gefühl hat sich verändert. Ich als Person/Ego ist nicht so fühlbar. ES ist da und ist. Dinge werden erlebt, nicht neurotisch bewertet und verschwinden wieder; kein Gedanke mehr darum.

In meiner Arbeit erlebe ich mich „gedankenverlorener", spontaner und freier! Kein Perfektsein, mehr wesentlich – gut, so wie es sich ergibt. Und manchmal rührt sich die Egostruktur in Hinsicht auf KollegInnen, dann die Frage: „Was soll mir das jetzt geben?", die all das wieder verschwinden lässt.

Dann wieder Situationen, die erlebt werden wollen, wie eine Prüfung, die mir dann Angst und Unsicherheit bringen. Letztendlich erlöst sich vieles in den zu Ende gedachten Befürchtungen und dann ist da Stille und Frieden, und die Situation verschwindet.

Der Umgang mit meinen Eltern hat sich sehr verändert: diese innere Anklage meinerseits ist verschwunden. Der Kontakt ist liebevoller, entspannter, lockerer und freudiger!

Doch immer wieder gibt es auch mal Zweifel, Gedankengeplapper und schließlich die Beobachterin und deren Entscheidung, in der Stille zu bleiben, von hier aus zu handeln und den Impulsen nicht nachzugehen. Und das passiert alles schon automatisch, genauso wenn Gefühle auftauchen, dass diese meistens sogleich verbrennen. Wieder ein tieferes Fallen!
Die gelesenen Bücher nochmals zu lesen bringt nun ein neues, tieferes Verstehen bei einzelnen Wörtern und Sätzen. So tiefe Wahrheit!

Das Aufwachen hat sich vertieft und verbreitet – es fließt in allem, was *ist*. Ich kann sehen, wie mir das Leben die Situationen bringt, an denen ich üben kann oder geprüft werde. Es gibt Unterstützung durch Körperarbeit und die regelmäßige Bewusstseinsübung, die mitspielen, den Prozess weiter zu vertiefen.

4. Wie ist dein Verhältnis zu Vergangenheit und Zukunft?

Das Verhältnis zur Vergangenheit hat sich sehr geändert. Es gibt kaum Gedanken dorthin und falls doch, sind sie flacher, zweidimensionaler und bringen selten Gefühle (Nostalgie, Schwermut, Angst) mit. Vor allem verschwinden sie sofort wieder in der Leere.

Aber es gibt auch Situationen, wo das Gefühl so überwältigend hereinbricht, dass ich tatsächlich zu Boden gehe; mich dann hineinfallen lasse und fühle, bis es verbrannt ist oder nochmals aufwallt. Und es immer wieder ausfühlen, bis Frieden und Stille übrig bleiben.

Hinsichtlich der Erinnerung bemerke ich, dass kürzer zurückliegende Ereignisse (die letzten Tage) so schnell weg sind, dass ich sie eher mit Anstrengung rekonstruieren muss. „Aus den Augen, aus dem Sinn" würde hier passen. Länger Vergangenes (die letzten Jahre) ist gröber vorhanden und leichter auffindbar. Bewertet wird auch nicht mehr zwingend.

Vorausblickend hab ich noch einen Wunsch, dass sich das Aufwachen noch weiter vertiefen kann, und bitte das Leben, es möge mir die Dinge dafür zubringen.

Für meine kleine Tochter hat der Mutterteil noch Wünsche: Sie möge in Frieden und Liebe leben!

Mein Verhältnis zum Tod: Ein Teil von mir ist damit entspannter! Es gibt nichts mehr zu erlangen oder zu werden oder eventuell zu versäumen. Die körperliche Vergänglichkeit ist weniger dramatisch geworden. Es ist die Natur dieser Materie – okay! Aber da ist dieser Mutteranteil, der noch Angst hat, ein kleines Kind zurückzulassen.

„Das Ich rutschte an mir herunter wie ausgeleierte Strümpfe."

Interview mit W. B., weiblich, 42 Jahre

1. Was ist beim Aufwachen für dich geschehen? Was genau hast du erlebt? Gab es einen Auslöser? Fand das Aufwachen für dich zu einem bestimmten Zeitpunkt statt oder war es ein stufenweiser Prozess oder beides?

Vor dreieinhalb Jahren, bei meinem dritten Seminar (eines davon Enneagramm) mit Christian hatte ich noch keine klare Vorstellung von seiner Arbeit. Die Selbsterforschung schien mir für mich zu kompliziert. Außerdem hatte Christian gesagt, dass man es „nicht in der Hand" hätte.

Am zweiten Seminartag blieb ich den ganzen Tag in der Bewusstheitsübung, was mich bis zum Abend ungekannt weich hatte werden lassen. Im Bett las ich bei Ramana Maharshi etwas über Hingabe und seine Worte schienen mir im Herzen wie ein Weg.

Nachts ging ich allein in den Gruppenraum und legte mich auf den Boden. In Bauchlage mit nach vorne ausgestreckten Armen, Handflächen nach oben, das Gesicht zum Boden. Ich bekam wenig Luft so, hatte aber das Bedürfnis, meiner inneren Haltung Ausdruck zu verleihen. Ich wollte mich dem hingeben, der oder das es „in der Hand" hat. Was immer das sei. Jetzt und vollständig. Und nicht mehr in mein bisheriges Leben zurückkehren. So lag ich da und hielt vollständig an: nicht mehr zurück und keine Erwartung an den nächsten Augenblick (ich wusste ja nicht, was ich erwarten sollte).

Plötzlich war vor und unter mir ein riesiger, unendlicher Raum, der begann, mich in sich hineinzusaugen. Mein Herz raste, dann wurde es eng, ich dachte: „Jetzt kommt der Tod!" und wie als Antwort erklang ein einziges „Jaaa" in mir. Währenddessen blieb ich ganz auf diesen Raum ausgerichtet. Plötzlich war alles weit und ich fühlte mich unendlich befreit. Gleichzeitig wusste ich, dass dies noch nicht alles war.

Dann nahm ich wahr, dass das Ich an mir herunterrutschte wie ausgeleierte Strümpfe, bis es weg war. Das ganze Ich war eine Illusion! Am nächsten Tag konnte ich nicht mehr aufhören zu lachen, denn überall, wo ich hinsah – nur Illusion. Das Ich kam nie wieder zurück.

2. Hast du das Gefühl, dass dich etwas auf das Aufwachen vorbereitet hat? Dabei wären wichtig Ereignisse, die dir „zugestoßen" sind, wie auch etwas, was du selber getan hast (zum Beispiel Übungen etc.). Welche Rolle hat der Lehrer oder haben andere Personen für das Aufwachen gespielt?

Rückblickend scheinen mir fünf Erlebnisse für das Aufwachen vorbereitend gewesen zu sein: ein Traum, den ich von Ramana hatte, die Begegnung mit Christian, der brennende Wunsch, die Fixierung zu beenden, das Kennenlernen der Bewusstheitsübung des Anhaltens und schließlich die Worte von Ramana über Hingabe.

Viele Jahre vor dem Aufwachen hatte ich einen Traum, in dem Ramana Maharshi mir „erschien". Seither suchte ich ihn. Dass sein Name und Christian im Zusammenhang standen, war der wesentliche Auslöser für meine Reise zu Christian.

Drei Monate vor dem Aufwachen sah ich Christian das erste Mal und wurde erfasst von dem Gefühl, angekommen zu sein. Endlose Freude erfüllte mich. Von besonderer Bedeutung war für mich auch, dass Christian mit seiner „normalen" Erscheinung das Aufwachen entmystifizierte. Er beweist, dass es nicht nur den Yogis vorbehalten, sondern für jeden möglich ist.

Durch eine Schülerin von ihm lernte ich schon vor meiner ersten Begegnung mit Christian das Enneagramm und meine Fixierung kennen, von der ich so geschockt war, dass ich ironischerweise mit der Radikalität eben dieser Fixierung jeden Weg zu gehen bereit war, der mir helfen konnte, mit ihr aufzuhören. Und das waren das Anhalten, die Impulse und Gefühle aushalten und die Selbsterforschung, wie ich sie bei Christian kennenlernte.

Wie bereits erwähnt, blieb ich am Tag des Aufwachens ständig in der Bewusstheitsübung und erlebte eine Weichheit des Körpers wie nie zuvor. Es kamen eine Menge Gefühle hoch und nachträglich kam es mir vor wie eine Art Reinigung, durch die der Geist immer klarer auf das Aufwachen ausgerichtet wurde.

Der letzte Tropfen waren die Worte in Ramanas Buch über Selbsterforschung und Hingabe als Wege zur Verwirklichung. Hingabe kann nur in Demut geschehen und ich war aufgefordert, mein Ego aufzugeben. Da ich nichts anderes mehr wollte, als aufzuwachen, stimmte ich diesem Preis zu. Dann ist es tatsächlich passiert – es hätte genauso gut auch nicht passieren können, denn ich hatte es nicht in der Hand.

3. Was hat sich nach dem Aufwachen in deinem Leben geändert? Gab es oder gibt es bestimmte ungewöhnliche Phasen und oder Krisen? Welche Rolle spielt der Lehrer oder andere Personen nach dem Aufwachen? Hat sich das aufgewachte Sein entwickelt oder verändert, vertieft oder ist es flacher geworden? Hast du das Gefühl, dass es dafür bestimmte Ursachen gab oder gibt?

Von außen betrachtet ist mein Leben langweilig geworden. Anfangs habe ich bewusst auf Ablenkungen verzichtet, jetzt haben sie ihren Reiz verloren. Meine Grundgefühle sind Freude und Freiheit, die Stille durchdringt den Alltag immer mehr.

Beruflich folgte dem Aufwachen das Ende meiner therapeutischen Praxis, nachdem ich erkannte, dass die Geschichten der Menschen und die Art, wie ich mit ihnen umging, aus meinem Ich geboren waren und dauernd ihr Ich genährt haben. An die Selbsterforschung wollten sich meine Klienten nicht gewöhnen und gingen woandershin.

Das aufgewachte Sein vertieft sich bei mir in Stufen, zwischendurch verflacht es auch immer mal wieder. Zwei Monate nach dem Aufwachen, auf dem Sommer-Retreat, fiel ich das erste Mal in die Glückseligkeit, was sich derart intensiv erst einmal nicht wiederholte.

Doch als ich im folgenden Jahr durch eine Erkrankung mit dem Tod konfrontiert war, gelangte ich in wesentlich tiefere

Stille und Glückseligkeit. Aber auch danach fand wieder eine Verflachung statt. Zwei Jahre später rutschte ich durch eine Ehekrise und das Erleben völliger Hilflosigkeit dauerhaft in die „überfließenden Himmel".

Neben diesen Krisen war es für die Vertiefung enorm wichtig, dass ich, so oft es ging, Christians Seminare besuchte und vor allem im ersten Jahr intensiv seine CDs hörte. Ohne die Begleitung des Lehrers hätte ich nicht durchgehalten. Ja, es war wirklich anstrengend, mich fast ständig unter der Lupe zu haben. Aber so verhinderte ich, dass ich Erfahrungen einfach zu wiederholen versuchte, und blieb ganz ehrlich bei dem, was ich gerade wirklich fühlte oder wollte. Das ist mittlerweile ganz einfach geworden.

Besonders hilfreich finde ich nach wie vor die Auseinandersetzung mit der Fixierung. Das Durchschauen ihrer Muster erleichtert die Selbsterforschung beträchtlich.

Seit einem halben Jahr dehnt sich das Selbst wie von alleine in alle Richtungen aus, wie ein breiter Fluss, der über seine Ufer tritt. Ohne Anfang und Ende.

4. Dein Verhältnis zu Vergangenheit und Zukunft: Hat sich dein Verhältnis zur Vergangenheit geändert, zum Beispiel hinsichtlich der Erinnerung oder der Bewertung? Was ist mit der Zukunft: Gibt es noch was zu erreichen? Etwas das dir wichtig ist? Wie ist dein Verhältnis zum Tod?

An die Vergangenheit denke ich nur noch selten. Wenn ich auf länger zurückliegende Erinnerungen schaue, wirken sie irgendwie blass, langsamer und ruhiger, sie lösen keine Gefühle mehr aus. Sozusagen ruhen sie in Frieden. Frische Erinnerungen klingen mit ihren Gefühlen noch nach und ich prüfe dann, ob ich mit ihnen ganz einverstanden bin.

Außerdem erlebe ich gerade in letzter Zeit, dass ich noch alte Sichtweisen auf das Leben mit mir herumtrage. Indem sie bewusst werden, kann ich sie auch schon mitsamt ihrer Geschichte loslassen. Das wäre früher nicht so leicht gewesen.

Hinsichtlich der Zukunft überfällt mich gelegentlich die Angst vor Verarmung. Die fühle ich dann halt aus. Wichtig ist mir noch, mich beruflich zu verändern, da ich meine derzeitige Arbeit zunehmend als Belastung empfinde.

Der Tod hat seinen Schrecken verloren, aber nicht seine Traurigkeit. Mit meinem eigenen Tod bin ich einverstanden, der Körper wird aufhören zu leben. Ob sich das Bewusstsein dann seiner noch bewusst ist, weiß ich nicht und es spielt auch keine Rolle.

„Ein riesengroßer Neuanfang"

Interview mit U. R., männlich, 38 Jahre

1. Was ist beim Aufwachen für dich geschehen? Was genau hast du erlebt? Gab es einen Auslöser?

Der Auslöser war, dass ich mit dem Entschluss, aufzuwachen, gezielt einen spirituellen Lehrer (Christian) aufgesucht hatte. Ich hatte im Internet Videos mit ihm gesehen, wo er Fragen aus dem Publikum beantwortete und auch den Fragenden konkrete Hilfestellungen zum Thema Aufwachen gab. Als ich ihn sah und selbst den Anweisungen folgte, die er jemandem gab, wurde mir klar, dass ich hier tiefer kam als je zuvor und ich unbedingt zu ihm persönlich gehen wollte. Er hat mich dabei begleitet.

Ich habe in seiner Gegenwart und durch seine Vorschläge ein inneres Fallen erlebt. Dann eine Todesangst, ausgelöst durch einen engen Tunnel. Danach wurde es wieder weiter und ich erfuhr mich als Frieden, Stille, Unendlichkeit und als ein Nichts, das sich seiner selbst bewusst war. Ein Nichts, das nichts wollte und nichts brauchte. Voller grenzenloser Liebe. Ich wurde mir bewusst, dass ich diese Stille und diese Liebe bin.

Fand das Aufwachen für dich zu einem bestimmten Zeitpunkt statt oder war es ein stufenweiser Prozess oder beides?

Eher ein stufenweiser Prozess. Das Thema begleitete mich schon 15 Jahre. Damals hatte ich auch ein Buch über Ramana Maharshi gelesen. Ich war sehr berührt und auch fasziniert, konnte damit aber nichts so richtig konkret im Alltag anfangen. Ich war kurz davor, alles hier aufzugeben und nach Indien zu reisen, um einen erleuchteten Lehrer wie ihn zu finden, verlor mich dann aber doch in der Berliner Esoterikszene. Von Transzendentaler Meditation über Channelling, Reinkarnationstherapie bis zu geistigem Heilen ließ ich nichts auf meiner Suche nach der Wahrheit aus.

Etwa vier Jahre vor dem oben genannten Erlebnis mit meinem spirituellen Lehrer hatte ich alleine eine Art Aufwach-Erfahrung durchlaufen. Damals war es so, dass ich über einen längeren Zeitraum alle Gefühle direkt zugelassen habe, ohne sie zu bewerten oder gegen sie anzukämpfen. Angeregt durch eine Biographie über Krishnamurti befolgte ich nur den Vorsatz, „alles zu negieren" und nichts (keinem Gefühl und keiner Erfahrung) anzuhaften. Das führte über mehrere Wochen zu ganz intensiven Körperzuckungen, die ich auch einfach zuließ und mich dem allen einfach hingab und losließ. Dann war es so, als wäre ich innerlich in eine Art Strudel gefallen, wo ich am Ende nur noch Liebe empfand und auch in allen Personen und Ereignissen in meinem Leben – auch den schrecklichen – im Grundkern die Liebe sah. Dieser Zustand hielt allerdings nur drei Tage an, da ich nicht wusste, was genau geschehen war und worauf ich jetzt im Allgemeinen achten sollte. Es war, als wäre ich in eine Leere gefallen und da war Nichts, absolut Nichts. Ich nahm mein Leben mit meinen Beziehungen, Gedankenmustern usw. wieder auf.

2. Hast du das Gefühl, dass dich etwas auf das Aufwachen vorbereitet hat? Dabei wären wichtig Ereignisse, die dir „zugestoßen" sind, wie auch etwas, was du selber getan hast (zum Beispiel Übungen etc.).

Definitiv der Umstand, dass bei meinem Sohn eine schwerwiegende Behinderung diagnostiziert wurde und ich mir vornahm, offen zu bleiben, nicht zuzumachen und mich ganz dem Leben diesbezüglich hinzugeben.

Dann kam hinzu, dass die Beziehung zu meiner Frau in die Brüche ging und wir uns vorübergehend trennten und ich mich ganz der Sehnsucht hingeben konnte, aufzuwachen. Diesmal zu 100 Prozent und mit allen Mitteln, die mir zur Verfügung standen – koste es, was es wolle.

Die letzten 15 Jahre habe ich auch so gut wie jede spirituelle Praxis und Übung ausprobiert, aber ohne die Erfahrung, aufzuwachen. Vielleicht hat mir das, diese lange Suche vorher, die Enttäuschung und Verzweiflung darüber, das letztendliche Antriebsfeuer gegeben, um schließlich aufzuwachen.

Welche Rolle hat der Lehrer oder haben andere Personen für das Aufwachen gespielt?

Mein Lehrer hat eine wichtige Rolle gespielt, da er mir helfen konnte, diesen Wirrwarr von Körperempfindungen, Gedanken, Gefühlen und inneren Erfahrungen zu lösen. Da gab es definitiv bei mir Tendenzen, entweder dem Gefühl auszuweichen, mich von ihm zu dissoziieren oder wenn ich in einer inneren Erfahrung war, durch eine Körperempfindung oder einen anderen Impuls da wieder rauszugehen oder davon wegzurennen. Seine Vorschläge und Hilfestellungen waren sehr präzise und hilfreich.

3. Was hat sich nach dem Aufwachen in deinem Leben geändert? Gab es oder gibt es bestimmte ungewöhnliche Phasen und/oder Krisen?

Da ich mich wohl gerade in einer ungewöhnlichen Phase befinde, ist es schwer zu beantworten. Ich komme zurzeit verstärkt in Situationen, wo mir schmerzhaft bewusst wird, was für ein Leid ich für mich selbst und auch für andere erzeuge, indem ich mich z. B. immer noch oder wieder mit meiner Lebensgeschichte identifiziere, Kontrolle und Sicherheit haben möchte oder Anerkennung. Viele Grundüberzeugungen, Glaubenssätze und Verhaltensweisen werden dadurch gerade noch mal intensiv überprüft. Es ist so, als würde ein Schleier der Illusion nach dem anderen abfallen. Ich kann viele Dinge, die bei mir oder bei anderen Leid erzeugen/erzeugten, einfach nicht mehr tun.

Denn ich erlebe die Konsequenzen auf der Gefühlsebene nun direkter, unmittelbarer und intensiver. Ich kann dadurch aber auch sehr schnell loslassen oder Alternativen bewusst wählen. Momentan kommt es mir auch so vor, als wären mir bestimmte Gefühle und Muster meiner Charakterfixierung stärker bewusst als vorher.

Die Teilnahme an dem Enneagramm-Seminar hat mir da sehr geholfen, mir dieser Muster bewusst zu sein, und ich übe mich im Anhalten, sofern sie auftreten. Das kann sich unter Umständen sehr intensiv anfühlen in einem Moment und schlagartig sehr erleichternd und friedvoll im nächsten. Das Anhalten der Fixierung macht es unwahrscheinlich, dass ich in eine schwere Krise komme oder mich da hineinsteigern kann. Ansonsten ist mein Leben grade ein riesengroßer Neuanfang in den Punkten Partnerschaft, Elterndasein und Beruf. Als würde alles jetzt erst richtig anfangen dürfen oder mit einem neuen stabileren Fundament versehen werden.

Welche Rolle spielen der Lehrer oder andere Personen nach dem Aufwachen?

Da ich ja schon mal die Erfahrung machen durfte, „wieder einzuschlafen", spielt der Lehrer die wohl wichtigste Rolle überhaupt. Bisher nutze ich jede Chance und jede Gelegenheit, um in seiner Nähe zu sein. Ich stelle Fragen und kriege konkrete und klare Antworten bzw. Vorschläge, die bisher immer dazu geführt haben, dass sich der Prozess bei mir zu stabilisieren und zu vertiefen scheint.

Hat sich das aufgewachte Sein entwickelt, verändert, vertieft oder ist es flacher geworden? Falls ja, siehst du dafür bestimmte Ursachen?

Nach ein paar Tagen kam es erneut zu „Gedankenwolken" und das führte tatsächlich irgendwann zu einem Gefühl der Verflachung. Da ich aber diesmal 100 Prozent drangeblieben bin und engen Kontakt zu meinem Lehrer hielt, konnte sich das wieder stabilisieren und momentan vertieft sich die Stille durch seine Vorschläge, die ich dann mit in den Alltag und mein Leben nehme.

4. *Dein Verhältnis zu Vergangenheit und Zukunft: Hat sich dein Verhältnis zur Vergangenheit geändert, zum Beispiel hinsichtlich der Erinnerung oder der Bewertung?*

Mein Kurzzeitgedächtnis ist dahingehend schlechter geworden, dass, wenn ich gefragt werde, wie war es denn gestern oder vorgestern, dass ich dann eine Zeit brauche, um das zu rekonstruieren.

Meine Bewertung bezüglich vorher als tragisch oder dramatisch empfundener Ereignisse hat sich grundlegend geändert. Da ich nicht weiß, ob gerade dieses oder jenes Ereignis nicht auch dazu beigetragen hat, dass ich aufgewacht bin, bin ich mit allem, was mir im Leben passierte oder was ich selbst auslöste, nun im Frieden.

Was ist mit der Zukunft: Gibt es noch etwas zu erreichen? Etwas, das dir wichtig ist?

Das Stabilisieren und die Vertiefung des Aufwachens sind für mich gerade das Wichtigste. Um auch für andere Menschen später eine Hilfe sein zu können, möchte ich eine dreijährige Fortbildung in spiritueller Begleitung bei meinem Lehrer machen.

Nach wie vor ist mir mein Sohn sehr wichtig und dass es ihm weiterhin so gut geht und er sich in seinen sozialen Kompetenzen und Fähigkeiten weiterentwickeln kann. Und ich habe den Beruf dahingehend gewechselt, dass ich andere Eltern mit ihren besonderen Kindern in diesem Prozess unterstütze. Der Aufbau einer gemeinnützigen Organisation hierfür liegt mir sehr am Herzen.

Wie ist dein Verhältnis zum Tod?

Ich renne ihm weder entgegen, noch renne ich vor ihm weg. Es kann jeden von uns zu jeder Zeit an jedem Ort treffen. Ich flüchte mich auch nicht mehr in irgendwelche Glaubenssysteme darüber. Ich bin vielmehr im Frieden mit dem Tod und fühle in gewissen Phasen auch meine Todesangst ganz bewusst. Dadurch erfahre ich mich als sehr lebendig und sehr oft im Alltag als Frieden und Glückseligkeit.

„Getragen von Tiefe, Stille, Einfachheit"

Interview mit T. P., weiblich, 50 Jahre

1. Was ist beim Aufwachen für dich geschehen? Was genau hast du erlebt? Gab es einen Auslöser? Fand das Aufwachen für dich zu einem bestimmten Zeitpunkt statt oder war es ein stufenweiser Prozess oder beides?

Für mich kam das Aufwacherlebnis spontan und „unvorbereitet" beim ersten Kontakt mit Christian. Dies liegt inzwischen zwei Jahre zurück. Im Rahmen eines Seminars zum Thema „Aufwachen und Trauma", zu dem Christian Meyer eingeladen war, hat sich Christian mit seiner Arbeit vorgestellt und einen Seminartag gestaltet, wie er es auch heute noch macht.

Als Einstimmung hat Christian die Bewegungsübung angeleitet mit dem Fokus darauf, den Körperimpulsen zu folgen, nichts zu machen, alles geschehen zu lassen und auch die Gefühle zu beachten. Bereits während der Übung wurde mein Körper sehr schwer. Ich konnte mich kaum auf den Beinen halten. Obwohl ich sehr geübt war im Wahrnehmen von Gefühlen, stellte sich kein Gefühl ein. Stattdessen nahm ich eine eher abstoßend langweilige Öde wahr. Einem inneren Impuls folgend habe ich mich nach dieser Übung gleich gemeldet, was eigentlich nicht meiner Art entspricht. Mit dem Hinweis von Christian, dass in dem Erleben eine tiefere Erfahrung verborgen sein könnte, habe ich mich dieser Öde zugewandt. Die Öde wandelte sich in eine dunkle Leere, in die ich mehr und mehr hineinsank.

Ich fiel und fiel, ganz natürlich, ohne zu wissen, wohin das führt. Es kam der Moment, alles hinter mir zu lassen, jedes Wollen, jede Bindung. Ich erinnere mich insbesondere an die Stelle, an der ich Abschied nahm von meinem Sohn. Im Nachhinein scheint mir, dass ich mich von meiner Vorstellung von ihm verabschiedete. Es fühlte sich an wie die endgültige Trennung und war gleichzeitig eine Befreiung. Es tauchten zwischendurch Gefühle von Angst und auch Trauer auf. Diese waren sehr flüchtig und vergingen so schnell, wie sie gekommen waren. Während des Prozesses wurde ich entspannter und entspannter. Mein Atem wurde flach, kaum noch spürbar. Kein Zeitempfinden mehr. Zwischendurch hörte ich Christian sagen: „So geht Aufwachen." Das Fallen schien endlos, wurde langsamer und ging in ein Sinken über und wurde schließlich zu einem Schweben in einem weiten Raum. Dieser Raum war unendlich und unerschöpflich. Ein Gefühl des Getragenseins, der Ruhe, der Freude und Geborgenheit breitete sich aus. Ich fand mich in einer wortlosen unendlichen Ruhe wieder. Tiefer Frieden breitete sich aus. Mir liefen Tränen über die Wangen.

Es folgten im Laufe des Seminars weitere Erkenntnisse. Am eindrucksvollsten war das Wahrnehmen der Aufhebung jeglicher Dualität. Im Sein ist jede Form von Dualität aufgehoben. Was bleibt und ist, ist die Stille, der Frieden und die Liebe, aus der alles ist.

Da das Aufwachen so „unvorbereitet" geschah, waren die Tage und Wochen danach davon geprägt, das Erleben zu begreifen. Ich habe Kontakt mit meinem Lehrer gehalten. Es gab noch sozusagen im Nachgang zwei Begegnungen mit meiner Todesangst, die sich auch körperlich zeigte. Mit dem Annehmen dessen, wie etwas und was jeweils gerade geschah, und der Erkenntnis, dass ich nicht wissen kann, wann, wo und wie ich sterben werde, und mit der inneren Bereitschaft, alles anzunehmen, trat wieder Frieden ein. Ich hatte insbesondere in der ersten Zeit den Wunsch, allein zu sein.

Als entscheidenden Auslöser sehe ich den Tod meiner Mutter, die einen Monat vor meinem Aufwachen gestorben war. Mit ihrem Tod hatte ich keine Eltern mehr. Ich war sehr einverstanden mit ihrem Weggehen.

2. Hast du das Gefühl, dass dich etwas auf das Aufwachen vorbereitet hat? Dabei wären wichtig Ereignisse, die dir „zugestoßen" sind, wie auch etwas, was du selber getan hast (zum Beispiel Übungen etc.).

Wichtige Ereignisse waren sicherlich gescheiterte Beziehungen und die Entscheidung vor ca. 13 Jahren, mich erst wieder zu binden, wenn es mir gelungen sein würde, ohne Beziehung ein glückliches Leben zu führen. Rückblickend erkenne ich, dass ich schon sehr früh auf dem spirituellen Weg war. Im katholischen Glauben an einen alles sehenden strafenden Gott erzogen, fand ich meine Sehnsucht, vollkommen angenommen zu sein, nicht erfüllt. Ich ließ mich mit 12 Jahren besonders von Heiligenlegenden beeindrucken. Es handelte sich vor allem um Märtyrergeschichten, die mich fasziniert, aber auch erschreckt haben. Die tief empfundene Sehnsucht nach Erfüllung, heute würde ich sagen: nach tiefem Frieden, stellte sich auch durch das Lesen oder die Beichte oder die Messe nicht ein. Mit 15 Jahren, als es mir möglich war, mich gegen meine Eltern durchzusetzen, bin ich nicht mehr brav in die Kirche gegangen.

Eine Krise Mitte 30 führte mich in eine Depression mit Angststörungen. Ich habe mich damals im weitesten Sinne mit Esoterik beschäftigt und war von dem Wunsch beseelt, dass das Leid enden möge. Kritisch verschaffte ich mir Einblick in diese Welt und befand viele Mittel und Methoden als zudeckend und vom Eigentlichen wegführend. Yoga habe ich immer wieder sporadisch geübt. Therapien haben mir damals geholfen, wieder handlungsfähig zu werden. Vor mittlerweile neun Jahren gab ich das Rauchen auf. Dies war für mich ein wichtiger Schritt zu mehr innerer Klarheit.

Die Wahrheitssuche hat sich auch in meiner beruflichen Ausrichtung durchgesetzt. Als Sozialpädagogin fand ich den Weg in die Weiterbildung zur klientenzentrierten Beraterin und Supervisorin. Diese Weiterbildung sensibilisierte mich im Erfahren und Differenzieren von Gefühlen und lehrte mich die Beachtung von Raumerleben als weiterem Abbild inneren Erlebens. Das Vertrauen in die eigene Wahrnehmung wuchs und mit ihr das kontinuierliche Gerichtetsein auf die Wahrheit.

Die Suche konzentrierte sich auf das eigene Werterleben und im Kern auf die Fragen „Was ist mir wirklich wichtig?" und „Wer bin ich?". In einem Kreis von Suchenden – Psychologen, Sozialpädagogen, Heilpraktikern und Therapeuten – öffnete sich der Weg in den Bereich spiritueller Lehren. So kam der Kontakt zu Christian zustande, den andere aktiv herstellten. Für mich ein besonderes Geschenk.

Welche Rolle hat der Lehrer oder haben andere Personen für das Aufwachen gespielt?

Ich habe den Eindruck, dass alle Personen, mit denen ich Kontakt hatte in meinem Leben, einen Anteil hatten. Die gemeinsame Suche im Kreis anderer verbunden mit hartnäckigen Auseinandersetzungen, mit ständigem Infragestellen und sich nicht Zufriedengeben, geleitet von der Suche nach der Wahrheit, alles war sinnvoll und genau richtig.

Die Rolle des Lehrers, für mich Christian, war und ist für mich entscheidend. Der Zugang zur wirklichen Leere, zum Fallen war mir bis dahin verschlossen und wäre es vielleicht bis heute geblieben. Mir erscheint das Aufwachen begleitet von einem Lehrer leichter als ohne. Vom Lehrer geht unmittelbar aus dessen bewusstem Sein eine zunächst unbewusste Sogwirkung aus, die die Hürden überwinden hilft. Es erschließt sich mir so, dass ich mich im bewussten Sein des Lehrers mehr und mehr wiedererkenne. Die Verbindung, die zwischen mir und Christian entstand, ist nicht persönlicher Natur, sondern getragen von Tiefe, Stille, Einfachheit, Schlichtheit und Demut.

Für mich kamen die Fragen ja sozusagen hinterher. Ich bin sehr dankbar mit den Fragen, die sich einstellten, und mit dem neuen Erleben einen Lehrer zu haben, der durch das aufgewachte Sein die Tiefe möglich macht, Richtung und Orientierung geben kann und mich weiter begleitet in der Stille.

3. Was hat sich nach dem Aufwachen in deinem Leben geändert? Gab es oder gibt es bestimmte ungewöhnliche Phasen und oder Krisen?

Nach dem Aufwachen suchte ich zunächst die Stille und habe mich mit Literatur eingedeckt, den Kontakt zu meinem Lehrer gesucht, um das Geschehene zu verstehen. Dann kam eine Zeit, in der sich die sozialen Kontakte schwieriger gestalteten. Ich wusste nicht, wie geht nun Kontakt, wie Beziehung? In einer ersten Phase erlebte ich mich ungeduldig, mitunter aggressiv. Eine innere Gelassenheit blieb dennoch. Ich erlebe mich liebevoller und gnädiger, ehrlicher, weniger kompromissbereit, erledige Dinge, die zu erledigen sind, möglichst schnell, um im wahrsten Sinne des Wortes den Kopf frei zu haben. Ich merke aber auch, dass ich mich nicht mit Menschen umgeben möchte, die ihr Leben sehr oberflächlich nehmen. Inzwischen ist mein Leben unmittelbarer, spontaner, konzentrierter im Moment, insbesondere gedankenleerer. Ich brauche mehr Pausen und Schlaf.

Welche Rolle spielt der Lehrer oder andere Personen nach dem Aufwachen?

Der Kontakt zu Christian und die Teilnahme an Retreats, auch die Bewusstseinsübungen helfen sehr, die Stille zu vertiefen, Orientierung zu geben. Schön und leicht ist der Kontakt zu Menschen, die auch aufgewacht sind. Die Stille erfährt sich durch den Kontakt unmittelbar einfach und tief. Allein die Vorstellung beim Schreiben dieser Zeilen vertieft das Erleben so, als bestünde eine dauerhafte tiefe Verbindung

Hast sich das aufgewachte Sein entwickelt/verändert, vertieft oder verflacht?

Mir ist, als würde das Erleben tiefer werden. Ich habe den Eindruck, dass die Stille mich mehr durchdringt, unmittelbarer erfahrbar ist. Das Zulassen dessen, was ist, gelingt gewohnheitsmäßig. Gefühle und inneres Erleben sind deutlich intensiver, irgendwie pur. Das Vertrauen ins Leben ist deutlich gewachsen und lässt mich friedvoll sein.

4. Dein Verhältnis zu Vergangenheit und Zukunft:
Hat sich dein Verhältnis zur Vergangenheit geändert, zum Beispiel hinsichtlich der Erinnerung oder der Bewertung?

Ich lebe deutlich im Jetzt – in dem, was und wie es gerade ist. Mitunter strengt es mich richtig an, mich zu erinnern. Mit dem, was war, bin ich versöhnlich. Angst oder Schuldgefühle tauchen kaum noch auf und wenn, lassen sie sich leicht verbrennen. Der Blick in die Vergangenheit ist liebevoll.

Was ist mit der Zukunft: Gibt es noch etwas zu erreichen? Etwas das dir wichtig ist?

Die Stille darf sich noch weiter vertiefen, ich bin bereit.

Wie ist dein Verhältnis zum Tod?

Der Tod darf und wird kommen, wann und wie auch immer.

„Das Mich-fallen-Lassen wird süßer denn je"

Interview mit R. K., weiblich, 29 Jahre

1. Was ist beim Aufwachen für dich geschehen? Was genau hast du erlebt? Gab es einen Auslöser? Fand das Aufwachen für dich zu einem bestimmten Zeitpunkt statt oder war es ein stufenweiser Prozess oder beides?

In den letzten Jahren bin ich von einem Zustand „normaler" Alltagsbetäubung in einen Zustand geraten, in dem sich die alten Konditionierungen noch weiter abspulen, parallel dazu aber meist Grenzenlosigkeit und Leere erfahren werden. Dann gibt es noch die Zustände, die sich nach einem deutlichen Anhalten der alten Konditionierungen einstellen: dichter Frieden, in dem alles völlig zur Ruhe kommt, schwebende Bewegungslosigkeit, Leere, immer wieder durchtränkt von Liebe.

Was zu dieser Veränderung geführt hat, kann ich nicht mit Sicherheit sagen. Hier sind ein paar Situationen, die vielleicht Stufen auf einem Weg dorthin waren:

a. Ich wende mich nach innen und lasse mich in meine Gefühle hineinfallen. Es geschieht eine Art schnelles Sinken nach unten. Wie schon so oft lande ich in einer dunklen Enge und mein Körper fühlt sich an, als würde er zusammengepresst.

Ich spüre keinen Atem mehr und bekomme Angst, zu ersticken. Dieses Mal ist etwas anders als sonst: Ich lasse mich wirklich auf die Situation ein und tue gar nichts, bin offen und innerlich regungslos. Da löst sich die zuvor immer so undurchdringliche Schicht aus Angst in Nichts auf. Ich schwebe, und es ist leicht, leer, still.

b. (zu einem späteren Zeitpunkt, nachdem das Leichte, Leere, Stille sich immer wieder verdünnt hat): Die ganzen letzten Monate habe ich mich wider besseres Wissen wahnsinnig angestrengt, um das Aufwachen zu erzwingen und voranzutreiben. Plötzlich ein Ende. Ich höre (vielleicht zum hundertsten Mal) die Worte: „Sei still. Tue nichts mehr. Es ist alles bereits perfekt. Leere, nichts Besonderes, alles." Auf einmal kommen die Worte wirklich an. Eine Stimme in mir ruft ihr gewohntes: „Nein, so ist es noch nicht gut genug, ich muss tiefer in die Stille finden, ich kann mich doch nicht untätig diesem Noch-nicht-Perfekten überlassen". Und eine Gnade bewirkt, dass doch genau das geschieht. Es entsteht eine Art Sog nach innen, dann Leichtigkeit und zugleich eine dicke, dicke Leere. Ich nehme ganz fragmentiert wahr, in einzelnen Bildern statt in einem zusammenhängenden Film. Die dicke Leere verdünnt sich im Laufe der nächsten Stunden, aber etwas bleibt: Die deutliche Erfahrung, nicht mein Körper zu sein, sondern unendlicher Raum zu sein, in dem sich alles abspielt. Dies ist verbunden mit der Erfahrung von Leere, die seither bleibt, egal welches Chaos sonst noch erlebt wird.

c. Mein Kopf ist voller Gedanken, während ich in der Küche sitze und esse. Mir wird bewusst, wie betäubt ich mich gerade fühle, und ich lasse mich in diesen Zustand hineinfallen, um aus dieser Alltagstrance auszusteigen. Es geschieht das lang bekannte Tieferfallen mit ungewohntem Ergebnis: Ich bemerke auf einmal, dass das Essen von selbst geschieht, dass sich die Hand von selbst bewegt, das Kauen, das Schauen, alles von allein! Und: Hier ist überhaupt niemand mehr, die irgendwas erlebt, es gibt nur noch die Erfahrung an sich! Essen ohne

Essende … Das ist neu. Ist das das Aufwachen? Je mehr Zeit verstreicht, desto mehr füllt sich der Kopf mit Gedanken und Zweifeln und die Erfahrung vergeht wieder, zumindest in dieser Deutlichkeit.

d. Es ist viel Zeit verstrichen. Viele Erfahrungen sind gekommen und gegangen, ich habe viel nachgedacht und gezweifelt und zu vertiefen versucht. Ich habe die Nase voll. Ich höre auf, der noch tieferen Stille nachzujagen. Ich bin auch nicht mehr in erster Linie in die Stille verliebt, sondern in „meine" Existenz an sich, in der alles enthalten ist: die Stille, die Verzückung, auch die Langeweile, auch Ödnis, auch der Tod. Ich bin auf einem Retreat und es geschieht immer mehr, immer vollständigere Entspannung in diese Existenz hinein, für die ich absolut nichts tun muss, weil sie schon da ist. Das Mich-fallen-Lassen wird süßer denn je. Ich kenne das Verzehrt-Werden von der Liebe, aber auch dies wird noch süßer, vor allem entspannter. Alles entspannt sich.

Das war nun ein winziger Ausschnitt einer langen Reise, die ständig weitergeht. Ganz viel wurde jetzt nicht gesagt, aber das ist schon in Ordnung.

2. Hast du das Gefühl, dass dich etwas auf das Aufwachen vorbereitet hat? Dabei wären wichtig Ereignisse, die dir „zugestoßen" sind, wie auch etwas, was du selber getan hast (zum Beispiel Übungen etc.)

Vielleicht waren mein latentes Unglücklichsein und meine schon in der Pubertät begonnene Suche nach „etwas" eine Voraussetzung. Mindestens seit ich 15 war, hatte ich den Drang, zu Gott zu finden (oder wie auch immer ich es jeweils nannte), und machte ein paarmal Erfahrungen von Stille.

Welche Rolle hat der Lehrer oder haben andere Personen für das Aufwachen gespielt?

Wirklich in Fahrt kam die Sache erst, als ich Christian begegnete. Jetzt war da jemand, der an mein Aufwachen glaubte, solange ich es selbst noch nicht konnte. Jemand, der beständig

Liebe und Stille auf mich abstrahlte und mir dadurch half, mich immer tiefer einzulassen.

Dabei war die Beständigkeit wichtig. Ich bin keine „Schnellzünderin". Ich musste die Worte immer und immer wieder hören und ähnliche Erfahrungen immer und immer wieder machen, jedes Mal ein Stück tiefer. Insbesondere die Erfahrung, in eine schwarze Enge zu sinken, machte ich sehr oft, bevor sie irgendwann wirklich tief ging (und auch das mehrmals, wenn ich mich richtig erinnere) und nun nicht mehr in der Form auftaucht.

Konkret besuchte ich über Jahre regelmäßig zweimal die Woche abendliche Treffen mit Christian und anderen Schülern, ging zu Wochenendseminaren und zweimal im Jahr zu längeren Retreats. Ich saß dort einfach und ließ die Worte und Energie auf mich wirken oder stellte selber Fragen, Ich lernte verschiedene Übungen, von denen die sogenannte Bewusstheitsübung die wichtigste war. Diese Übung erzeugte über die Zeit eine grundsätzliche Haltung von Hingabe an alle Gefühle und „Zustände", die von allein den Tag über so auftauchten. Ich traf mich ab und zu mit anderen, um sie zu zweit zu machen, aber noch viel häufiger setzte ich mich alleine auf meinen Küchenboden und überließ mich den Gefühlen und allem, was mit mir gemacht wurde. Oder ich ließ mich durch unbekannte Gegenden Berlins treiben, um zu erleben, was das Leben innerlich und äußerlich mit mir anstellte.

Es entwickelte sich eine Sehnsucht, die sehr viel Kraft bekam und nicht mehr nachließ. Darin sehe ich die größte Gnade und die wichtigste Hilfe. Ich weiß nicht, woher so etwas kommt, aber diese Sehnsucht war ein unglaublich starker Motor, den ich gar nicht mehr stoppen konnte. Dies und das grenzenlose Vertrauen zu meinem Lehrer waren die wichtigsten Hilfen. Und vielleicht das Leben selbst, das sich in letzter Zeit so überschlagen hat mit Ereignissen und mich zwang, mich allem Geschehen zu überlassen und das eigene Wollen immer mehr zu beenden.

3. Was hat sich nach dem Aufwachen in deinem Leben geändert? Gab es oder gibt es bestimmte ungewöhnliche Phasen und oder

*Krisen? Welche Rolle spielt der Lehrer oder andere Personen nach
dem Aufwachen? Hat sich das aufgewachte Sein entwickelt/
verändert, vertieft/verflacht? Hast du das Gefühl, dass es dafür
bestimmte Ursachen gab oder gibt?*

Da dieser ganze Prozess so stufenweise abläuft, habe ich auch
keinen guten Zeitpunkt für ein „danach". Ich glaube, ich bin
noch mittendrin. Ungewöhnliche Phasen oder Krisen gab es
eher nicht. Das Einzige, was auffällt, ist, dass auf eine Zeit des
Rückzugs von der Welt nun ein Leben mitten in der Welt zu
folgen scheint.

Die Beziehung zum Lehrer hat sich sehr gewandelt, ist
freundschaftlicher geworden und damit weniger von der früheren Lehrer-Schüler-Beziehung geprägt, was mich mehr auf
mich selbst zurückwirft. Ich habe den Eindruck, dass ich nun
mehr selbst gefordert bin, die nötigen Schritte zu finden und
zu tun. Die gegenseitige Unterstützung durch andere Schüler
von Christian ist dafür größer geworden, auf eine schöne,
unaufdringliche Weise.

Inwiefern sich „mein" Sein entwickelt, vertieft, ist nicht so
leicht zu sagen. Es hat Momente gegeben, in denen sich sehr
plötzlich mein ganzes Erleben und Erfahren stark verändert
hat. Meist war es dann so, dass ein großer Teil davon wieder
verblasste, ein Rest aber in dieser veränderten Form blieb. Bis
dann wieder ein neuer „Einbruch" kam, tiefer als der vorherige,
ein Teil davon verblasste, ein anderer blieb. Insgesamt gesehen
ist das Ganze also eine sich vertiefende Bewegung etwa im
Stil von „zwei Schritte vor, einer zurück". Zusätzlich gibt es
natürlich noch viel kleinwelligere Veränderungen, wo jeden
Tag die Stille oder der Frieden mal mehr, mal weniger deutlich
erfahren wird, je nachdem, wie sehr wieder ein Haben-Wollen
oder Nicht-haben-Wollen von was auch immer entsteht. Auch
die Wahrnehmung, dass keine Handelnde da ist, dass überhaupt
niemand da ist, variiert. Das Einzige, was einigermaßen stabil
ist, ist das Erleben einer unendlichen Leere, in der sich alles
abspielt.

Die Frage nach Ursachen dafür ist schwierig. Ich glaube, dass ganz viel mit dem Grad meiner „spirituellen Bemühungen" zusammenhängt. Diese waren zuerst vielleicht hilfreich, standen mir dann aber sehr im Wege. Ich wollte mit Anstrengung weiterkommen, und erst das Beenden jeder angestrengten Sucherei half und hilft wirklich weiter.

Was zweitens weiterhilft, ist, dass ich zurzeit mit Herausforderungen überhäuft werde und mein äußeres Leben alles andere als still ist. Das zwingt mich dazu, mich Situationen hinzugeben, die ich so nie wollte, und das führt – so scheint es mir zurzeit – zu einem immer einfacheren, selbstverständlicheren, stilleren Sein.

4. Dein Verhältnis zu Vergangenheit und Zukunft: Hat sich dein Verhältnis zur Vergangenheit geändert zum Beispiel hinsichtlich der Erinnerung oder der Bewertung? Was ist mit der Zukunft: Gibt es noch etwas zu erreichen? Etwas das dir wichtig ist?

Die Vergangenheit ist mir nicht sehr wichtig. Sie war, wie sie war, und das ist in Ordnung. Diese Haltung ist vor allem durch Therapie (im weitesten Sinne) entstanden, nicht so sehr durch Aufwachen an sich.

Ja, es gibt Ziele, die unterschiedlich wichtig sind. Am meisten Kraft hat nach wie vor die Liebe zur Wahrheit, Gott, Stille. Wenn ich davon längere Zeit abkomme, hat das einen solchen Schmerz zur Folge, dass ich automatisch meine Prioritäten wieder ordne und die Wahrheit wieder an die erste Stelle rückt. Es gibt einige Ziele, die sehr hartnäckig immer wieder unterschwellig Macht gewinnen, insbesondere dazugehören zu dürfen und angenommen zu sein.

Wie ist dein Verhältnis zum Tod?

Spontan: ein friedlich-neugieriges. Aber ich glaube, wenn es wirklich körperlich ernst wird, wird auch noch mal Angst auftauchen, auch wenn ich die Bereitschaft zu sterben kenne und letztlich in mir finde – die Bereitschaft zur Hingabe an egal was, auch an den Tod. Aber ich glaube, dass es trotzdem noch mal eine Auseinandersetzung mit der Angst geben wird, eine, die schwer vorwegzunehmen ist. Darüber, was nach dem Tod kommt, weiß ich nichts und habe auch keine Theorien.

„Ich verbeuge mich in Demut"

Interview mit F. B., weiblich, 47 Jahre

1. Was ist beim Aufwachen für dich geschehen? Was genau hast du erlebt? Gab es einen Auslöser? Fand das Aufwachen für dich zu einem bestimmten Zeitpunkt statt oder war es ein stufenweiser Prozess oder beides?

Der Moment des vollständigen Aufwachens war ein sehr stiller, friedlicher und völlig unspektakulärer Augenblick. Es war einfach da, hat mich erfasst. Ganz sanft. Dem gingen ungefähr ein halbes Jahr lang regelmäßige Treffen mit Christian voraus. Durch ihn wurde dieser unendlich stille und friedliche Raum in Liebe zur Verfügung gestellt, dem ich mich eines Tages hingegeben habe.

Eine Berührung hat ausgereicht und alles, was sich bis dahin noch versucht hatte, irgendwo am Ich festzukrallen, hat in diesem Moment losgelassen, hat sich aufgelöst im Nichts. Der Schleier lüftete sich. Es war das Gefühl eines innerlichen tiefen Zusammen- und Hinabfallens mit einem gleichzeitigen Hingeben und Ausbreiten in einen unendlichen Raum, in unendliche Leere.

Unendlichkeit, Leere, Stille, Liebe, Frieden, Glückseligkeit, Wahrheit – es ist bis heute alles da, in unterschiedlicher Intensität. Das Schweben in der Stille und in der Unendlichkeit ohne Raum und Zeit. Mein Handeln folgt den Impulsen, die aus der Tiefe kommen, und ich verbeuge mich in Demut.

Zweieinhalb Jahre zuvor hatte ich eine Nahtoderfahrung (NTE) und diese scheint mir wie ein Wegweiser gewesen zu sein. Es hat mich dadurch in eine bestimmte Richtung gezogen, der Weg war geebnet, die Suche angestoßen. Es gab kein zurück. Auf der anderen Seite war ich mit dieser Erfahrung verloren im Leben. Ich hatte keine Ahnung, wie ich damit ins Leben zurückfinden sollte.

Insofern war das Aufwachen für mich ein Prozess, der mit der NTE begann. Beide Erfahrungen gehören zusammen. Und gleichzeitig kann ich aber auch den Moment des vollständigen Aufwachens als Zeitpunkt ausmachen.

2. Hast du das Gefühl, dass dich etwas auf das Aufwachen vorbereitet hat? Dabei wären wichtig Ereignisse, die dir „zugestoßen" sind, wie auch etwas, was du selber getan hast (zum Beispiel Übungen etc.). Welche Rolle hat der Lehrer oder haben andere Personen für das Aufwachen gespielt?

Zweieinhalb Jahre zuvor hatte ich eine NTE, der eine intensive Trauerphase folgte, denn mein kleiner Sohn ist bei der Geburt gestorben. In dieser NTE gab es einen Moment, in dem das Dagegen-Ankämpfen aufhörte und ich mich ergeben habe – dem Leben, dem Tod, egal, was da kommt, ich ließ es geschehen. Ein leuchtender, unendlicher Strudel oder Raum, ein tiefes Gefühl von Frieden, Glück und Liebe – bedingungslose Liebe. Ich war eins damit und wurde davon getragen. Schmolz in dieses Licht hinein. Eine Erfahrung dieser Art kannte ich bis dahin nicht. An spiritueller Arbeit hatte ich bis dahin überhaupt kein Interesse und auch keinerlei Erfahrung damit gemacht.

Gleichzeitig habe ich mich im ersten Jahr danach intuitiv vollständig auf die Traurigkeit und den Schmerz eingelassen und alles gefühlt, was aufgetaucht ist. Es blieb mir auch nichts anderes mehr übrig. Die Gefühle haben mich einfach erfasst, geschüttelt und immer weicher werden lassen.

Die innere Erfahrung von Frieden, Stille und Liebe blieb in der ersten Zeit sehr präsent. Es war ein völlig anderes und neues SEIN in der Welt. Doch dann schob sich nach und nach so etwas wie ein Schleier davor. Die Gedanken fingen wieder an zu kreisen, fast mehr denn je. Die Sehnsucht, zu dieser Erfahrung von bedingungsloser Liebe, Frieden, Glückseligkeit und dem „Zuhause-angekommen-Sein" zurückzufinden, war tief. Auf der Suche danach bin ich Christian begegnet. Bei der ersten Begegnung war sofort ein inneres Wissen da, hier ist es richtig. Es gab keinen Zweifel. Es fühlte sich an, als würden die Wahrheit und die Liebe alles durchdringen.

In der NTE hatte ich den Eindruck, an einem anderen Ort gewesen zu sein! An einem anderen Ort, an dem diese tiefen Erfahrungen zu finden sind. Und da wollte ich auch wieder hin. So war ich also auf der Suche im Außen.

Insofern war die Arbeit mit Christian wirklich entscheidend. Die Suche hat eine Richtung bekommen: nach innen und in die Tiefe und durch das vollständige Fühlen und sich allem hingeben, was da ist, den Weg in mein Herz, in das Sein, in die Liebe, die ich selbst bin, zu finden.

Ich habe gelernt zu erforschen, immer wieder zu erforschen, was gerade da ist, was womöglich festhält – Wünsche, Ziele, Gedanken usw.

Die Arbeit mit dem Enneagramm, das deutliche Erkennen meiner Lebensmuster und diese damit anzuhalten, war ein weiterer wichtiger Schritt in die Richtung des Aufwachens.

Der wichtigste Hinweis auf dem Weg war für mich: nichts zu tun, gar nichts zu tun – still zu sein. Es hat eine ganze Weile gedauert, bis ich wirklich verstanden hatte, was damit gemeint ist. Heute ist das Nichtstun zu meiner täglichen Praxis geworden.

3. Was hat sich nach dem Aufwachen in deinem Leben geändert? Gab es oder gibt es bestimmte ungewöhnliche Phasen und oder Krisen? Welche Rolle spielt der Lehrer oder andere Personen nach dem Aufwachen? Hat sich das aufgewachte Sein entwickelt, verändert, vertieft oder verflacht? Hast du das Gefühl, dass es dafür bestimmte Ursachen gab oder gibt?

Was im Äußeren geschieht, berührt mich sehr, aber erfasst mich nicht mehr in dem Sinne, dass ich mich davon wegreißen lasse, weil ich glaube, dass es mich meint. Es ist still. Sehr still. Das Gedankenkarussell im Kopf, die Angst und der Zweifel sind verschwunden. Gedanken sind hin und wieder da, aber ich schenke ihnen keine Beachtung, sondern folge den Impulsen, die aus der Stille kommen. Die Angst vor dem Tod ist verschwunden, aber was noch viel schöner ist, da ist keine Angst mehr vor dem Leben. Es fühlt sich lebendiger, intensiver und unmittelbarer an denn je – alle Gefühle dürfen da sein. Die Sinneseindrücke sind sehr intensiv, Farben, Geräusche, Gerüche. Das Leben besteht nicht mehr aus „intellektuellem Verstehen", sondern aus „Erfahrungen". Das Leben sorgt für sich selbst und ich erfahre die Bedeutung des Wu-Wei – „Nichts tun und dennoch bleibt nichts ungetan" – im Herzen.

Als Zeit der Krise möchte ich eher die Zeit zwischen der NTE und der Aufwacherfahrung bezeichnen. Da war das Gefühl, vom Leben total geschüttelt und ihm hilflos ausgeliefert zu sein. Es war eine Zeit der Depressionen und Orientierungslosigkeit. Nach dem Aufwachen gab es eine unglaublich stille Phase, ein fast dauerhaftes Schweben in der Unendlichkeit. Keine Gedanken, keine Fragen, einfach Nichts. Das Leben ist dann nach und nach wiedergekommen, aber es hat mich nie mehr so erfasst und weggerissen, wie ich das vor der Aufwacherfahrung kannte.

Auch nach dem Aufwachen hat Christian die entscheidende Rolle gespielt. Es gab die Jahre danach weiter regelmäßige Treffen und weiterhin stand durch ihn dieser stille, friedliche und liebevolle Raum zur Verfügung, in den ich mich immer weiter und tiefer hineinsinken lassen konnte und immer noch kann. Was mir aber das Allerwichtigste scheint: Ich bin seinem Hinweis „nichts zu tun" und mit allem „still" zu sein, sehr konsequent gefolgt und folge dem noch immer. Mit dem, was auftaucht, zu sein, aber nichts zu machen. Mein Eindruck ist, dass sich das aufgewachte Sein dadurch sehr sachte, aber kontinuierlich in alle Lebensbereiche integriert hat und sich mein Herz immer weiter öffnet. Das hat je nach Lebensbereich unterschiedlich lange gedauert – insbesondere im beruflichen Alltag.

Das aufgewachte Sein vertieft sich stetig immer weiter – es hört nicht auf, es geht immer tiefer, ist aber z. B. im Laufe eines Tages auch unterschiedlich tief. Ich beobachte, dass dies vor allem von äußeren Umständen abhängig ist, je nachdem, wie viel Aufmerksamkeit von mir gefordert wird. Frieden, Stille und Liebe sind immer da. Dazu gibt es Phasen von unbeschreiblicher Glückseligkeit.

Schon seit zwei oder drei Jahren geschieht es, dass Situationen aus der Vergangenheit auftauchen und sich mit dem aufgewachten Sein neu erleben oder erfahren lassen. Das sind sehr berührende Momente, von denen ich mich ganz und gar erfassen lasse. Und ich habe den Eindruck, dass gerade diese berührenden Momente zur Vertiefung des aufgewachten Seins beitragen.

4. Dein Verhältnis zu Vergangenheit und Zukunft: Hat sich dein Verhältnis zur Vergangenheit geändert, zum Beispiel hinsichtlich der Erinnerung oder der Bewertung? Was ist mit der Zukunft: Gibt es noch was zu erreichen? Etwas das dir wichtig ist? Wie ist dein Verhältnis zum Tod?

Vergangenes ist wie Spuren im Sand, die von den Wellen verwischt werden. Jeder Augenblick ist intensiv und lebendig und löst sich im nächsten Moment auch wieder auf. Die Erinnerung an Vergangenes fällt schwer und gelingt nur, indem ich Notizen mache oder Menschen mir Gedankenstützen geben.

Nein, es gibt nichts zu erreichen. Immer mehr zurückzutreten, um das aufgewachte Sein weiter zu vertiefen, das ist wesentlich, um dem Leben seinen Raum zu geben. Dafür gibt es nichts zu tun.

Wann auch immer der körperliche Tod kommen mag, ist er willkommen.

„Am Anfang war der große Knall"

Interview mit A. J., weiblich, 33 Jahre

1. Was ist beim Aufwachen für dich geschehen? Was genau hast du erlebt? Gab es einen Auslöser?

Nach monatelangem Erfahren intensiver Eifersucht und Verlust-
ängsten in meiner Beziehung stellte ich im Sommer-Retreat
schmerzhaft fest, dass mir die Beziehung wichtiger geworden
war als das Aufwachen. Ich war nur noch mit meinem Partner
beschäftigt. Was macht er gerade? Liebt er mich oder wird er
mich verlassen? Findet er andere Frauen schöner? Und das,
obwohl es offensichtlich keinen Grund dafür gab. Ich war in
einem Alptraum gefangen. Über die zwei Wochen habe ich
immer wieder beobachtet, wie mich die Beschäftigung mit der
Beziehung immer wieder aus der Stille und dem Frieden zog.
Das war mit einer großen Verzweiflung und tiefem Schmerz
verbunden. Irgendetwas begann sich innerlich zu öffnen und
auszurichten. Immer mehr war ich bereit, die ganze Eifersucht
und die Angst vollständig zu fühlen, anstatt mich damit bloß
mental und emotional zu beschäftigen.

Am Ende des Retreats machten wir während des Satsangs
eine lange Bewusstheitsübung. Nur zwei Meter neben mir und
meiner Übungspartnerin saß mein Freund und machte die
Übung mit einer Frau, auf die ich eifersüchtig war. Was für ein
Segen! Das kann ich heute sagen, damals war es die gefühlte
Hölle. Durch Gnade – anders kann ich es nicht beschreiben –
war ich bereit, alles vollständig zu fühlen, mich vollkommen
hinzugeben, es brannte und brannte. Gleichzeitig sagte meine
Übungspartnerin einen für mich magischen Satz: „Dein Bauch
ist angespannt und brennt … Und du kannst wahrnehmen, ob
du gleichzeitig Leere und Stille wahrnehmen kannst."

Plötzlich erkannte ich, dass ich mich jahrelang mit einem verrückten Glaubenssatz in Trance gehalten hatte: „Solange meine
Anspannung im Bauch nicht aufgelöst ist, kann ich nicht tiefer
fallen und aufwachen". Als diese Verrücktheit endlich aufflog,
fiel ich plötzlich in die Tiefe. Das Fallen wurde sehr intensiv und
hörte auch nach der Übung nicht auf. Anfangs war viel Angst
da. Ich fühlte mich wirklich bedroht. Als ich mich schließlich
immer mehr in den Prozess hinein entspannte, überkam mich
Freude und ein tiefes Berührtsein. Der Körper wurde immer

weicher, das Herz immer weiter, alles schmolz dahin. Eine innere Widerstandslosigkeit und Offenheit breiteten sich immer mehr aus. Es war, als würde ich einfach davonschmelzen. Das Fallen und Auflösen ging die ganze Nacht weiter. Als ich am nächsten Morgen aufwachte, war da eine dröhnende Leere und Stille. Ich erinnere mich an das innere Staunen. Es war ganz anders als alles andere, was ich zuvor erfahren hatte. Und gleichzeitig war es irgendwie auch sehr einfach. Es blieb kein Zweifel. Liebe und Dankbarkeit überfluteten mich. Die Erfahrung vertiefte sich fast stündlich. Zusätzlich war ein körperliches Phänomen sehr stark. Meine Augen fingen an zu schmerzen. Es war so, als drückte irgendwas meine Augen von innen heraus, als würde sich das Sehen und Wahrnehmen auch auf der optischen Ebene irgendwie umstellen. Als ich einen Tag später wieder zu Hause war, wurde der Prozess immer intensiver. Es fühlte sich an, als würde sich die ganze Welt um mich herum aufzulösen beginnen. Die Gegenstände wurden wie aus dem Bedeutungskontext herausgehebelt. Die Menschen um mich herum ebenfalls. Die Farben wurden unglaublich intensiv und alles erschien so unwirklich. Die Auflösung war sehr heftig und auch nicht immer angenehm. Anfangs löste es immer wieder viel Angst aus. Und trotzdem: Zur gleichen Zeit erfuhr ich ein tiefes Berührtsein und Glückseligkeit. Da waren ein tiefes Wissen und ein Gefühl von Zu-Hause-Sein. Nach ein bis zwei Wochen beruhigte sich diese turbulente Phase. Übrig blieben eine intensive Leere und die Erfahrung von „Da ist niemand". Immer wieder erfüllte mich Liebe. Diese Intensität blieb für einige Monate, dann kamen die wohl bekannten ersten Wolken.

Fand das Aufwachen für dich zu einem bestimmten Zeitpunkt statt oder war es ein stufenweiser Prozess oder beides?

Für mich war es beides. Bevor das Aufwachen ganz klar im Sommer-Retreat 2010 stattfand, hatte ich über die Jahre verteilt mehrere Aufwach-Erfahrungen, wo bereits viel Veränderung und Vertiefung stattfand. Auch kleinere Prozesse während der Satsangs und Seminare vertieften den Prozess Stück für Stück.

2. *Hast du das Gefühl, dass dich etwas auf das Aufwachen vorbereitet hat? Dabei wären wichtig Ereignisse, die dir „zugestoßen" sind, wie auch etwas, was du selber getan hast (zum Beispiel Übungen etc.).*

Auf der einen Seite erlebte ich schon relativ zu Anfang, als ich damit begann, zu den regelmäßigen Treffen von Christian zu gehen, eine Aufwach-Erfahrung. Auch damals erfuhr ich eine Auflösung und tiefe Liebe. Vielleicht hat es das Vertrauen in den späteren Prozess unterstützt. Es hielt nur ein paar Tage an, doch danach war klar: Es gibt kein Zurück. Alles in mir richtete sich danach aus. Innerlich und äußerlich. Schließlich waren mein ganzes Leben und die innere Energie dem Aufwachen gewidmet, es ging gar nicht anders. Vielleicht hat diese Bündelung der Energie den Prozess unterstützt. Auf der anderen Seite waren da die kontinuierlichen Satsangs und Übungen. Die Bewusstheitsübung, andere Partnerübungen und die Körperarbeit weichten alles immer mehr auf. Ich wurde dadurch immer erfahrener im Gefühle-Zulassen und die Fähigkeit, sich in die Prozesse hinein zu entspannen, wuchs immer mehr. Ich hörte ständig davon, dass die Angst dazugehöre, dass dann alles in Ordnung sei. Wahrscheinlich war ich dadurch irgendwie vorbereitet. Und trotzdem ist es dann sehr überraschend und völlig neu.

Welche Rolle hat der Lehrer oder haben andere Personen für das Aufwachen gespielt?

Mein Lehrer Christian hat eine große Rolle für das Aufwachen gespielt. Er gab meiner unbestimmten Sehnsucht eine Richtung. Er zeigte mir: Was ich schon mein Leben lang vergebens suchte, gab es wirklich! Mein Vertrauen und meine Liebe zu ihm haben mich getragen. Mit allem, was dazu gehört: Widerstände, Projektionen, Wutphasen und eben ganz viel Liebe. In Einzelsitzungen und Satsangs konnte ich immer wieder Hindernisse erkennen und auflösen und mich dadurch immer mehr für das

Aufwachen öffnen. Seine Liebe ließ mich erweichen. Neben meinem Herzen war er die wichtigste Orientierung. Aber am meisten bewegt hat mich seine Gegenwart. All die Liebe und die endlose Leere in ihm zu sehen war immer wieder so berührend und schürte meine Sehnsucht umso mehr. Auch mein Herz wollte ankommen.

3. Was hat sich nach dem Aufwachen in deinem Leben geändert? Gab es oder gibt es bestimmte ungewöhnliche Phasen und oder Krisen?

In den ersten intensiven Monaten erlebte ich eine enorme Befreiung von vielen alten Themen und Mustern. Meine Verlustängste in der Beziehung hatten sich komplett aufgelöst, die Eifersucht deutlich minimiert. Meine Gedanken waren zeitweise völlig verschwunden oder sie machten einfach nichts mehr aus. Es fand ein liebevolles Verschmelzen mit jedem Moment statt – kein Wegdenken, kein Dagegen-Angehen, einfach nur da sein. Dadurch entfaltete sich in allem eine unglaubliche Schönheit und Einfachheit. Sogar das von mir ungeliebte U-Bahn-Fahren wurde plötzlich wunderschön. Eine tiefe Entspannung breitete sich in meinem Leben aus. Zudem war ich extrem durchlässig geworden und alle Gefühle spülten nur so durch mich durch, ohne Widerstand, ohne Kampf. Gleichzeitig war da die Erfahrung einer intensiven Leere und Wogen der Liebe überkamen mich immerzu. Interessanterweise gab es andere Themen, die unbeirrt einfach auftauchten und mich wirklich verunsicherten und Lärm machten. Dass ich auch in dieser Phase immer wieder Angst, Schmerz und mentales Beschäftigtsein erlebte, entfachte meine Zweifel. Wie konnte ich aufgewacht sein und nicht 24 Stunden in Glückseligkeit schweben? Wie konnte ich aufgewacht sein, obwohl da noch Gedanken waren?

Damals schon wurden mir die Illusionen über das Aufwachen um die Ohren gehauen. Irgendwie hatte das „Ich" immer noch gehofft, nach dem Aufwachen sei alles nur noch schön und alle Probleme würden sich in Luft auflösen. Nach einiger Zeit kamen die wirklich großen Themen wieder. Themen, von denen das

„Ich" dachte, „ich" hätte sie längst hinter mir gelassen. Einige lösten sich ganz widerstandslos auf, andere wollte „ich" mir nicht eingestehen. Irgendwie hat das „Ich" mir eingeredet, „ich" stünde über gewissen Dingen, jetzt wo das „Ich" aufgewacht war. Doch das Leben hat mich permanent eines Besseren belehrt. Es schickte mir Ereignisse und Menschen, die mich zu immer mehr Demut und Erkennen führten – und das ist bis heute so geblieben. Es scheint, als würde das aufgewachte Sein in jeden Winkel meines Seins leuchten und alles zum Vorschein bringen, was noch ichhaft ist und sich irgendwie verstecken will. Als würden die Ablenkungsmanöver und Versteckspiele einfach nicht mehr greifen können.

Auch wenn es bis heute manchmal schmerzhaft und intensiv werden kann, bin ich sehr froh über diesen Reinigungsprozess. Immer schneller wird das Drama der Fixierung erkannt und losgelassen, immer mehr findet ein tiefes Begreifen und Erfahren des Einverstanden-Seins mit allem statt. Es fühlt sich an, als würde das Leben immer offener werden. Viele innere Themen verabschieden sich langsam. Andere, die stets wiederkehren, dürfen einfach da sein. Dadurch entsteht immer mehr Frieden. Auch wenn die Leere nicht mehr permanent so intensiv ist wie in den ersten Monaten nach dem Erwachen, wird sie doch gleichzeitig immer leerer und einfacher. Die Liebe immer ichloser und stiller. Als würde alles immer mehr zu dem werden, was es ist. Da ist sehr viel Dankbarkeit.

Hat sich das aufgewachte Sein entwickelt, verändert, vertieft oder verflacht? Hast du das Gefühl, dass es dafür bestimmte Ursachen gab oder gibt?

In meinem Prozess war am Anfang der große Knall. Es ist wie eine Explosion, wo einige Teile ins Weltall geschleudert werden und andere langsam wieder zurück zur Erde rieseln. Einiges der Ich-Struktur wurde zerstört. Andere Dinge kamen wieder um ganz gründlich aufgelöst zu werden, prozesshaft. Vieles kann ich durch das Ausfühlen auflösen, danach entsteht immer eine Vertiefung. Doch meine Erfahrung zeigt, dass es bei einigen

meistens hartnäckig wiederkehrenden Themen nicht auszu-
reichen scheint, sich dem Gefühl immer wieder hinzugeben.
Als könnte ich es nicht ganz ausfühlen oder als würde es durch
das wiederholte Fühlen nicht funktionieren. Dann helfen mir
Familienaufstellungen, systemische Arbeit und Trancereisen
sehr und führen zu einem noch tieferen Loslassen.

*Welche Rolle spielen der Lehrer oder andere Personen nach dem
Aufwachen?*

Da die ersten Wochen für mich sehr heftig und auch beängstigend waren, suchte ich Unterstützung. Da Christian zu der
Zeit leider nicht da war, habe ich mich an erwachte Freunde
gewandt. Das hat sehr geholfen und ich bin bis heute dankbar
für die liebevolle Unterstützung. Es war wichtig zu hören, dass
alles in Ordnung ist. Das hat mir geholfen, mich in den Prozess
der Auflösung hinein zu entspannen und es geschehen zu lassen.
Auch die wundervolle Unterstützung meines Freundes hat mich
quasi jeden Morgen durch meine Angst getragen. Gemeinsame
Bewusstheits- und Bewegungsübungen halfen mir durch diese
Phase hindurch. Der Austausch mit Christian war und ist bis
heute sehr wichtig für mich, auch wenn es nicht mehr so oft
geschieht wie früher. In einer Krisenzeit bekam ich auch viel
Unterstützung von einem aufgewachten Schüler Christians.
Auch er ist eine wichtige Anlaufstelle geworden. Sich über
seine Prozesse austauschen zu können und mit Hindernissen
arbeiten zu können, ist enorm bereichernd und dient eindeutig
der Vertiefung.

*4. Dein Verhältnis zu Vergangenheit und Zukunft: Hat sich dein
Verhältnis zur Vergangenheit geändert zum Beispiel hinsichtlich
der Erinnerung oder der Bewertung?*

Auffällig ist, dass ungelöste Themen aus der Vergangenheit
hochkommen und gefühlt werden wollen. Damit sind ein
Aussöhnen und ein Loslassen der Geschichten verbunden.
Hadern mit der Vergangenheit findet nicht statt. Irgendwie
ist die Vergangenheit sehr selten präsent. Wenn, dann die

Vergangenheit, die nur einige Stunden zurückliegt. Doch nur noch selten überkommt mich der Drang, vergangene Geschehnisse Revue passieren zu lassen. Meistens will dann noch etwas gefühlt werden. Mit der Erinnerung ist das eine komische Sache. Manchmal ist es so, als läge das Kurzzeitgedächtnis teilweise lahm. Dann legt sich das wieder und es funktioniert problemlos.

Was ist mit der Zukunft: Gibt es noch etwas zu erreichen? Etwas, das dir wichtig ist?

Die Zukunft ist präsenter. Aber auch hier meistens die „kleine Zukunft", also Dinge, die ziemlich zeitnah stattfinden. Das Beschäftigen damit findet vor allem dann statt, wenn ein zukünftiges Ereignis mit Angst verbunden ist und sie nicht ganz gefühlt wird. Das mit den „Dingen erreichen wollen" ist eine spannende Sache. Da hat sich viel verändert, auch schon vor dem Aufwachen. Es gibt diese Dinge, die mir wichtig sind und mir am Herzen liegen, aber es ist nicht mehr so wichtig, sie zu erreichen. Die Vorstellung, etwas davon könnte nicht funktionieren, ist nicht mehr Furcht erregend. Es sagt nichts mehr über mich aus. Da sind Entspannung und Gelassenheit. Auch wenn alles wunderbar klappt, dann ist da Freude, meist ohne Euphorie und Hochmut. Das ist wirklich sehr wohltuend. Und manchmal erfahre ich so etwas wie Zeitlosigkeit und völligen Stillstand.

Wie ist dein Verhältnis zum Tod?

Die Angst vor dem Tod ist noch da. Doch sie löst sich immer mehr auf, stufenweise. Intensive Erlebnisse und Träume brachten und bringen den Tod immer wieder in mein Leben und weichen diese Angst fühlbar auf. Es sind Momente erfahrbar, in denen sich die Angst vollkommen auflöst und eine Mischung aus Wissen und Erfahrung da ist, dass nur dieser Körper verschwindet und auch der Tod friedvolle Unendlichkeit ist.

„Jetzt ist da keine Angst mehr – ich bin Freude"

Interview mit L. K., weiblich, 43 Jahre

1. Was ist beim Aufwachen für dich geschehen? Was genau hast du erlebt? Gab es einen Auslöser? Fand das Aufwachen für dich zu einem bestimmten Zeitpunkt statt oder war es ein stufenweiser Prozess oder beides?

Das Aufwachen geschah während eines Wochenendseminars. In den vier Wochen vorher hatte ich täglich die Tonübung praktiziert. Am Anfang war bei der Übung die Trauer das vorherrschende Gefühl. Nach einer Weile wurde diese Trauer allmählich von einem Schmerz über das Getrenntsein in der Welt abgelöst. Und dann kam irgendwann die Angst vor dem Sterben. Tag für Tag war der Körper geschüttelt vor Angst vor dem Sterben.

In dieser Zeit wurde das Fallen immer leichter, immer selbstverständlicher. In den Tagen vorher geschah das Fallen immer durch ein sehr enges Rohr. Christians Anweisung am Samstag war, mich nicht in der Ruhe einzurichten, sondern tiefer zu fallen. Am Sonntagmorgen, auf dem Weg zum Seminar, war das Fallen dann plötzlich weit weg, unendlich tief. Im Vergleich dazu war es vorher noch ganz nah am Körperlichen gewesen. Gleichzeitig zog mich ein Sog stark nach unten, wie in einen Trichter hinein. Das Aufwachen war dann ein Moment der völligen Bereitschaft, zu sterben und alles loszulassen. Es war ein Fallen in eine Stille und Glückseligkeit, von der kaum zu glauben war, dass das Herz wirklich groß genug dafür sei.

2. Hast du das Gefühl, dass dich etwas auf das Aufwachen vorbereitet hat? Dabei wären wichtig Ereignisse, die dir „zugestoßen" sind, wie auch etwas, was du selber getan hast (zum Beispiel Übungen etc.). Welche Rolle hat der Lehrer oder haben andere Personen für das Aufwachen gespielt?

Vor dem Aufwachen habe ich ungefähr ein Jahr intensiv daran gearbeitet, die Zweierfixierung, die mein Leben prägt, zu verstehen,

Verhaltensmuster zu lösen, loszulassen und anzuhalten. In der Zeit kam ich nur sporadisch zu den Wochenendseminaren, auch nie vollständig. Zu viel hielt mich im Tun, im Dasein für andere, obwohl ich wusste, dass meine Suche nach dem passenden spirituellen Weg für mich zu einem Ende gekommen war. Dann fing etwas an, mich zu ziehen, sehr kraftvoll, zu dem Winterretreat und den Seminaren – etwas, das stärker war als mein Pflichtgefühl meinen Verantwortlichkeiten gegenüber. Die Wochenenden im Januar und März mit der Arbeit am ersten und zweiten Schritt waren sehr intensiv, dann die tägliche Tonübung und das Schmetterlingsyoga. Da war ganz deutlich zu spüren, wie der Körper und das Fühlen immer durchlässiger wurden. Der Lehrer mit seinen präzisen Hilfestellungen war sehr wichtig. Die eigenen Fragen vorne bei Christian waren jedes Mal ein Schub in die Tiefe.

3. Was hat sich nach dem Aufwachen in deinem Leben geändert? Gab es oder gibt es bestimmte ungewöhnliche Phasen und oder Krisen? Welche Rolle spielt der Lehrer oder andere Personen nach dem Aufwachen? Hat sich das aufgewachte Sein entwickelt, verändert, vertieft oder verflacht? Welche Ursachen siehst du dafür?

Obwohl äußerlich die Tätigkeiten im Wesentlichen unverändert sind, ist nichts, wie es vorher war. Mein Leben war von Angst geprägt, die alles durchzog, und jetzt ist da keine Angst mehr. Sie war nicht gleich weg. Einige Tage nach dem Aufwachen war sie noch da. Aber dann verschwand sie und kam nicht wieder. Manchmal ist da noch der Gedanke „Ich habe Angst vor dieser oder jener Begegnung". Wenn ich dann aber frage: „Was fühle ich?", dann ist da keine Angst, da ist nur Freude. Freude, dass ich dieses nicht bin. Freude, zu sein. Diese Freude – das bin ich. Und allmählich werden auch die Gedanken von Angst weniger und in der Begegnung mit anderen ist einfach diese Freude da. Auch der immense Druck, was zu tun und zu leisten sei, ist weg.

Und es ist seit dem Aufwachen diese unglaubliche Stille, laut, unendlich, unbeschreiblich. Eine ganze Weile war die Stille wie eine Kathedrale ohne Mauern, ohne Grenzen. Jetzt ist gar kein Bild mehr da. Anfänglich war ich irritiert, dass da „nur" diese Stille war. Stille weit und grenzenlos, aber keine Freude. Die ist in der letzten Zeit ganz heimlich und immer häufiger gekommen. Dass diese Freude mehr und mehr spürbar ist, merke ich vor allem an den Kindern. Eine tiefe Dankbarkeit durchzieht das Herz wie ein unaufhörlicher Strom.

Zum jetzigen Zeitpunkt währt diese neue Art des Seins erst gute drei Monate. In dieser Zeit war deutlich spürbar ein Sinken tiefer in die Stille hinein. Es war mehrmals, als würde innen ein Umbau stattfinden. Ich konnte bewusst in diesen Momenten wahrnehmen, dass die Stille tiefer wurde.

Es gibt im Alltag noch viele Gedanken – ich glaube bedingt durch die Kinder, die Schüler und all das, was zu tun ist. Aber viele überflüssige Gedankenmuster sind weggefallen. Und die Gedanken sind deutlich langsamer geworden. Zwischen den Gedanken ist immer wieder Stille.

Das Wahrnehmen von Gefühlen hat sich verändert. Sie sind da, aber nicht mehr im Zentrum und vergehen schnell, anders als vorher. Häufig ist einfach nur dieses Strömen da und diese tiefe Freude zu sein. Da ist der Körper, der tut, aber ich bin nicht dies. Ich bin diese Freude, dieses Strömen. Und dieses Sein wird immer präsenter auch in der Begegnung mit anderen.

Auch das Musikerdasein ist verändert. So viel Anstrengung ist weggefallen. Die Musik fließt viel mehr von selbst, spielt sich aus sich heraus. Der ganze Organismus ist durchlässiger. Die Musik ist ganz tief erlebbar und gleichzeitig im Angesicht der Stille unbedeutend.

Vor dem Aufwachen, wenn ich traurig war, die Schönheit eines Naturereignisses nicht empfinden zu können, dachte ich, dass mit dem aufgewachten Sein die Schönheit der Natur mich völlig erfüllen würde. Aber es ist anders. Die Schönheit des Himmels oder des Waldes oder das Zwitschern der Vögel sind ganz erlebbar in einer großen Wachheit und Präsenz, aber die

Stille, die ist noch hunderttausend Mal schöner, unbeschreiblich, neu in jedem Augenblick.

Welche Rolle spielt der Lehrer nach dem Aufwachen?

Poonjaji schreibt: „Das Selbst ist der wahre Guru. Wenn du Hilfe brauchst, kommt sie von innen. Dein ureigener Lehrer ist in dir, hier. Alle Weisheit, alles Wissen ist hier – in dir. Du übersiehst es nur, weil du dich anderweitig beschäftigt hältst."

Ja, das nehme ich ganz tief so wahr. Aber das Außen ist so stark und massiv, da scheint es mir sehr, sehr wichtig, einen Lehrer zu haben. Ich erlebe es als Geschenk, einen Lehrer zu haben, der die Stille so tief manifestiert. So geschieht in dieser Stille ein ständiger Wandel, eine Verwandlung, so dass es stiller und stiller werden kann.

4. Dein Verhältnis zu Vergangenheit und Zukunft: Hat sich dein Verhältnis zur Vergangenheit geändert, zum Beispiel hinsichtlich der Erinnerung oder der Bewertung? Was ist mit der Zukunft: Gibt es noch etwas zu erreichen? Etwas, das dir wichtig ist? Wie ist dein Verhältnis zum Tod?

Vergangenheit: Namen, Nummern, Daten, Ereignisse, Dinge, die vorher mit Leichtigkeit abrufbar waren, sind oft nicht mehr sofort da. Auch die Vergangenheit ist viel weniger präsent. Sie hat keine Wichtigkeit. Gedanken über das, was war, werden oft ganz selbstverständlich nicht beachtet. Wenn sie sich doch breitmachen wollen, was geschehen kann, wenn die Anforderungen von außen groß sind, dann ist ein aktives Anhalten notwendig, um diesen Gedanken keinen Raum zu geben. Dies ist aber leicht, indem ich bewusst still werde und frage, welches Gefühl da ist. Dann ist da sofort immer auch die Stille erfahrbar.

Zukunft: Das Geschehen-Lassen wird immer selbstverständlicher. Vor allem die Bewegungsübung erlebe ich als machtvollen Lehrer in Bezug auf das Geschehen-Lassen. Es ist sehr wichtig, immer wieder zu untersuchen, was ich will, mir meiner Wünsche bewusst zu werden. Und still zu werden, bis sie gegangen sind. Dann ist nichts wirklich wichtig. Und ich erlebe, dass, wenn ich still werde, es ganz klar ist, wo etwas zu tun ist und wo ich nur still sein darf.

Tod: Auch hier ist Stille. Da ist Schmerz über sinnlosen Tod. Und übersprudelnde Freude über das, was ist.

„Als würde man auf einem Wagen mitgenommen"

Interview mit W. N., weiblich 30 Jahre

1. Was ist beim Aufwachen für dich geschehen? Was genau hast du erlebt? Gab es einen Auslöser? Fand das Aufwachen für dich zu einem bestimmten Zeitpunkt statt oder war es ein stufenweiser Prozess oder beides?

Das Aufwachen hat für mich alles verändert und doch könnte ich nicht sagen, dass etwas Neues dazugekommen ist. Es hat sich alles verändert, weil ich die Welt und meine Erscheinung darin völlig neu wahrnehme. Und es hat sich nichts verändert, da nichts hinzugekommen ist, sondern vielmehr ein Schleier weggefallen ist, der zuvor die Wahrheit verdeckt hatte.

Die Vertiefung des Aufwachens ist für mich ein fortlaufender Prozess, der auch immer noch anhält. Das Aufwachen selbst war eine hervorstechende Erfahrung. Nachdem ich nun schon öfters das Fallen erlebt hatte, merkte ich, dass nicht mehr viel fehlte. So war es nicht allzu überraschend, dass ich bei einer Übung dann „ganz hindurchfiel": Ich fiel in die Bodenlosigkeit und Schwärze und hatte immer wieder starke Angstschübe. Um mich wurde es immer enger. Mein Atem wurde immer weniger und die Enge nahm immer mehr zu. Dann gab es einen Moment des Festhaltens. Da ich zu diesem Zeitpunkt mit unserem dritten Kind im achten Monat schwanger war, musste ich eine Entscheidung fällen. Ich hatte mich zwar darauf eingestellt, alles – auch meine Kinder – zurücklassen zu müssen. Was ich jetzt aber bejahen musste, war, dieses Kind in mir mit in die Schwärze, in den Tod zu nehmen. Als mir das klar wurde und ich auch dazu meine Zustimmung geben konnte, ging es sehr schnell. Die Enge, Angst und das Erstickungsgefühl nahmen abermals zu und dann wurde es mit einem Mal weit. Unendlich weit! Das Gefühl war, als würde in mir die Sonne aufgehen, als würde ich zum Universum und wäre gleichzeitig jedes Atom in diesem Universum. Ich war von unendlicher Liebe und Glückseligkeit durchflutet. Die Erkenntnis war deutlich: Das ist die Wahrheit, das Ich ist eine Illusion. Wir alle gehören dieser Unendlichkeit an und die materielle Welt ist lediglich ein Spiel der Formen, die aber alle von diesem unendlichen Bewusstsein beseelt sind.

2. Hast du das Gefühl, dass dich etwas auf das Aufwachen vorbereitet hat? Dabei wären wichtig Ereignisse, die dir „zugestoßen" sind, wie auch etwas, was du selber getan hast (zum Beispiel Übungen etc.). Welche Rolle hat der Lehrer oder haben andere Personen für das Aufwachen gespielt?

Ich kenne die Bewusstheitsarbeit von Christian nun seit ca. fünf Jahren. Seit zwei oder drei Jahren ist die Übung immer intensiver geworden. Zwischen Herbst 2011 und Frühjahr 2012 hat die Intensität ihren bisherigen Höhepunkt erreicht. In dieser Zeit hat auch das Aufwacherlebnis stattgefunden. Die Zunahme des Übens führe ich auf eine anstrengende Schwangerschaft zurück, die mich sehr „nach innen" gedrängt hat. In dieser Zeit habe ich schon öfters Erfahrungen des Friedens und der Weite gemacht. Außerdem hatte auch die Fixierung streckenweise sehr an Macht eingebüßt und die materielle Welt hatte etwas Fadenscheiniges, Durchscheinendes bekommen.

Auf Christians Arbeit wurde ich durch eine Frau aufmerksam, die nun seit einigen Jahren aufgewacht ist. Mit ihr hatten wir auch eine kleine Bewusstheits-Gruppe in unserer Gegend, die sich wöchentlich traf. Durch sie und die Seminare bei Christian (ca. zwei Mal jährlich) habe ich sowohl die Bewusstheitsarbeit als auch die Arbeit mit dem Enneagramm kennengelernt und weitergeführt. Der zunehmend private Kontakt mit der aufgewachten Frau gab mir einen sehr genauen Einblick, was sich bei ihr durch das Aufwachen verändert hatte, sowohl durch ihre Berichte als auch durch ihre Veränderung. Sie strahlte immer mehr von innen heraus. So hatte ich auch vor meiner eigenen Aufwacherfahrung eine Vorstellung davon, was auf mich zukommen würde, auch die Erfahrung selbst betreffend. Ebenfalls hilfreich war und ist, dass mein Mann auch die Bewusstheitsarbeit pflegt, sodass ich mich auch mit ihm über die Veränderungen austauschen konnte und viel Raum dafür zur Verfügung stand.

Die Seminare bei Christian haben die Stille stets verstärkt. So ist es wohl nicht von ungefähr, dass ich eine Woche vor meiner Aufwacherfahrung bei einem seiner Wochenendseminare war. Dort wurde mir noch eine sehr wichtige Erkenntnis zuteil. So einfach das auch klingen mag: Ich lernte, meine Widerstände anzunehmen. Besonders der Körper und seine Empfindungen waren mir im Vorfeld immer lästig und „im Weg", wenn es um die wirklich wichtigen Erfahrungen ging. Die Erfahrung war deutlich: Es gibt keine Hierarchie in der inneren Erfahrungswelt. Alles darf gleichermaßen da sein.

3. Was hat sich nach dem Aufwachen in deinem Leben geändert? Gab es oder gibt es bestimmte ungewöhnliche Phasen und oder Krisen? Welche Rolle spielen der Lehrer oder andere Personen nach dem Aufwachen? Hat sich das aufgewachte Sein entwickelt, verändert, vertieft oder verflacht? Hast du das Gefühl, dass es dafür bestimmte Ursachen gab oder gibt?

So wie die Aufwacherfahrung einer Geburt glich, so bestand die Zeit im Anschluss aus einer völligen Neuentdeckung meiner Umwelt und meiner Person. Meine Sinne hatten sich geschärft: Die Farben hatten an Intensität gewonnen, Geräusche waren klarer und auch Gerüche und Geschmack waren deutlicher. Ich konnte alles genießen, als wäre das Dasein ein Fest. Auch die Menschen um mich herum nehme ich seither ganz anders wahr: Es ist, als könnte ich durch ihre Masken hindurch ihr wahres Sein leuchten sehen, das völlig unabhängig von den Masken der Angst, der Überheblichkeit, des Stolzes usw. existiert. Auch reagieren die Menschen auf mich viel offener als früher. Besonders deutlich ist das mit Kindern, wo früher beiderseitig wenig Interesse aneinander herrschte – die eigenen Kinder einmal ausgenommen.

Mit der neuen Wahrnehmung habe ich auch meine Beziehungen zu Freunden und besonders die zu meinem Mann hinterfragt. Wovon leben sie? Ist es nur ein Ineinandergreifen von Fixierungen oder ist wahrhaftige Begegnung möglich? Durch diese Reflexion hat sich besonders meine Ehe verändert: Ich bin ehrlicher geworden, nicht mehr so manipulierbar, authentischer, aber auch unbequemer. Da mein Mann selbst Bewusstheitsarbeit macht, haben sich diese Veränderungen sehr positiv auf unsere Beziehung ausgewirkt.

Nach dem Aufwachen war es mir sehr wichtig, Austausch mit anderen Aufgewachten zu haben. So hatte ich viele Gespräche mit der bereits erwähnten aufgewachten Frau. Das half mir sehr, die Veränderungen zu verstehen bzw. auch damit umzugehen, wenn sich das Ego doch mal wieder meldete oder der Zweifler in mir sagte, ich hätte mir alles nur eingebildet. Auf dem letzten Sommer-Retreat hatte ich auch mit anderen Aufgewachten Kontakt und auch Christian konnte ich einige Fragen stellen. All das hat die Stille, die seither in meinem Leben herrscht, weiter vertieft.

Mein derzeitiger Alltag ist sehr bewegt. Mit drei Kindern, zwei davon noch sehr klein, ist organisatorisch wenig Raum für Übungen und Rückzug in Stille. Und wenn doch, herrscht das Schlafbedürfnis vor. So kann ich beobachten, dass die tieferen Erfahrungen seltener geworden sind. Dennoch ist eine Zunahme des Friedens und der Stille da. Anders als ich es von vielen anderen gehört habe, war die Ich-Losigkeit zu Anfang nicht sehr dominant. Sie nimmt graduell zu und je mehr die Anforderungen an mir rütteln, desto klarer wird, dass da niemand ist, der etwas tut, sondern lediglich eine Wahrnehmung, ein Miterleben von vielen Dingen. Eher als würde man auf einem Wagen mitgenommen, manchmal durchgerüttelt oder auch mitgeschleift – Lenker dieses Wagens ist man aber nicht.

4. Dein Verhältnis zu Vergangenheit und Zukunft: Hat sich dein Verhältnis zur Vergangenheit geändert zum Beispiel hinsichtlich der Erinnerung oder der Bewertung? Was ist mit der Zukunft: Gibt es noch was zu erreichen? Etwas das dir wichtig ist? Wie ist dein Verhältnis zum Tod?

Die Vergangenheit hat enorm an Wichtigkeit verloren. Ich habe wenig Interesse daran, darin herumzukramen oder gar über Versäumnisse zu trauern. Auch mit meinen Eltern fühle ich mich ausgesöhnt, es gibt keine Vorwürfe ihnen gegenüber. Fragen wie „Was wäre gewesen, wenn" tauchen kaum noch auf und wenn, dann sind sie emotional wenig beladen, sondern eher ein Gedankenspiel. Gedanken sind generell nicht mehr so allgegenwärtig wie früher.

Die Zukunft hat für mich noch mehr Bedeutung als die Vergangenheit. Allerdings habe ich nicht das Bedürfnis, sie zu kontrollieren. Ich habe Wünsche und Vorlieben für ihre Gestaltung und setze mich für diese ein, wo es mir möglich erscheint. Es ist aber auch viel Raum und Loslassen dafür da, dass das geschehen kann, was eben geschieht.

Die Angst vor dem Tod spielt keine große Rolle in meinem Bewusstsein. Derzeit könnte ich aber nicht sagen, warum. Ist sie nicht da oder nicht spürbar? Spürbar ist für mich stattdessen ein Abschiedsschmerz von meiner Familie und der Freude am Leben, aber auch ein Frieden, weil gleichzeitig klar ist, dass in der Unendlichkeit nichts verloren gehen kann. Es ist alles schon da, so kann auch nichts verschwinden, es kann sich lediglich verändern.

Was geschieht nach dem Aufwachen und worin besteht die innere Arbeit nach dem Aufwachen? – Ein Treffen mit aufgewachten Schülerinnen und Schülern

Zweimal jährlich treffe ich mich, zusammen mit Angelika Winklhofer, mit aufgewachten Schülerinnen und Schülern. Bei diesen Treffen können Fragen geklärt werden, die im Zusammenhang mit und nach dem Aufwachen auftauchen. Angelika Winklhofer hat langjährige Erfahrungen mit Familien- und Systemaufstellungen. Sie ist Schülerin von Eli Jaxon-Bear und seit vielen Jahren eine bekannte Enneagramm-Lehrerin.

Ich möchte zu ein paar Fragen, die im Zusammenhang mit dem Aufwachen aufgetaucht sind, ein paar Gedanken entwickeln. Das Aufwachen selber ist definitiv das größte Ereignis, das im Leben stattfinden kann. Wenn man aber die innere Arbeit nicht fortsetzt, kann das Aufwachen, das aufgewachte Sein, sich nicht halten. Es verschwindet wieder. Es wird überdeckt, indem die Ich-Strukturen wieder auftauchen und die Oberhand gewinnen können.

Deshalb sind die Fragen, mit denen wir uns heute befassen: Was geschieht nach dem Aufwachen? Worin besteht die innere Arbeit nach dem Aufwachen? Und: Worin besteht die innere Arbeit, gewissermaßen in der Bewegung zum Aufwachen hin? Dann taucht immer wieder die Frage nach dem Charakter des aufgewachten Seins auf: Welche Qualitäten gehören dazu und welche nicht? Eine weitere Frage ist: Welche Rolle spielt die Fixierung nach dem Aufwachen? Und ob das Leben nicht langweilig ist, wenn die Fixierung nicht mehr da ist?

Was geschieht nach dem Aufwachen?

Nach dem Aufwachen geschehen typischerweise die folgenden Dinge: Verschiedene Phasen des Lebens, die man nicht mehr so gut in Erinnerung hatte, kommen wieder deutlicher in das Gedächtnis. Das führt dazu, dass Menschen, die aufgewacht sind, sich oft Zeit nehmen, ihren Geburtsort wieder zu besuchen oder eine bestimmte Stadt, in der sie gewohnt haben, oder sich einer bestimmten Zeit aus dem Studium deutlich erinnern. Manchmal tauchen sogar von außen unerwartet Personen aus der Vergangenheit wieder auf, die einen kontaktieren. Man könnte sagen, die Vergangenheit taucht in einem neuen Gewand auf. Das ist etwas sehr Typisches. Das Resultat davon ist, dass alle Ereignisse des Lebens gleichzeitig gut erinnert werden. Die frühen genauso wie die späten. Es ist gut, wenn man damit rechnet, und es ist gut, dem Raum zu geben.

Daneben und damit zusammenhängend tauchen verschiedene Krisen, die man im Leben hatte, wieder auf. Es scheint sogar typisch zu sein, dass man wie im Zeitraffer das ganze Leben oder die wichtigsten Etappen des Lebens noch einmal erlebt. Wer früher häufiger Depressionen hatte, wird nach dem Aufwachen eine depressive Phase erleben. Man kann jetzt diese Krise in einer neuen Art und Weise erleben. Wenn man ihr mit der neuen Haltung des aufgewachten Seins, mit allem einverstanden zu sein und alles zu fühlen, was auftaucht, begegnet, ist sie für das Aufwachen fruchtbar. Wenn nicht, ist das eine typische Situation, eine tückische Stelle, an der manch einer wieder einschläft, weil diese Krise die Tendenz hat, die Ich-Strukturen wieder wachzurufen.

Dazu ein sehr banales Beispiel: Jemand, der vor dem Aufwachen ziemlich viel getrunken hatte, war nach dem Aufwachen ganz clean und trocken und dann kam er plötzlich wieder in die Phase des Trinkens. Und dieses Trinken bringt bestimmte Gefühle mit sich. Diese Gefühle bringen bestimmte Bedürfnisse und Ängste mit, die dann dazu führen, dass die Ich-Strukturen – „Ich will jetzt das, ich will das nicht, ich will jetzt mit dem Alkohol etwas Bestimmtes beiseiteschieben und ausweichen" – wieder richtiggehend da sind. Erst dadurch, dass er dann einen neuen Anlauf genommen hat, zum zweiten Mal aufgewacht ist und das Trinken sein ließ, konnte er sich wieder dem aufgewachten Sein öffnen.

Das heißt, man muss damit rechnen, dass die wichtigsten Krisen wiedererlebt werden. Wer früher viel mit Beziehungen zu tun hatte, wird zwangsläufig Beziehungskrisen erleben. Jetzt kommt es darauf an, diese Krisen auf eine neue Art und Weise zu erleben und ihnen auf eine neue Art und Weise zu begegnen, indem man sich damit nicht identifiziert. Das bedeutet, dass man gewissermaßen danebenstehen kann und sagen kann: „Gut, dann will ich jetzt zum ersten Mal im Leben diese depressive Phase ganz erleben und ganz wahrnehmen, was da eigentlich geschieht." Nicht so wie früher, wenn man es verschlafen, sich betäubt oder dagegen angekämpft hat und in der Verzweiflung nicht mehr ein noch aus wusste, sondern dieses Mal auf eine ganz bewusste Weise alles zuzulassen und alles zu erleben, was im Zusammenhang mit dieser depressiven Zeit auftaucht. Nicht ändern wollen, nicht bekämpfen wollen – einverstanden sein. Wenn man das tut, dann führt das gleichzeitig dazu, dass jedes Gefühl, das im Zusammenhang mit diesem Depressivsein auftaucht, Raum bekommt. Und jedes Mal, wenn ein solches Gefühl auftaucht, kann man ganz klar entscheiden, das Gefühl ganz da sein zu lassen oder dagegen anzukämpfen und sich von dem Gefühl wieder in den Geist ziehen zu lassen. Denn dann ist man wieder in Geschichten, im Klagen, im Jammern, in allem Möglichem – da beginnt wieder die Ich-Struktur. Diese auftauchenden Krisen sind das Wichtigste, was dich in deinem aufgewachten Sein stärkt, entwickelt und das Aufwachen vertieft.

Dann gibt es noch eine weitere Veränderung. In dem aufgewachten Sein, wie tief es auch immer in der Zwischenzeit noch ist oder wie tief man hineingefunden hat, glücken viele Dinge besser als zuvor: größeres Selbstbewusstsein, man ist attraktiv für Männer oder für Frauen, die Arbeit gelingt plötzlich, andere kommen auf einen zu, neue Bekanntschaften und Beziehungen ergeben sich. Wenn und solange man in der Stille ist, zieht es andere Menschen an, die alle, ob sie es wissen oder nicht, eine heimliche Sehnsucht nach dieser Stille haben. Und hier gibt es wieder eine große Versuchung, sich damit zu identifizieren und das persönlich zu nehmen. Das, was jetzt besser gelingt und besser läuft und fließt, nicht der Stille und der Leere zuzurechnen, sondern dem Persönlichen. Die zweite Versuchung, die nach dem Aufwachen auf einen zukommt, ist, sich großartig und toll zu fühlen.

Die innere Arbeit nach dem Aufwachen

Das Leben wird sicher nicht langweiliger nach dem Aufwachen, denn es ist ja nicht so, dass du ins Zölibat gehst. Es ist auch nicht so, wenn du zum Beispiel vorher sehr hilfsbereit warst, dass du das nicht mehr bist. Es ist nur so, dass du nicht mehr aus demselben Motiv heraus handelst. Die Fixierung verschwindet nicht, aber durch das Aufwachen kann die Fixierung zur Ruhe kommen. Du hältst an, du wirst still. Du merkst, wie die Fixierung, die Unterfixierung, die sexuelle, die Selbsterhaltungs- oder die soziale Fixierung anspringen will, und du bleibst bewegungslos.

Die große Frage ist: „Was kann ich tun, damit das alles funktioniert und läuft?" Und da ist die Antwort sehr klar, sehr einfach und sehr übersichtlich. Die sieben Schritte, die zum Aufwachen führen, sind auch genau das, was nach dem Aufwachen hilft, das Aufwachen zu vertiefen, und zwar jeder dieser Schritte.

Dafür sorgen, dass der Körper entspannt ist

Nach dem Aufwachen ist es wichtig, weiterhin Partnerarbeit und die Bewusstheitsübung zu machen. Das Aufwachen selber bedeutet, dass der Körper sich in tiefer Weise entspannt. Wenn nach dem Aufwachen gespürt wird, dass er wieder angespannt ist, dann ist die Ursache dafür, dass sich wieder Gedanken, und zwar ich-hafte Gedanken, eingenistet haben. Der fünfte Schritt, den Körper zu lösen, ist deshalb noch ernster zu nehmen als vorher, weil sich in der Angespanntheit des Körpers die inneren Grundüberzeugungen und Gedanken manifestieren. Die Fixierung „Ich muss mich schützen, ich muss stark sein, ich muss dies und das tun" – die ganze Zeit, in der gedacht wird, ist der Körper angespannt. Um wirklich ganz loszulassen, muss der Atem frei fließen können. Jedes Mal, wenn ein Gefühl auftaucht, ist es entscheidend, dass der Ton und der Atem immer freier werden können, damit Gefühle, die auftauchen, zu Ende gefühlt werden können. Sonst werden sie mit einer Verspannung beantwortet. Es scheint im Übrigen ganz typisch zu sein, dass Menschen, die aufgewacht sind, zwar die Leere erfahren, aber die Glückseligkeit nicht. Die Ursache liegt darin, dass der Körper nicht genug loslassen kann.

Durch den Abgrund finden und der Angst vor dem Tod begegnen

Es ist ganz klar, dass das Aufwachen mit der Angst vor dem Tod zu tun hat. Je gelöster der Körper ist, desto mehr Zugang hat man zu der Angst. In gewisser Hinsicht muss man die Angst vor dem Aufwachen geklärt haben. Es ist auch möglich, das Aufwachen zu erfahren, obwohl man noch nicht durch den Abgrund gefallen und vollständig der ganzen Angst begegnet ist. Dann ist das Aufwachen noch nicht vollständig. Die Angst taucht dann entweder kurz nach dem Aufwachen oder später oder manchmal auch erst nach einigen Jahren auf. Eben deshalb, weil man ihr bis dahin noch nicht richtig begegnet ist.

Das Aufwachen kann schneller geschehen, wenn der ganze Emotionalkörper dazu schon bereit ist oder alles genug durchgearbeitet ist. Das Aufwachen kann sogar ohne dass man durch den Abgrund gefallen ist geschehen, und dann muss man das nachholen. Das ist auch die Auffassung von Eli Jaxon-Bear, unserem Lehrer. Das ist sehr wichtig zu wissen, weil das Aufwachen jemanden plötzlich überfallen kann. Es ist etwas sehr Schönes, das das immer öfter und häufiger geschieht. Aber

gerade dann, wenn einen das Aufwachen so überfallen hat, ist
es besonders wichtig, danach durch den Abgrund zu finden,
der Angst vor dem Tod zu begegnen, den Körper zu lösen, am
Fühlen dranzubleiben.

Das tatsächliche Wollen und Wünschen erforschen

Es gibt die drei Fragen: „Was will ich? Was erfahre ich? Wer
bin ich?" Bei Ramana Maharshi stand die Frage „Wer bin ich?"
im Zentrum. Dabei hat er immer betont, dass sie nicht mental
beantwortet werden kann. Wenn sie nicht mental beantwortet werden kann, dann nur durch die Erfahrung ohne Worte.
Das veranlasst uns dazu, dieser Frage „Was erfahre ich?" die
Frage „Wer bin ich?" zur Seite zu stellen. Auch für Ramana
war es völlig klar, so wie er die Upanishaden zitierte: Wenn
man nach der Wahrheit so sehr verlangt, wie wenn man nach
Luft verlangt, wenn der Kopf unter dem Wasser ist, dann wacht
man im selben Augenblick auf. Die Frage „Was will ich?" war
für ihn neben der Frage „Was bin ich?" das Zentrale, um zum
Aufwachen zu finden und es natürlich zu vertiefen. Aber es hat
sich schon öfter gezeigt, dass diese Fragen sehr oberflächlich
behandelt werden. Wenn wir uns die Frage „Was will ich?"
vergegenwärtigen und sagen: „Ich will eigentlich nur Frieden"
und damit ist es schon getan, hilft das nicht weiter. Wenn eine
Gedankenwolke aufgetaucht ist, wenn zum Beispiel eine Bezie-
hungskrise aufgetaucht ist, dann muss die Frage „Was will ich?"
ganz konkret und ganz genau beantwortet werden, sonst kommt
man nicht weiter. Warum male ich mir jetzt Bilder aus, dass der
Mensch wieder da sein sollte? Warum mache ich jetzt das und
das, was will ich damit? Was will ich in diesem Augenblick?
Was soll es mir geben? Die Antwort ist nicht einfach nur das
Grundlegende. Natürlich will jeder die Wahrheit vertiefen. Man
muss erforschen, was für ein tatsächliches Wollen da ist. „Aha,
jetzt bemerke ich, ich lenke mich gerade ab. Also will ich mich
offensichtlich ablenken, wozu will ich das? Wenn ich mich hier

ablenken will, dann will ich offensichtlich von etwas weggehen. Wovon will ich weggehen? Was wäre ohne das Ablenken da? Ist da vielleicht ein Ton oder taucht ein Gefühl auf? Aha, es ist immer noch so, dass ich versuche, diesem Schmerz auszuweichen und mich abzulenken.„ So kann man entdecken, was man will und was man dabei gleichzeitig erfährt. Nur wenn das in dieser Genauigkeit und Tiefe erforscht wird, was da wirklich für ein Wollen ist, macht diese Frage „Was will ich?" Sinn und bringt einen weiter. Für dieses Erforschen geben einem die sieben Schritte und die dazu gehörigen Methoden und Übungen die richtigen Werkzeuge an die Hand.

Das Ganze ist immer noch ein Stück größer – „semper maior"

Bei mir ist es manchmal so, dass der Verstand versucht zu verstehen, was da geschieht. Ich mache sehr leidenschaftlich Qi Gong, bin auch Qi-Gong-Lehrerin und da verbindet man sich immer am Anfang. Jetzt denke ich immer: „Womit soll ich mich überhaupt verbinden?" Dann falle ich manchmal zurück, dass ich dann um etwas bitte, um Energie, und da weiß ich dann nicht, wen ich denn jetzt bitten soll. Das bekomme ich dann nicht klar in meinem Kopf.

Du bist schon klar in deinem Kopf. Es taucht auf die Bitte der zweite Gedanke auf: „Um was soll ich eigentlich bitten? Wer bin ich eigentlich und was soll ich erbitten?" Dann sinkt die Bitte in die Leere zurück. Du bist völlig klar.

Dann taucht eine Angst auf, dass es vielleicht ja doch den strafenden Gott gibt. Vielleicht mache ich ja doch etwas falsch.

Wenn diese Frage auftaucht, dass es vielleicht doch den strafenden Gott, was ist dann?

Da ist eine Angst, etwas falsch zu machen.

Dann kommt eine Angst, etwas falsch zu machen. Macht einmal alle die Augen zu und nehmt das zum Anlass, dasselbe innerlich durchzugehen. Ihr könnt euch hineinversetzen, dass diese Frage auftauchen würde. Und wenn sie aufgetaucht ist, fühlen und wahrnehmen, was deine Reaktion darauf ist. Was ist bei dir noch für eine Reaktion aufgetaucht?

Ein Wunsch, dass da vielleicht doch etwas ist, ein Gegenüber, mit dem man sich wieder verbinden kann.

Verbinden kannst du dich damit nicht, du bist eins mit Ihm und es gibt auch ein Gegenüber. Du erfährst zwar das Eins-Sein, aber schon daraus, dass sich dieses Eins-Sein bis zum körperlichen Tod – nach allem, was man weiß – immer weiter vertiefen wird, weiß man, dass dieses Eins-Sein noch nicht vollständig ist, denn sonst könnte es sich niemals vertiefen. Wir sind in der Situation, dass das Eins-Sein erfahren wird, unmittelbar, zweifelsfrei, aber das Ganze ist immer noch ein Stück größer. Deswegen gibt es neben dem Eins-Sein immer auch den Raum für die Begegnung mit dem Du, mit dem noch Größeren. Ich hatte vor einigen Jahren dieselbe Frage. Sie hat mich sehr bewegt und ich war gespannt darauf zu hören, was mein Lehrer dazu sagen würde, ob er es genauso sieht. Und es hat mich gefreut, dass er das in derselben Weise sieht. Es kommt darauf an, dass jeder innerlich für sich, seinen Weg zu diesem noch Größeren, zu diesem Gegenüber findet, weil dieses Gegenüber nichts ist, von dem wir etwas wissen. Es ist nichts, wozu der Verstand etwas sagen könnte. Mach jetzt noch einmal die Augen zu, atme noch einmal aus, was fühlst du jetzt?

Angst und Aufregung.

Hat die Angst einen Satz, einen Namen? Angst vor ...

Immer noch Angst davor, etwas zu verlieren, wenn man sich an niemanden mehr wenden kann.

Du verlierst etwas, nämlich alle Reste von Hochmut, die da noch sind. Weil dann kannst du dich DEM vollkommen ausliefern und die Angst, etwas falsch gemacht zu haben, kann völlig verschwinden. Da ist niemand, der etwas hätte falsch machen können. Dieser Organismus macht alle möglichen Dinge falsch und hat alle möglichen Dinge falsch gemacht. Das hat Meister Eckhart auch gesagt, mit etwas anderen Worten. Er hat gesagt: „Wenn ich auf dem Weg zum Aufwachen eine Todsünde begangen hätte, dann müsste ich selbst für diese Todsünde Gott dankbar sein."

Was meintest du mit dem Hochmut? Das habe ich nicht genau verstanden.

Weißt du, wenn dieses Gegenüber da ist und du bist in dieser Haltung des Nicht-Wissens, dann hast du nichts mehr in der Hand, dann kannst du dich nur ausliefern, und dadurch verschwindet jeder Hochmut, der da sein mag. Du gibst dich hin.

Du meinst, dieses Nichtwissen, was das Gegenüber ist? Man gibt sich irgendetwas hin und weiß nicht, was es ist, aber es ist eben etwas Größeres als ich.

Wie man früher sagte: „semper maior" – dem, was immer noch größer ist. Und du weißt nichts. Du lieferst dich ihm aus als ein Nichts, weder beurteilen könnend, ob etwas falsch gemacht wurde, noch es ändern könnend noch sonst etwas, sondern vollkommen still ohne zu wissen, was mit dir geschieht. Dann hast du nichts mehr in der Hand. Kein Universum, das deine Wünsche erfüllt, niemanden, der dich ins Fegefeuer schickt. Aber noch nicht einmal das weißt du.

Das fühlt sich für mich ein bisschen beunruhigend an.

Ja, das ist wahr, diese Haltung des Nicht-Wissens ist beunruhigend. Die Beunruhigung ist so lange da, wie noch der ichhafte Wunsch nach Kontrolle, Wissen und In-der-Hand-haben-Wollen da ist. Wenn das verschwindet, sowohl die Kontrolle als auch das Bedürfnis, etwas in der Hand zu haben, dann kann die Beunruhigung ein Ende haben.

Die Hingabe an das,
was die Unendlichkeit vorsieht

Aus meiner jetzigen Sicht würde ich sagen, dass ich vor einigen Jahren, bevor ich zu dir kam, plötzlich aufgewacht bin. Der Weg dazu war eigentlich, dass mein Leben gut lief. Mein Kind, meine Familie, alles war im Gange und ich stand da und dachte: Was ist jetzt los, wie geht es weiter? Der zentrale Punkt war, dass ein Bewusstsein für den Tod plötzlich auftauchte. In dieser Zeit bin ich dir begegnet. Ich habe über acht Monate gebraucht, bis ich verinnerlichen konnte, dass das tatsächlich ein Aufwachprozess ist. Immer wieder waren Gedanken da: Ich werde krank, mit mir stimmt etwas nicht, ich bin verrückt oder ich werde verrückt. In dieser Zeit habe ich intensiv Körperarbeit und Atemtechnik gemacht, das hat mir sehr geholfen, in eine gewisse Ruhe mit allem zu kommen. Auch dem Tod gegenüber gab es viel Hingabe und ich erfuhr ein Eins-Sein. Vor ein paar Wochen dachte ich plötzlich, so einfach kann es ja doch nicht sein. Da war dieser Satz: Das kann jetzt nicht alles sein. Seit einigen Tagen, vielleicht seit zwei Wochen, bemerke ich, wie ich wieder ganz stark Todesangst erlebe. So wie ich mich jetzt fühle, kann ich nicht sagen, dass ich jetzt sterben kann, wie das vor ein paar Monaten der Fall war, als für mich alles stimmig war. Da sind eine enorme Panik und körperliche Reaktionen. Ich merke, das sind nur Gedanken, aber trotzdem.

Die Erinnerung daran, dass Ärzte mir damals gesagt haben, dass irgendetwas mit mir nicht stimmt, machen mich sehr traurig und verkrampfen mich. Ich habe Angst, dass ich irre werde oder psychische Krankheiten bekomme.

Christian Meyer (CM): Jede Verrücktheit ist eine Dissoziation vom Fühlen und vom Körper. Dadurch geht die Energie in den Kopf und verselbstständigt sich und dann werden Gedanken produziert, die man nicht mehr in der Hand hat. Solange du mit Hilfe von Bewusstheitsübungen, mit Hilfe von Körperübungen, der inneren Aufmerksamkeit und mit der Frage bist „Was fühle ich, was fühle ich jetzt?", ist das ein sicherer Garant gegen jede Form von Verrücktheit. Vielleicht ist es nicht so leicht zu verstehen, wie radikal diese Frage nach dem Fühlen zu stellen ist. „Radikal" bedeutet, so vollständig das zu fühlen, was da ist, dass kein Raum für Gedanken bleibt. Mit Erklärungen und Geschichten so radikal aufzuhören, dass kein Bedürfnis mehr auftaucht, irgendetwas über das Gefühl wissen, ändern oder anders haben zu wollen. Wenn du das machst, gerade jetzt, wo die Todesangst sich gemeldet hat, dann wird das zur Vertiefung des Aufwachens führen. Und du kannst vollkommen sicher sein, gesund zu bleiben und einen klaren Kopf zu behalten, was auch immer passiert.

Mach einmal die Augen zu und lade die Todesangst ein. Lass den Tod zu, der dazugehört. Benutze zuerst den Ton, den Seufzer, um die Anspannung zu lösen, und lade die Todesangst ein. Es ist nicht immer so, dass wenn man ein Gefühl einlädt, dieses dann auch kommt, die Gefühle haben ihren eigenen Kopf.

Angelika Winkelhofer (AW): Und der Körper hat seinen eigenen Weg. Es kann sein, dass morgen im Gehirn irgendetwas nicht mehr funktioniert. Es kann sein, dass morgen der Körper ganz stark verletzt ist, und mit Sicherheit ist der Körper irgendwann zu Ende. Auch er hat seinen eigenen Kopf.

CM: Was taucht jetzt auf? Lass die Augen geschlossen, der Körper ist gelöst, was fühlst du jetzt? Lass den Mund am besten geöffnet.

Es ist eine Traurigkeit da, und es fühlt sich so an, wie dieser Moment, bevor man alles loslässt. Und ich merke, dass da ein unnötiger Kampf ist.

CM: Ein unnötiger Kampf. Nimm die Körperhaltung ein, die zur Traurigkeit gehört. Lass den Ton zu, der zur Traurigkeit gehört. Lass den Atem fließen, nicht tief Luft holen und dann Pause, sondern den Atem fließen lassen, wie der Körper atmet. Lass die Traurigkeit einen Satz sagen, vielleicht fängt er an mit: „Ich bin so traurig darüber, dass …"

… dass alles irgendwie so sinnlos ist.

CM: Wiederhole den Satz noch einmal.

Ich bin so traurig, dass alles so sinnlos ist.

CM: Ich möchte den Satz ändern in: „… dass dieser Kampf so sinnlos ist, von dem du eben gesprochen hast." Die Traurigkeit könnte sich mit Ton und Atem besser lösen. Ton und Atem könnten freier sein und deine Bauchatmung könnte sich vertiefen, gerade bei der Traurigkeit. Du atmest in die Brust, in die Schultern. Wenn man nicht in den Bauch atmen kann, kann man Gefühlen nicht wirklich Raum geben und sie lösen. Lass noch einmal den Ton zu. Da muss sich jetzt die Traurigkeit lösen, dass als Nächstes die Angst stärker auftauchen kann.

Ich bin aufgeregt.

CM: Da ist Aufregung, auch als Teil der Angst. Es ist gut, wie du da in Bewegung und auf dem Weg bist.

Ich bemerke, wie stark ich wirklich konditioniert bin. Ich übe ja sehr intensiv und immer wieder merke ich, wie stark der Impuls ist, von einem Gefühl wegzugehen, das da ist. Sich dessen bewusst zu sein, ist ja auch schon eine Menge Arbeit. Aber diese Todesangst, ich merke, ich will das endlich hinter mir haben, ich will da durch.

CM: Nicht so viel wollen. Vor allem nicht wollen, dass die dann endlich weg ist; dann kommt sie nicht richtig.

Wenn sie dann da ist, dann ist es ja wirklich auch eine Qual für sich.

CM: Es geht dabei auch darum, sich dem Tod hinzugeben, weißt du. Die Todesangst ist dann so mächtig und hat einen so im Griff; man hat eigentlich den Wunsch, nicht zu sterben und den Tod nicht erleben zu müssen, und eigentlich soll es nach meiner Vorstellung gehen und weiter und weiter gehen. Wenn man stattdessen damit einverstanden ist, dass wir nach dem Tod wie der Tropfen ins Meer fallen, uns auflösen und möglicherweise jede subjektive Wahrnehmung verschwindet, dann ist zwar Bewusstsein da, aber wir haben nichts mehr davon. Wenn das so sein sollte, dann ist das für uns so vorgesehen. Bereit sein, dieser Möglichkeit der vollständigen Leere und des vollständigen Endes ins Auge zu sehen und zu sagen: „Ich gebe mich dem hin, was DU für mich vorgesehen hast." Was auch immer es ist. Was die Unendlichkeit für dich vorgesehen hat.

Dies ist der innere Schritt von Hingabe. Wenn dieser Schritt der Hingabe getan ist, dann ist die Angst vor dem Sterben leichter.

Ja, diese Phase hatte ich auch ganz intensiv. Ich bin gefallen und hatte die Unendlichkeit erlebt, ich hatte eine Einheit mit irgendetwas, was ich nicht benennen kann …

CM: Mit dem Ganzen.

Die ganze Zeit danach war so intensiv, voller Hingabe, auch wenn ich dann Artikel über Krebs oder irgendwelche Krankheiten gelesen habe – möge alles kommen, super …

CM: Finde zurück zu dieser Hingabe. Dann werden die anderen Schritte leichter.

Die war so schön, dass ich dachte, bilde ich mir das jetzt ein? Habe ich mir das nicht eingebildet?

CM: Hast du dir nicht eingebildet. Es ist die Wirklichkeit.

AW: Es ist ein großes Geschenk. Einige haben das erlebt, die Gnade hat ihnen einfach diese Erfahrung geschenkt. Und danach kann man das Geschenk verbummeln oder was auch immer. Und manchmal ist es auch nur eine Leihgabe. So wie Rumi gesagt hat: Diese eine Sekunde gekostet zu haben und dem dann sein ganzes Leben gewidmet zu haben. Und nicht zu denken: „Ach, das müsste ich eigentlich immer haben und wieso habe ich das jetzt nicht … Das steht mir doch eigentlich zu … Jetzt solle es aber mal ein bisschen schneller gehen und jetzt soll es aber immer da sein." Die Frage ist, was mache ich mit diesem Geschenk?

CM: Diese Hingabe wird leicht, wenn du dir vergegenwärtigst, dass du schon mehr geschenkt bekommen hast, als 99 % der Menschen auf der Erde. Wenn also jetzt dein Leben zu Ende wäre, was soll's? Du hast schon alles gesehen, die Wirklichkeit gefunden.

Sich der Stille schenken – sich selbst und sein ganzes Leben

Ich war in den letzten Monaten selten da und ich stecke irgendwie gerade so fest und denke, dass ich wieder häufiger zu den Treffen gehen muss. Auch das, was Angelika gerade meinte, da ist der Anspruch, es muss immer noch stiller und glückseliger sein. Da sind Gedanken, ob ich nicht nur wieder eine Schlaufe drehe, wenn ich hierherkomme, etwas haben will und Energie tanke. Aber zu Hause komme ich auch nicht weiter.

CM: Die Perspektive ist falsch. Was Angelika sagte, ist, keine Ansprüche zu stellen, weil das Geschenk da war, dass man es für immer haben wolle, dass einem noch mehr geschenkt werden möge, sondern – und da ändert sich die Perspektive – dass du dich der Stille schenkst.

AW: Dich und dein ganzes Leben.

CM: Dann geht der Blick in die Richtung, dass die Stille sich vertiefen möge und zur dauerhaften Seinsweise wird, ohne dass dabei für einen selbst etwas rausspringt, tiefer, vollständiger, kontinuierlicher. Alles andere bedeutet, sich nur Kompromissen hinzugeben. Du schenkst dich der Stille und du wünschst, dass da nur noch Stille ist – um der Stille zu dienen und nicht dir. So, dass die Stille mehr Raum auf dieser Erde hat, indem da, wo du bist, sich nur Stille ausbreitet.

Es fällt mir schwer, das ganz ehrlich zu trennen. Ist das etwas,
was ich haben will, oder ist es für die Welt?

CM: Nicht für die Welt, sondern für die Stille.

Auf jeden Fall nicht für mich.

AW: Du bist ja im Moment in der Situation, wo du dich eigentlich in deinem täglichen Leben ganz aufgeben musst. Du
hast nicht viel eigenes Leben und da kommt manchmal der
Wunsch, jetzt brauche ich aber einmal etwas für mich. Auf
der Ebene ist das ein ganz berechtigter Wunsch zu sagen:
„Jetzt brauche ich ..." Das ist doch etwas Gutes. Dadurch
entsteht wieder der Raum dafür, dich auf der anderen Ebene
ganz zu verschenken. Das eine ist ein seelisches Bedürfnis,
das andere ist diese wundervolle Stille.

Ich glaube, ich habe meine Frage noch nicht richtig gestellt. Ich
habe sie nicht richtig formulieren können. Dient es mehr der
Wahrheit, ihr folgen zu wollen oder gar nichts zu wollen? Verstehst
du, wie ich das meine? Auf welche Weise soll ich nichts tun? Auf
eine anhaltende oder ...

CM: Auf eine dich gehen lassende Art und Weise, auf die
anhaltende Weise, nichts tun.

AW: Aber du folgst der Bewegung, die da ist.

Im Moment ist so viel Konditionierung und Fixierung und Lärm,
die Bewegung ist so stark, dass ich mich frage, ob ich einfach auf-
hören soll, das weghaben zu wollen, oder ob ich darum kämpfen
soll, mehr Raum zu schaffen, um wieder tiefer in die Stille zu
finden.

CM: Nein, beides nicht, sondern dir die Frage stellen: „Was
will ich?" Du sagst, da ist Lärm. Was für ein Wollen steckt
in dem Lärm?

Ich will da rauskommen, glaube ich. Ich will ständig aus meiner
Situation rauskommen.

CM: Gut. Bei der Frage „Was will ich?" ist es immer sinnvoll, die zweite Frage anzuhängen: „Was soll mir das geben, aus der Lebenssituation herauszukommen?"

Frieden.

CM: Was soll mir der Frieden geben?

Ruhe und das fühlt sich total ichhaft an.

CM: Bei Johannes Tauler kann man eine Stelle lesen: „Die Menschen suchen immer den Frieden, wenn sie doch damit nur aufhören würden und den Frieden im Unfrieden finden würden." Den Frieden in der Bedrängnis entdecken, den Frieden in dem, was auftaucht, finden. Wenn du aus der Lebenssituation raus willst, aber klar siehst, dass das nicht geht, das Kind jetzt da ist und manches andere, dann besteht die Aufgabe darin, alles zuzulassen, was in diesem Zusammenhang auftaucht, alles zu fühlen und wieder still zu werden.

Was du soeben von Johannes Tauler gesagt hast, entspricht dem, was sozusagen meine innere Stimme sagt. Es geschieht nur nicht.

CM: Wenn du die Möglichkeit hast, dem Raum zu geben, dann wirst du sofort wieder still. Das ist, was ich vorhin sagte: „Was will ich?" Dem sind wir eben nachgegangen und als zweiter Frage: „Was erfahre ich?" Wenn man jetzt weiß, ich werde zur Stille zurückfinden, sobald ich das Gefühl ausgefühlt habe, dann weiß man genau, worum es geht. Einen anderen Weg gibt es nicht.

Vielleicht muss ich gerade das Mittagessen kochen, das Baby weint gerade, und ich habe wirklich keinen Raum ...

CM: Sich dem hingeben und nicht dagegen angehen. Wenn das Kind schläft, dir die Zeit nehmen, das ganz zu fühlen. Dann kann möglicherweise ein Telefongespräch helfen, die Partnerarbeit, die Bewusstheitsübung am Telefon, die Bewegungs- oder die Tonübung, das Gefühl, einen Satz finden zu lassen. Diese Hilfsmittel, die wir haben, können dir helfen, dem Gefühl Raum zu geben. Falsch wäre es zu denken: „Das schaffe ich jetzt nicht, vielleicht gibt es irgendetwas anderes, was ich tun könnte." Gibt es nicht. Und du machst die Erfahrung, dass du danach wieder in die Stille hineinsinkst. Das ist das Dilemma, in dem man ist. Da kommt etwas hoch und dann kommt ein Gefühl hoch und das Gefühl verdeckt die Stille, aber nur solange es nicht gefühlt wurde. Wenn es gefühlt wird, ist dies genau der Weg zurück in die Stille. Und dem so viel Raum zu geben, dass es ganz ausgefühlt ist. Das führt mich zwangsläufig zurück in die Stille. Das ist ein Gedanke, den es klar gibt, kein Lärm, keine Diskussionen, nichts. Es ist so einfach. Nicht leicht, aber einfach. Wenn man an der Stelle merkt: „Ja, das klappt aber nicht so richtig mit dem Ausfühlen", dann hilft es nicht, irgendetwas anderes zu machen, sondern dann weiß man genau, man muss ein bisschen mehr Körperarbeit machen. Dann muss der Atem fließender werden und du tust die Dinge, die du vermagst. Du kannst vielleicht entdecken, was du noch brauchen kannst, um das Fühlen noch leichter und vollständiger und fließender werden zu lassen. Daran kann man dann arbeiten. Das ist ein Teil von den sieben Schritten – Körperarbeit und alles annehmen, der zweite Schritt. Das zusammen genommen führt dich jedes Mal tiefer in die Stille.

Eigentlich weiß ich das alles.

CM: Und der ichhafte Verstand hat seinen Gefallen daran, viele lärmende mentale Kapriolen zu schlagen und Gedanken zu erzeugen. Dem ichhaften Verstand gefällt diese Stille nicht.

AW: Und das ist natürlich eine Paradesituation, eine Vorlage für die Fixierung, um da aufzuspringen. Ich muss jetzt das und das tun und der braucht mich. Anhalten heißt dann zu sagen: „Ich mach jetzt alle Herdplatten aus, heute gibt es Zwieback. Dann weinen wir halt alle zusammen, das Baby weint und ich weine." Dann ist die Fixierung ins Leere gelaufen.

CM: Nicht die Stille für dich haben wollen, sondern in der Lage sein, dich der Stille zu überlassen.

Die Vertiefung des Aufwachens

Ich bemerke, da ist ein Thema, das mich schon lange begleitet und das anscheinend nicht auszufühlen ist. Es ist diese Angst vor Menschen, die immer wiederkommt und auch gerade wieder sehr heftig ist. Momentan bemerke ich die Gedanken, die dem zugrunde liegen.

CM: Das ist gut, was sind das für Gedanken?

Das hat mit der Angst zu tun, etwas falsch zu machen. Eigentlich möchte ich einfach nur ich selber sein, egal was es für Konsequenzen hat.

CM: Wenn die Angst auftaucht, etwas falsch zu machen, dann muss man weiterdenken. Was wird passieren, wenn du etwas falsch machst?

Dann kommt erst einmal Scham darüber, …

CM: dass du dich schrecklich schämen wirst …

… dann Schuld, manchmal ist auch das ein Thema …

CM: Ja, unbedingt. Wenn man etwas falsch macht, dann kann man ein Unglück hervorrufen – für andere, für sich selber, da wäre man dann schuldig. Schuld und Angst, das ist der Kern, um den die Sechser-Fixierung gewickelt ist.

In Bezug auf andere Menschen ist das dann, nicht gemocht zu werden. So dass dann jemand denkt, die ist doof.

CM: Und wenn jemand denkt, dass du doof bist, was passiert dann?

Kann ich nicht genau sagen, ich weiß nicht, was dann ist. Manchmal fühle ich dann auch einen Schrecken, aber …

CM: Jetzt macht es Sinn, zu erforschen, ob es dafür einen biografischen Hintergrund gibt. Hat dich früher jemand wichtiges doof gefunden und hast du darunter heftig gelitten, weil es so beschämend für dich war? Das wäre verständlich und dies zu erforschen hilft ein Stück.

Also ich merke, dass ich zum ersten Mal an einem Punkt bin, wo ich damit einfach so bin. Das erste Mal endlich einmal keine Lösung zu suchen, nicht schon wieder Familienaufstellung oder dies oder jenes ...

CM: Das ist die Haltung, die ich am Anfang beschrieben habe. Dass man dasselbe erlebt wie vor dem Aufwachen, aber dem mit einer anderen Haltung begegnet, indem man nicht dagegen ankämpft, sondern es genau erforscht. Was ist das für ein Gefühl? Was geschieht da in mir eigentlich? Aber du sagtest, dass du mit dem Fühlen nicht weiterkämest.

Die Angst immer wieder zu fühlen, das kommt mir vor wie ein Loop. Diese Angst, die in den Situationen immer wiederauftaucht.

CM: Seit zwei, drei Jahren arbeiten wir mit den Grundüberzeugungen, die solch unrealistische Gedanken sind: Wenn ich etwas falsch mache, dann mögen die mich nicht, dann finden die mich doof. Wenn ich etwas falsch mache, dann droht, dass ich eine große Schuld auf mich lade, weil dieser Fehler etwas Schreckliches bewirken könnte. Und wenn die Schuld so groß ist, dann muss ich mich dafür so viel schämen, dass ich dann lieber in den Boden versinken will. Das sind die Grundüberzeugungen und das Phänomen ist, dass Grundüberzeugungen, diese Gedanken, wahnhaft und unrealistisch sind, aber das Gefühl vollkommen adäquat. Wenn ich denke, wenn ich einen Fehler mache, dann muss ich in den Boden versinken, dann ist es absolut adäquat, dass ich eine Riesenangst habe und riesen Schmerz. Also das Gefühl ist nicht das Problem, sondern die verrückten Gedanken.

Ich kenne es, dass damit eine innere Strenge einhergeht. Jetzt habe ich in den letzten Wochen und Monaten gemerkt, dass diese Strenge nachgelassen hat.

CM: Das ist gut. Und wovon war diese Strenge oder ist sie noch bestimmt und begründet?

Im Endeffekt ist da nur wieder das Gleiche, eine Strenge, dass ich alles richtig mache.

CM: Wo aber kommt diese Strenge her? Wovon ist die gespeist? Der Hintergrund dieser Strenge ist ein Bild von dir, wie du bist und wie du zu sein hast. Und dieses Bild ist bestimmt von Großartigkeit und das ist changierend zwischen dem Bild „Oh, so großartig bin ich" und dann kippt das ein bisschen: „So großartig muss ich sein" und dann kippt es noch mehr zu einem anderen Bild nämlich: „Ich schaffe es nicht, ich bin ganz schlecht, ich schaffe nichts, bekomme nichts auf die Reihe." Diese beiden Bilder sind die Ursachen für diese Strenge.

Ja, absolut, ja.

CM: Gut. Was dir hilft, ist Demut. Ich bin nicht großartig, ich bin ganz und gar normal. Vielleicht noch ein bisschen schlechter, ganz normal, nichts Großartiges. Ich kann gut einen Papierkorb treffen, aber sonst?

Ich muss wirklich gestehen, ich bin da hilflos, weil ich das Gefühl von Großartigkeit nicht wahrnehme.

AW: Wenn die Lehrerin zu jemandem streng ist, dann ist sie das nicht zu jemandem, von dem sie denkt, der kann das sowieso nicht schaffen. Ich bin zu jemandem streng, von dem ich denke, der könnte das eigentlich und der müsste das eigentlich können, der ist nur gerade zu faul. Sonst brauchst du nicht streng zu sein.

CM: Das ist der Hintergrund. Und weißt du, dieses Bild ist ja der Versuch, dieser Beschämung und all dem Schlimmen endlich zu entkommen. Wenn ich blöde Kuh es bloß schaffen würde, dem Bild zu entsprechen, dann hätte ich das Ganze nicht mehr nötig.

AW: Dann kann ich auch das ganze Menschsein hinter mir lassen.

CM: Die gute Nachricht ist, du brauchst nicht großartig zu sein. Niemand ist großartig und niemand braucht großartig zu sein. Dieser Schmerz ist sehr heilsam. Mit diesem Schmerz bist du wieder das fühlende, existierende Wesen und nicht jemand, der völlig entfremdet einem Großartigkeitsbild und einem Schlechtigkeitsbild hinterherrennt. Das ist dann die Vertiefung des Aufwachens. Dann hat das Aufwachen eine wirkliche Chance, wenn die Bilder verschwunden sind und keine neuen Bilder geschaffen werden.

Gedanken zum Lehrer-Schüler-Verhältnis

Die Lehrer-Schüler-Beziehung ist asymmetrisch und diese Asymmetrie muss von beiden Seiten getragen werden, damit sie wirklich erfolgreich ist. Nach einem alten Zenwort hat der Schüler die Aufgabe, dafür zu sorgen, dass seine Teetasse leer ist, wenn er um Tee bittet. Wenn die Teetasse leer ist, dann kann Tee hineinfließen. Wenn sie schon voll ist, dann fließt alles nur auf den Boden. Mit anderen Worten, der Schüler muss in einer Haltung sein, dass er offen ist und dass er nehmen kann und das, was gehört wird und in der Arbeit geschieht, wirklich zu nehmen bereit ist mit einer offenen Haltung und der Frage: „Was kann das, was ich jetzt höre, für mich bedeuten, auch wenn es für jemand anderen gesagt zu sein scheint? Was kann es für mich bedeuten und was kann es in mir bewirken, wenn ich das in mir wirken lasse?" Das ist eine ganz andere Haltung als eine äußerliche, intellektuelle Haltung gegenüber dem Inhalt, die bedenkt und debattiert und irgendwo anders besser gehört hat. Da ist die Teetasse bis knapp unter den Rand voll und die letzten Tropfen werden dann aufzufangen versucht. Aber das ist nicht die offene Haltung. Die offene Haltung macht die Asymmetrie aus.

Eine andere Schwierigkeit ist die, wenn der Schüler nicht nehmen kann. Dann ist die Teetasse vielleicht leer, aber er zieht sie immer weg, wenn gerade Tee kommt. Und abends sitzt er durstend und denkt: „Mein Gott, die anderen haben Tee und ich nicht." Nehmen zu können ist für manche leicht, das ist eine große Gnade. Und für andere ist es schwer – zum Teil wegen der Gedanken, die damit verbunden sind: „Oje, was soll ich denn mit der Dankbarkeit machen? Nachher muss ich ein schlechtes Gewissen haben, weil ich mich verpflichtet fühle und nicht zurückgeben kann. Lieber nehme ich dann erst gar nicht." Zu diesem Nehmen gehört das Akzeptieren der Asymmetrie. Es ist eine Gnade, wenn man das von Anfang an realisiert. Es ist nicht unbedingt notwendig, dass die Haltung von Anfang an da ist. Das kann auch über innere Auseinandersetzungen geschehen, über eine Zeit von Widerständen, in der man nichts annehmen kann oder sich abwendet. Das kann durchaus mehrere Wege und Umwege und Zwischenphasen haben, bis man dazu kommt.

Manche haben das Glück, dass sie zu meiner Arbeit finden, ohne dass sie jemals irgendwo anders waren. Andere haben das Glück, dass sie vorher schon viele andere Dinge gemacht haben und dann zu mir kommen und danach manchmal sehr schnell aufwachen können, wenn sie in der Lage sind, das Neue als neu zu verstehen, als etwas, das ihnen weiterhilft, und das andere zur Seite zu stellen, als etwas Ehrwürdiges, aber nicht mehr Brauchbares. So wie man, wenn man am anderen Ufer angelangt ist, das Boot zurücklässt und es nicht mehr mit sich herumschleppt, also für das Aufwachen nicht mehr Brauchbares einfach zurücklässt. Dann sind sie in der Lage, sich so vollständig darauf einzulassen, dass es nur wirken kann. Nur bei dem vollständigen Darauf-Einlassen kann es wirken. Manche haben eine Zeit der inneren Auseinandersetzung und brauchen einige Zeit, bis sie durch eine bestimmte Art von Gnade dahinkommen, sich ganz einlassen zu können. Andere lassen sich auch zunächst ein, um dann nach einigen Wochen, einigen Monaten oder einigen Jahren, umzuschlagen und alles zu kritisieren. Da ist das eine so wenig nützlich wie das andere. So hat jeder einen bestimmten Weg.

Als ich zu meinem Lehrer kam, hatte ich das Glück, einfach alles, was er sagte, anzunehmen und ein, zwei Dinge, mit denen ich nicht einverstanden war, mit ihm zu besprechen und zu klären und zu ringen, um dann einzusehen, dass ich das, was er sagt, nachvollziehen kann und auch für richtig halte. Ich war vollkommen offen. Mein Lehrer sagte: „Man kann in diesem Leben aufwachen und man kann es sofort." Das kam mir sinnvoll vor. Aus irgendeinem Grund war ich in der Lage, einfach alles zu nehmen mit der Haltung: „Was er jetzt sagt, auch wenn er das zu einem anderen sagt, was könnte das für mich bedeuten, wenn er das zu mir sagen würde?"

Mit dieser Haltung kann man einfach alles nehmen und alles kann in einem wirken. Es wirkt ja nicht nur dann, wenn man zuhört oder dieser Energie ausgesetzt ist. Man entwickelt seinen inneren Lehrer, als der man sich selbst begleitet, auch in den Zeiten zwischendurch. Wenn ein Gefühl auftaucht, dann sagt dieser innere Lehrer oder spirituelle Freund: „Nimm dieses Gefühl als Chance, auszuprobieren, ob du noch vollständiger im Gefühl bleiben kannst, ohne etwas zu tun. Lass dich reinfallen. Ah ja, da kommt der Gedanke, das nicht aushalten zu können. Du weißt ja inzwischen schon, das ist nur eine fixe Idee, das entbehrt jeder empirischen Grundlage. Probier es aus und wenn du es nicht aushältst, vielleicht kommst du zu einer spannenden neuen Erfahrung." Oder er sagt: „Jetzt achte auf den Atem, dass er weiter fließt", und inzwischen bist du vielleicht vom Gefühl weg und dann kommt er auf die gute Idee und sagt: „Jetzt lass das Gefühl einen Satz sagen, damit du wieder vollständiger in das Gefühl reinkommst." Also wenn dieser innere Lehrer sich ausgebildet hat, dann bist du in der Lage, mit deinen inneren Gefühlen, deinen inneren Wahrnehmungen auf eine transformierende Weise umzugehen, auch wenn du ganz alleine bist.

Des Weiteren empfehle ich meinen Schülern, die Dinge nicht durcheinander zu machen. Es macht keinen Sinn, dass man in der inneren Arbeit einige Schritte in Richtung Loslassen und Fühlen tut und dann am nächsten Wochenende Mantren singt. Das hat aus folgendem Grund keinen Sinn: Wenn man nach innen geht und fühlt, dann bahnt man einen neuen Weg. Der konditionierte Weg ist der, dass man vom Gefühl wieder in die Gedanken geht und von den Gedanken wieder in die Gefühle. Die Gedanken sind aber das mentale Reich. Dieses Hin- und Hergehen ist der konditionierte Weg. Dieser Weg wird beendet und stattdessen frage ich mich: „Was fühle ich jetzt?" und bleibe in dem Gefühl, lass mich tiefer ziehen, ohne etwas zu tun. Es wird ein neuer Weg gebahnt. An dem Wochenende, wo ich Mantren singe, wird dieser konditionierte Weg, Gefühle zu erzeugen und wieder ins mentale System zu gehen, wieder verstärkt. Dann habe ich das, was ich mit der einen Hand aufgebaut habe, mit der anderen wieder umgestoßen. Es ist nicht so, dass sich die Prozesse gegenseitig verstärken, sondern sich gegenseitig behindern und wieder auflösen. Dann wird die ganze Arbeit unterbrochen und wie soll dann eine innere Bewegung stattfinden? Aus diesen beiden Gründen betone ich die Unterschiede und versuche, sie deutlich zu machen. Und wenn jemand etwas anderes findet, bin ich offen, darüber zu reden. Allerdings wünsche ich meinen Schülern, dass sie diese Haltung einnehmen können: Alles nehmen, innerlich den eigenen Lehrer ausbilden und dadurch alles in sich wirken zu lassen und alles zum Tragen kommen zu lassen.

Im spirituellen Umfeld war es immer schwierig, einen Lehrer zu akzeptieren. Wenn man einen Lehrer als Guru bezeichnete, meint man, damit schon genug Schimpf und Schande über ihn gebracht zu haben. Der Begriff ist aber nur eine Übersetzung aus dem Sanskrit und bedeutet so viel wie Lehrer. In etlichen spirituellen Kreisen wird es gerade wieder akzeptiert, einen Lehrer zu haben. Krishnamurti und Osho haben viel dazu beigetragen. Nun gibt es in letzter Zeit wieder viele die behaupten, ein Lehrer sei nicht nötig oder der Lehrer wäre gar kein Lehrer. Einige merken kritisch an, dass eine Asymmetrie in dem Verhältnis, nämlich dass der Schüler nimmt und der Lehrer nicht nimmt, dem Leben widersprechen würde. Und dass das unangebracht wäre und man einen solchen Lehrer, der auf diese Weise asymmetrisch gibt, nicht mehr brauche und dass man stattdessen auch so irgendwie spirituell wachsen könne. Da die Menschen sowieso große Schwierigkeiten haben, zu akzeptieren, dass sie einen Lehrer brauchen, kommt es sehr zeitgemäß daher, zu behaupten, dass man das gar nicht nötig habe und dass man auch so zum Aufwachen oder zum Wachstum käme. Doch die Asymmetrie beinhaltet auch, dass der Schüler etwas zurückgibt: in Form von Geld oder in Form von Hilfe und Unterstützung. Das gleicht es aus und hebt den Schüler auf eine erwachsenen Ebene. Das Verhältnis hierarchisch zu nennen, ist vollkommen verkehrt. Eine Hierarchie gäbe es, wenn die Schüler tun müssten, was ich sage. Dann würde ich allen befehlen, tiefer zu fallen, um aufzuwachen. Niemand muss irgendwas tun, was ich sage. Und niemand hat irgendwelche Konsequenzen zu fürchten, wenn er nicht das tut. Aber es ist asymmetrisch. Hierarchisch und asymmetrisch ist nicht dasselbe, und wenn diese Asymmetrie nicht beibehalten würde, gäbe es kein Lehrer-Schüler-Verhältnis. Manche sagen, Asymmetrie würde der Augenhöhe widersprechen, und fordern, es müsse ein symmetrisches Verhältnis sein in der Weise, dass der Lehrer sein Leben nicht beschneiden und als natürlicher Mensch da sein solle. Doch ich meine, wenn der Lehrer genauso viel bekommen möchte, wie er geben will, dann wäre das vollkommen verkehrt, und dadurch wäre dann auch Tür und Tor für emotionalen Missbrauch geöffnet. Das ist die Kehrseite des Ganzen.

KAPITEL 6

SPIRITUALITÄT UND
PSYCHOTHERAPIE

In der menschlichen Geschichte gab es immer schon zwei Wege des Wachstums, der Veränderung und der Persönlichkeitsentfaltung. Der eine Weg ist der Weg der Heilung und der Behandlung von Krankheit und Störungen, körperlicher, psychischer und geistiger Natur. Der zweite Weg ist der spirituelle Weg. Hier geht es nicht um das Beheben individueller Störungen, sondern um die Aufhebung der allgemein menschlichen Getrenntheit, der Getrenntheit vom Ganzen, der Unendlichkeit, und auch der Getrenntheit von anderen Menschen und der Natur. Es geht also um eine Transformation, die eine geistige und psychische ist und Auswirkungen auf das Körperliche hat.

Das Wort „Heilung" zeigt die Verbindung zum Heil wie zum Heiligen, es weist darauf hin, dass ursprünglich beide Wege viel stärker verwoben und in gewisser Hinsicht sogar identisch waren. Dies ist sichtbar an den Praktiken der Schamanen und deren Wirkung oder auch am jahrtausendealten Weg des Yoga; ebenso auch in der Heiligen Schrift, wo der Glaube bei körperlichen Heilung geholfen hat. Wirklich getrennt haben sich beide Wege seit der Aufklärung mit der fatalen Spaltung, dass nur dem medizinischen Weg der Heilung die Wissenschaftlichkeit zugesprochen wurde und der spirituelle Weg als irrational, jedenfalls als unwissenschaftlich, galt. Dabei hat die Psychotherapie eine nicht einfache Zwischenstellung: In der akademischen Psychologie mit ihrem positivistischen Wissenschaftsverständnis gilt in erster Linie nur die Verhaltenstherapie als wissenschaftlich. Zwar sind von einem wissenschaftlichen Beirat Psychotherapie, gebildet von der Ärzteschaft und den psychologischen Psychotherapeuten, die analytische Psychotherapie, tiefenpsychologisch fundierte Psychotherapie, Gesprächspsychotherapie und die Systemische Psychotherapie als wissenschaftlich anerkannt, dies findet aber keinen Niederschlag an den psychologischen Instituten und Fachbereichen der bundesdeutschen Hochschulen. So ist auch die gesamte Psychoanalyse, die den vielleicht bedeutendsten Teil der psychotherapeutischen Versorgung ausmacht, an keiner Hochschule – weder in den psychologischen noch den medizinischen Instituten – vertreten und sieht sich ihrerseits oftmals dem Vorwurf der Unwissenschaftlichkeit ausgesetzt.

Diese unglückselige und erkenntnisfeindliche Haltung der positivistisch gewordenen Wissenschaft gegenüber der Spiritualität hat zu einer Spaltung geführt: spiritualitäts-feindliche Wissenschaft auf der einen Seite, als irrational geltende Spiritualität auf der anderen Seite. Diese Spaltung zwischen Wissenschaft und Spiritualität müsste und könnte aufgehoben werden. Innere Erfahrungen und Bewusstseinszustände sind ebenso messbar und erforschbar wie das Wetter oder die Erde – wenngleich mit anderen, aber nicht weniger wissenschaftlichen Methoden.

Spirituelle Transformation ist in erster Linie die Transformation des Geistes. Innere wie äußere Phänomene, Erleben und Handlungen werden nicht mehr bezogen auf eine konstruierte Ichvorstellung wahrgenommen, sondern als das, was sie sind: Gedanken ohne einen Denker, Handlungen ohne einen Handelnden, Gefühle, ohne jemanden, der etwas damit macht. Die entscheidende Transformation wird das Aufwachen genannt. Der Weg dahin, der gar kein Weg ist, besteht in einem vollständigen Loslassen.

Vier Ebenen der Veränderung

Bisher habe ich – ebenso wie Eli Jaxon-Bear – drei Ebenen der Veränderung unterschieden, bin jetzt aber durch die noch intensivere Beschäftigung mit den verschiedenen Möglichkeiten menschlicher Veränderung und menschlichen Wachstums zu der Auffassung gelangt, die bisherige 2. Ebene nun in zwei Ebenen zu differenzieren. Damit hätten wir diese vier Ebenen:

1. die Veränderung von Symptomen und die Lösung akuter und lang dauernder Probleme;

2. die Stärkung der psychischen Funktionen. Dies wird meist als Ich-Stärkung bezeichnet. Aber es ist ja nicht das Ich, dass gestärkt wird, sondern:

   a. die Fähigkeit, Bedürfnisse wahrzunehmen und Ziele auch beim Auftauchen von Hindernissen weiterzuverfolgen,

   b. die Fähigkeit, sich selbst liebend anzunehmen, so wie man ist,

   c. die Fähigkeit zu Ambivalenz-Toleranz und Gefühls-Toleranz, vor allem die Schmerz- und Angsttoleranz,

   d. die Fähigkeit, sich mit seinen Bedürfnissen auszudrücken und mitzuteilen, Nähe und Distanz entsprechend den eigenen Wünschen herzustellen,

   e. die Fähigkeit, auf die Welt entsprechend eigenen Bedürfnissen, Vorstellungen und Zielen gestaltend einzuwirken: Selbstwirksamkeit und Selbstwirksamkeitserwartung, d. h. die Erwartung, aufgrund eigener Kompetenzen gewünschte Handlungen erfolgreich selbst ausführen zu können;

3. die Verwirklichung des eigenen Potenzials, Kongruenz und Authentizität, die Realisierung des Lebens als spontane Entfaltung des individuellen Wachstums,

ein Leben entsprechend den selbstgefundenen und gewählten Normen und Zielen statt der Orientierung am Vorgegebenen;

4. die Ebene der Transzendenz: die Fähigkeit, den tieferen Erfahrungsraum zu realisieren und Erfahrungen von Grenzenlosigkeit, Leere und Freiheit zu machen und schließlich aufzuwachen.

Veränderungen und Entwicklungen auf den ersten beiden Ebenen waren die ursprüngliche Aufgabe der Psychotherapie, nämlich die Heilung von Neurosen, von psychischen Krankheiten oder Störungen. Bald schon gab es, zunächst in der Psychoanalyse, und dann in der entstehenden humanistischen Psychotherapie, auch andere Stimmen. **Karen Horney** hat bereits in den 1940er Jahren geschrieben, dass das wertvolle Instrument der Psychoanalyse und der psychoanalytischen Therapie nicht nur für die Behebung von Störungen und Problemen angewendet werden sollte, sondern auch für die Persönlichkeitsentfaltung und das Wachstum des Menschen. Das war eine wichtige Veränderung und kann vielleicht als die Geburtsstunde der humanistischen Psychologie betrachtet werden.

Karen Horney entwickelte das Konzept des falschen und des wahren Selbst. Der Mensch rennt einem falschen Selbst hinterher, einem selbstgeschaffenen Idealbild, das ihm sagt, wie er sich verhalten *sollte*. Dieses Idealbild ist Teil einer Strategie, um der früh erfahrenen und bedrohlichen Angst, Hilflosigkeit, Ohnmacht und dem Alleinsein aus dem Weg zu gehen. Ein Beispiel für eine solche – unbewusste – Grundüberzeugung wäre: Wenn ich allen Menschen gegenüber liebenswürdig und hilfsbereit bin, deren Bedürfnisse annehme und erfülle, dann werden sie mich lieben müssen, dann werde ich nicht mehr alleine sein und brauche keine Angst mehr zu haben. Diese vorgestellten Idealbilder und konzipierten Verhaltensstrukturen sind immer zwanghaft und rigide. Sie haben einen Perfektionismus an sich, der das Ganze zu einem – wie Karen Horney schreibt – Terrorregime werden lässt. Da man dieses zwanghafte Idealbild nie erreicht, entstehen Selbsthass und Selbstverachtung. Die Wahrnehmung dieser Entfremdung und die Verzweiflung darüber ist der Schritt heraus aus dem Gebundensein an das falsche Selbst, es ist der erste Schritt zur Heilung. Wenn der Mensch das schafft und durch die Verzweiflung hindurch zu seinen wirklichen Gefühlen findet und zu dem, was er selber will, dann beginnt er das wahre Selbst zu entdecken. Im Laufe ihrer Arbeit kam Karen Horney vor allem über D. T. Suzuki in Kontakt mit dem Zen-Buddhismus und hier konnte sie sich theoretisch zum ersten Mal wiederfinden. In den letzten Jahren ihres Lebens schien ihr das, was die östliche Spiritualität mit der Realisierung des Selbst meint, immer mehr dasselbe zu sein, was sie sich unter dem wahren Selbst vorstellte. Es gibt Anhaltspunkte dafür, dass sie selber gerade nach einem längeren Studium des Zen-Buddhismus in Japan ihren spirituellen Horizont weitete und wesentliche spirituelle Erfahrungen machte.

Das von mir gegründete „Karen-Horney-Institut", trägt ihren Namen, um die wertvollen Erkenntnisse der Psychoanalytikerin und Pionierin zu würdigen und in Erinnerung zu behalten. Schüler von Karen Horney waren u.a. Abraham Maslow und Fritz Perls. **Abraham Maslow,** der auch der Vater der transpersonalen Psychologie genannt wird, entwickelte die berühmte Bedürfnispyramide: Diese gründet auf den physiologischen Bedürfnisse wie Hunger, Schlaf usw., gefolgt von verschiedenen sozialen und Individuums-bezogenen Bedürfnissen, und gelangt an der Spitze schließlich zum Bedürfnis nach Selbstverwirklichung. Später erweiterte er die Bedürfnishierarchie, über die Ebene der Selbstverwirklichung setzte er die Ebene der Transzendenz, die er als Suche nach Gott und einer das individuelle Selbst überschreitende Dimension verstand. **Fritz Perls** hat die Gestalttherapie entwickelt und wesentliche Grundkonzepte von Karen Horney übernommen: den Gegensatz des wahren Selbst zur bloßen Fassade und das innere Terrorregime des falschen Selbst, das sich in „Ich sollte…" ausdrückt. Der Mensch leidet unter der Entfremdung und der künstlichen Fassade und treibt sich doch selber immer wieder dazu an.

Fritz Perls schrieb, dass einige Gestalttherapeuten versuchten, Gestalttherapie und Zen-Buddhismus zusammenzuführen, er selbst darüber hinausgehend aber etwas anderes im Sinn habe – nämlich, mit der Gestalttherapie eine Methode zu entwickeln, mit der er dem westlichen Menschen die östliche spirituelle Selbst-Transzendenz ermöglichen könnte. Er wollte also noch mehr, als nur Gestalt und Zen zu integrieren. Er hat von sich selber geschrieben, dass er zwar nicht vollkommene Erleuchtung gefunden, aber eine wesentliche und substantielle Erfahrung von Satori habe, sodass er offensichtlich weiß, wovon er redet. Etwas später begann Carl Rogers in den 1950er Jahren, die Gesprächs-Psychotherapie zu entwickeln. Diese wurde in den 1960er Jahren hauptsächlich von **Reinhard Tausch** nach Deutschland gebracht, nannte sich zuerst Gesprächstherapie, später Klienten-zentrierte, dann Person-zentrierte Therapie. **Carl Rogers** kam 1980 zu der Auffassung, dass er wie viele andere zu Unrecht die spirituelle Dimension in seiner Arbeit vernachlässigt habe. **Ron Kurtz** begründete die Hakomi-Therapie, die der Gestalttherapie ähnelt und eine sehr körperbezogene Therapieform ist. Er schrieb: „Es gibt kein wirkliches Ende der Reise. Wenn sie überhaupt endet, dann in der Erleuchtung. Man interessiert sich nicht mehr für das Egoselbst, sondern für das unbegrenzte Selbst des Seins. Denn das ist letztlich, was wir sind."[10]

Erich Fromm, der mit Karen Horney lange zusammenlebte und von ihr wesentlich beeinflusst wurde, wollte eine „humanistische Psychoanalyse" aus der Taufe heben. Das Aufwachen bezeichnete er als „X-Erfahrung", um einen neutralen Begriff zu finden. Fromm wollte die Psychoanalyse und den Zen-Buddhismus in Übereinstimmung bringen, und er vertrat die Auffassung, dass die psychoanalytische Arbeit als humanistische

---

10 Kurtz, Ron: Einleitung In: Weiß, Halko; Benz, Dyrian: *Auf den Körper hören.*
Hakomi-Psychotherapie, eine praktische Einführung. Kösel Verlag, München 1987
S. 7 ff.

Psychoanalyse über das bisherige Behandlungsziel hinausgeht und dasselbe realisieren will wie der Zen-Buddhismus. Er hatte 1956 (Karen Horney war schon 1952 verstorben) in Mexiko eine Konferenz ausgerichtet, zu der er unter anderem Daisetz T. Suzuki eingeladen hatte. Die Tagungsbeiträge sind in dem sehr spannenden Buch „Psychoanalyse und ZEN" zu lesen. Ein anderer Psychoanalytiker, **Wilfred Bion**, den manche den wichtigsten Psychoanalytiker neben und nach Freud nennen, ein Schüler von Melanie Klein, nennt das normale Erkennen das „Erkennen-in-K", K steht für „knowing". Das ist der Bereich des Verstandes, der Dinge wissen kann, und zwar das „Wissen über etwas", das Wissen und das Verstehen durch das Erkennen des Zusammenhangs und der Entstehung. Darüber hinaus gibt es eine tiefere Ebene, das ist die spirituelle Ebene des Aufwachens, die Bion das „Werden-in-O" nennt. „O" bezieht sich auf „origin", das bedeutet „die Quelle". Das Werden-in-O kann nicht durch den Verstand erkannt werden, sondern nur durch die Erfahrung, genauer dadurch, dass man es wird statt bloß erkennt. Transformation statt bloßer Erkenntnis. Die Mystiker verstünden, wovon er redet, weil die Mystiker diese Erfahrung machen. Werden-in-O bedeutet nämlich, dass man es werden muss, dass man die Erfahrung machen muss, um es erkennen zu können, während man Erkennen-in-K als „Wissen-über-etwas" durch Klärung, durch Forschen, durch Kausalitäten und andere Zusammenhänge herzustellen vermag. Bion ist sich der weit reichenden Konsequenz explizit bewusst: Wenn im therapeutischen Prozess, also im Prozess der Selbsterkenntnis, dieses Werden-in-O blockiert ist und/oder verdrängt wird – verdrängt vor allem so, dass ich gar nicht weiß, dass es das überhaupt gibt, dann wird sogar das Wissen-in-K eingeschränkt. So wird beispielsweise durch die Begegnung und die Auseinandersetzung mit der Todesangst immer wieder eine spirituelle Erfahrung gemacht, durch die es zur Überwindung dieser Todesangst kommen kann. Wenn ich jedoch die Angst vor dem Tod, sowohl die Begegnung als auch die Überwindung, verdränge, dann kann ich sogar andere Ängste, wie z. B. die vor dem Verlassenwerden, die eigentlich in „K" zugänglich wären, nicht wirklich erfassen und verstehen. Das ist ein besonders eindringliches Plädoyer dafür, in der Psychotherapie die spirituelle Dimension nicht länger auszublenden, weil deren Verdrängung in Folge auch den normalen therapeutischen Prozess blockiert und beeinträchtigt.

Die spirituelle Seite **Carl Gustav Jungs** ist bekannt. Er äußerte sich einmal dahingehend, dass er über seine wirklich mystischen Erfahrungen gar nichts schreibe, weil er um seine Reputation in der Wissenschaft fürchte.

Eingehen möchte ich noch auf **Peter Levine**, der mit seiner körperorientierten Trauma-Arbeit einer der wichtigsten Trauma-Therapeuten ist. Er schreibt, dass in seiner therapeutischen Arbeit Menschen zu spirituellen Erfahrungen kommen, ohne dass seine therapeutische Arbeit darauf abzielt: „In meiner fast lebenslangen Arbeit mit traumatisierten Individuen hatte ich das Privileg, Zeuge von tiefgreifenden und authentischen Transformationen zu werden. Zu diesen überraschenden Phänomenen gehörten ekstatische Freude, ungewöhnliche Klarheit, mühelose Konzentration und ein umfassendes Gefühl von Eins-Sein." Und weiter: „Jahrzehntelang wurde ich immer wieder unwillkürlich Zeuge von Mysterien, die ich mit Staunen und Neugier verfolgte."[11] Er nennt als weitere auffallende Charakteristika die Erfahrung von Zeitlosigkeit und Präsenz, die in der Meditation als ewiges Jetzt erlebt wird. Er vergleicht diese Erlebnisse seiner Klienten mit bekannten transzendenten Erfahrungen aus dem Buddhismus, Taoismus und mit der Erfahrung des Erwachens der Kundalini. Er gelangte auch zu einer Hypothese darüber, warum in der Trauma-therapeutischen Arbeit diese transformativen, spirituellen Erfahrungen gemacht werden. Die Traumatherapie arbeitet mit Menschen, die schrecklichen Erfahrungen durch Missbrauch, Misshandlung, Krieg, Unfall oder andere einschneidende Ereignisse ausgesetzt waren, die sie emotional nicht

---

11 Levine, Peter A.: *Sprache ohne Worte: Wie unser Körper Trauma verarbeitet.* Kösel-Verlag, München, 2011, S. 418.

verarbeiten konnten und wegen deren sie in einer emotionalen Starre verbleiben. In beiden Fällen, auf dem spirituellen Weg und in dieser Trauma-Arbeit, ginge es darum, sich mit dem Tod auseinanderzusetzen und auf beiden Wegen sei eine vollständige Hingabe an die innere tiefe Auseinandersetzung mit den eigenen Erfahrungen erforderlich, was seiner Meinung nach dazu führe, dass diese transzendenten Erfahrungen auftauchen. Wenn Peter Levin selbst keine Perspektive von Spiritualität hätte, könnte er diese Erfahrungen bei seinen Klienten auch nicht wahrnehmen, nicht würdigen und hätte sie dadurch auch nicht unterstützen und ihnen Raum geben können. Der spirituelle Horizont und Erfahrungshintergrund des Therapeuten begrenzt oder unterstützt die Wachstumsmöglichkeiten des Klienten.

Ich habe diese Vertreter der Psychotherapie und was sie von 1940 bis 1990 schrieben, etwas ausführlicher dargestellt, weil es zeigt, dass die spirituelle Dimension damals ganz offensichtlich ein Teil des Mainstreams in der psychotherapeutischen Entwicklung war. Dass heute jüngere Kollegen an der Universität und in ihren Fortbildungen davon nichts zu hören bekommen, liegt daran, dass in den späten 1980er und dann in den 1990er Jahren die Verhaltenstheoretiker und Verhaltenstherapeuten flächendeckend die psychologischen Fachbereiche besetzt und alles, was nicht verhaltenstherapeutisch war, eliminiert haben. Das Psychotherapeutengesetz war einerseits gut und sinnvoll, weil dadurch Psychologen den Ärzten gleichgestellt wurden und die psychotherapeutische Versorgung wesentlich verbessert wurde, hatte aber andererseits den Nachteil, dass humanistische und verschiedene andere psychotherapeutische Verfahren aus dem Bereich der Versorgung und dadurch auch aus dem Bereich der akademischen Lehre und Forschung verdrängt wurden. Dies führte zur Dominanz der Verhaltenstherapie und der tiefenpsychologischen Verfahren, natürlich unter weitestgehender Ausgrenzung der spirituellen Dimension.

Ziele der Psychotherapie

Im Hinblick auf die Ziele der Psychotherapie können zwei wesentliche Bereiche unterschieden werden. Der erste Bereich besteht darin, Neurosen, psychische Konflikte und Probleme, Beziehungsstörungen, Ängste, depressive und andere Störungen zu heilen, zu lösen, zu lindern oder zu verbessern. Darüber hinaus hat die Therapie eine Aufgabe, die normalerweise die Ich-Stärkung genannt wird. Treffender kann dies als Stärkung der psychischen Funktionen beschrieben werden. Wenn wir es die Stärkung der psychischen Funktionen nennen, kommen wir in keine theoretischen Schwierigkeiten. Dass Ich ist nur eine mentale Konstruktion, es hat keine Wirklichkeit. Die psychischen Funktionen sind die Fähigkeit, Gefühle zu fühlen und Ambivalenz-Toleranz zu entwickeln. Das ist die Fähigkeit, sich selbst anzunehmen und zu lieben, sich auszudrücken, sich mitzuteilen, Nähe herzustellen, sich abzugrenzen und Distanz herzustellen. Das ist auch die Kompetenz, eigene Bedürfnisse wahrzunehmen, sich dafür einzusetzen und auch, wenn Hindernisse auftauchen, bei den eigenen Bedürfnissen, Zielen und Wünschen zu bleiben. Das ist das, was Selbstwirksamkeit und Selbstwirksamkeitserwartung genannt wird, d. h., dass ich in der Lage bin, durch meine eigene Kompetenz, durch mein eigenes Vermögen meine Wünsche und Ziele zu erreichen und die Welt, die mich umgibt, deren Teil ich bin, entsprechend meinen Bedürfnissen zu beeinflussen, zu gestalten und meine Ziele auch zu realisieren. Die Begriffe Liebesfähigkeit und Arbeitsfähigkeit in der Psychoanalyse meinen im Wesentlichen das Gleiche wie die beiden Punkte, die ich gerade genannt habe. Im spirituellen Kontext wird oft davon gesprochen, dass das Ich erst gestärkt werden müsse, um es dann loszulassen. Damit ist aber tatsächlich gemeint, dass die genannten psychischen Funktionen gestärkt werden sollen; die brauchen aber nicht losgelassen zu werden und sie verschwinden auch nicht durch das Aufwachen, sondern werden durch das Aufwachen weiter verstärkt.

Dann gibt es mit Wachstum und Selbstverwirklichung im Sinne der Verwirklichung des individuellen Potenzials weitere Ziele in der Psychotherapie. Insbesondere die humanistische Therapie hat diese weitergehenden Ziele entwickelt, und zwar Authentizität, Lebendigkeit und Selbstverwirklichung zu finden, über das reine Heilen und Lösen von Symptomen hinaus. Ein Bild, das **Wilhelm Reich** z. B. vorschwebte, ist das Reh, das er in der Natur beobachten konnte in vollkommener Anmut und Harmonie und im Einklang mit seinen eigenen Bedürfnissen, mit seiner Wahrnehmung, seinen organismischen Bedürfnissen und mit der Umwelt, in der es sich gerade bewegt. In der humanistischen Therapie wurde oft die Idee vertreten, dass, wenn man zu dieser natürlichen Lebendigkeit gefunden habe und mit der Sinneswahrnehmung in der Hier- und Jetzt-Erfahrung sei – höre, sehe, spüre, und fühle, was jetzt ist –, wenn man auf diese Weise ganz und gar in der sinnesbezogenen, gegenwärtigen Präsenz sei, dass das schon das Ziel des Aufwachens und der Erleuchtung sei. Diese Idee hatte sich in den 1960er und 1970er Jahren in manchen Strömungen der humanistischen Therapie verbreitet.

Ron Kurtz, der die Hakomi-Therapie ins Leben gerufen hat, sagt zu Recht: „Die Therapie kann diese Lebendigkeit hervorrufen, aber die Reise ist damit noch nicht zu Ende, sondern geht darüber hinaus und ist dann eine spirituelle Reise, deren Ziel man die Erleuchtung nennen kann."[12]

Die sinnesbezogene Gegenwärtigkeit der westlichen Psychotherapie ist jedoch etwas anderes als die Gegenwärtigkeit des spirituellen Weges. Meister Eckhart sagte sehr klar, dass die wirkliche spirituelle Erfahrung erst dort beginnt, wo man alle äußere wie innere sinnliche Wahrnehmung hinter sich lässt und durch die innere Dunkelheit hindurch zu einer unbegrenzten ganz anderen Wahrnehmung findet; also auch zu einer wesentlich tieferen und vollständigeren Gegenwärtigkeit. Sie schließt die sinnesbezogene Gegenwärtigkeit ein, geht aber unvorstellbar weit darüber hinaus.

---

12 Kurtz, Ron: Einleitung In: Weiß, Halko; Benz, Dyrian: *Auf den Körper hören. Hakomi-Psychotherapie, eine praktische Einführung.* Kösel Verlag, München 1987 S. 7 ff.

Ziele des spirituellen Weges

Hinsichtlich der spirituellen Ziele ist es sinnvoll, zwei Arten von Spiritualität zu unterscheiden: Der eine Teil bezieht sich auf unser Hiersein in der Welt, in der wir Verantwortung für andere Menschen haben, bezogen sind auf unsere Ahnen, in der wir nicht als Einzelwesen hier sind, sondern verbunden mit allen anderen lebenden Wesen, ob aus Vergangenheit, Zukunft oder Gegenwart. Das Wissen, dass alles zusammenhängt mit einer Macht, die größer ist als wir selbst. Diese Verbundenheit, mit dem Ziel im Einklang zu sein, mit sich und dem Größeren, das ist die Spiritualität der Immanenz, die Spiritualität des Diesseits und des materiellen Seins. Darüber hinaus gibt es eine Spiritualität der Transzendenz, die nach innen geht – durch die Angst und die Dunkelheit hindurch in die Grenzenlosigkeit. In dieser Grenzenlosigkeit erfahren wir das Eins-Sein, das über die materielle Ebene hinausgeht. Auf der materiellen Ebene sind wir auch getrennte Individuen. Wenn ich etwas esse, wird der andere nicht satt. Hier sind wir in verschiedenen Formen trotz aller Verbundenheit, da existiert Individualisierung und Verschiedenheit. In der Tiefe erfahre ich die Unendlichkeit, die Grenzenlosigkeit und das Eins-Sein. Da bin ich mit nichts mehr verbunden, denn wenn ich verbunden wäre, könnte ich ja nicht eins sein. Dann gäbe es wenigstens zwei Teile, wo der eine mit dem anderen verbunden wäre. Die Erfahrung der Transzendenz durch die Wendung nach innen und die Auseinandersetzung mit den Fragen „Wer bin ich?" und „Was entdecke ich?", mich immer tiefer in diesen unendlichen Grund hineinfallen lassend, das ist offensichtlich eine andere Spiritualität gegenüber der zuvor genannten immanenten Spiritualität, bei der es um die Verbundenheit, um die Verantwortung, das Gemeinsame geht. Diese beiden Teile von Spiritualität zu unterscheiden, scheint mir wichtig zu sein, weil es oftmals Verwirrung gibt, wenn aus der Sicht der einen Seite über die andere geredet wird und niemand versteht, wer was meint. Wichtig ist, dass beide Teile ihre Berechtigung haben. Für die wirkliche Transformation und das Aufwachen ist die transzendente Spiritualität das Entscheidende. Es besteht kein Zweifel, dass auch die diesseitige Spiritualität etwas Wichtiges ist und die Unendlichkeit berühren kann, aber sie führt nicht in die Unendlichkeit hinein. Das Ziel der transzendenten Spiritualität ist das Aufwachen, d. h., dass sich nicht Bewusstseinsinhalte verändern, sondern Bewusstseinsebenen. Wenn ich in diese tiefere Ebene der Wahrnehmung komme, dann sind da keine Gefühle und keine Bilder mehr. Es ist eine tiefere Art von Wahrnehmung, die durch folgende Charakteristika gekennzeichnet ist: Erstens, der Verstand ist still – eine Erfahrung, die der normale Mensch nicht kennt. Durch das Anhalten des Verstandes kommt es zu einer tieferen Wahrnehmung von Grenzenlosigkeit, von Stille, von Frieden und auch von tiefer Glückseligkeit. Solange der Verstand noch tätig ist, ist diese Wahrnehmung, selbst wenn man dahinfindet, sehr eingeschränkt. Umgekehrt ist diese alles umfassende tiefere Erfahrung gekennzeichnet durch Zeitlosigkeit und Raumlosigkeit, weil derjenige nicht nur vollständig in diesen Augenblick der Stille und des Friedens eingetaucht ist, sondern sich als identisch damit erfährt, ohne Anfang, ohne Ende und infolgedessen zeitlos, grenzenlos oder ewig ist. Meister Eckhart hat gesagt: „Bekümmert euch nicht, wenn ihr das nicht versteht, weil man versteht es erst, wenn man die Erfahrung davon gemacht hat."

Auf die Frage, was denn zum Aufwachen führt, was es ermöglicht oder wahrscheinlicher macht, hat es schon früher zwei Antworten gegeben und die gibt es noch immer. Die eine Antwort ging in die Richtung: Du musst dich hinsetzen und möglichst intensiv und lange diesen Zustand von Stille und von Konzentration einüben. Das ist der sogenannte achtfache Pfad des Buddhas, bei dem man durch jahrelange Meditation versucht, in diesen stillen Raum zu kommen und sich die Erfahrung des stillen Raumes dadurch allmählich auch immer mehr in den Alltag hinein fortbewegen soll und die anderen Eindrücke überwiegen soll. Das ist gewissermaßen der Weg des Einübens.

Der andere Weg besagte schon immer: Du kannst dahinfinden durch die Veränderung der inneren Haltung. Wenn du nämlich alles, was du glaubst zu sein und was du glaubst zu wollen, wenn du das alles loslässt, dann fällst du in diesen inneren Grund. Zuerst fällst du in den individuellen, in deinen eigenen inneren Grund und dann entdeckst du, dass dieser eigene innere Grund mit dem göttlichen Grund identisch ist. Dann fällst du in diesen göttlichen Grund und dadurch wachst du auf. Meister Eckhart, der ein Vertreter dieses zweiten Weges war, sagte: „Wenn du das tust, dann kannst du aufwachen, bevor meine Predigt zu Ende ist."

Der Weg des Einübens übersieht, dass ich mich zwar für eine halbe Stunde auf den Atem oder das Beobachten konzentrieren kann, dass dabei aber die Gefahr besteht, dass die innere Unruhe und die ursprüngliche Bewegung der Gefühle nur beiseitegestellt werden; es besteht die Gefahr, dass ich mich vom unmittelbaren Erleben dissoziiere. Der andere Weg besagt: Das Wichtigste und Eigentliche ist, zu dieser Haltung des Loslassens und der Hingabe zu kommen. Das schließt ein, sich vollständig zu öffnen für alle Gefühle, die auftauchen. Sich also den Gefühlen und dem Erleben vollständig öffnen und hingeben. Zu dieser Haltung kann man unmittelbar kommen. Durch diese Hingabe und das absolute Loslassen geschieht das Aufwachen. Das kann nicht eingeübt werden. Diese Transformation geschieht manchmal solchen Menschen spontan, die dem Tod sehr nahe waren oder deren Leben durch eine ernste Krankheit in Frage gestellt wurden, meistens jedoch durch die Beziehung zu einem spirituellen Lehrer. Diesen Weg gab es in der christlichen Mystik vor allem durch Meister Eckhart und seinen Schüler Johannes Tauler. Auch im frühen Zen-Buddhismus gab es die Arbeit, die auf das plötzliche Erwachen ausgerichtet ist, und sie war auch in einer taoistischen Schule im vierzehnten Jahrhundert zu finden. Der Weg ist also nicht neu, musste aber doch in gewisser Hinsicht wieder neu entdeckt werden.

Verbindung von Spiritualität und Psychotherapie

Das spirituelle Ziel des Aufwachens geht weit über therapeutische Ziele hinaus. Psychotherapie richtet sich auf Veränderung und Wachstum auf den beiden ersten der am Anfang des Kapitels differenzierten Ebenen. Das Aufwachen betrifft die 4. Ebene. Die 3. Ebene, die Selbstverwirklichung im Sinne der Realisierung des individuellen und menschlichen Potenzials, ist daher von der zweiten Ebene zu unterscheiden, weil viele psychologische Methoden aus Therapie, Coaching usw. für die Persönlichkeitsentfaltung genutzt werden, ohne konkrete psychische Störungen zu bearbeiten. Auch auf dieser Ebene wird die spirituelle Dimension oft einbezogen, aber spirituelle Transformation ist nicht das Ziel.

Weil das Loslassen auf der physischen, emotionalen und geistigen Ebene die wichtigste Voraussetzung für die Ermöglichung des Aufwachens darstellt, helfen keine Übungen, die etwas „einüben" wollen. Es bedeutet vielmehr das Aufgeben einer Subjekt-Handlung-Objekt-Perspektive, die für die Gestaltung der Welt und entsprechende Selbstwirksamkeit und Selbstwirksamkeitserwartung nötig ist, aber der tieferen inneren Erfahrung im Wege steht. Und dennoch geschieht Loslassen nicht allein durch eine willentliche Entscheidung. Zu stark sind die automatischen konditionierten Verhaltens- und Erlebens-Programme; angefangen beim angehaltenen Atem, über die muskulären Verspannungen und Blockierungen bis hin zur Angst, Gefühle nicht aushalten zu können und deswegen abwehren zu müssen, und den vielfältigen Tätigkeiten der Ablenkung und des Betäubens, die als Abwehr innerer Leere oder bedrohlicher und unliebsamer Gefühle verstehbar sind. Um aber das Loslassen zu „erlernen", werden Übungen des Geschehen-Lassens und der Aufgabe von Kontrolle gebraucht.

Diese gesamte Arbeit habe ich zusammengefasst in den „7 Schritten zum Aufwachen", denen ich weiter vorne in diesem

Buch ein ganzes Kapitel gewidmet habe. Der Grundgedanke ist der, dass der spirituellen Transformation keine Abspaltung von Gefühlen, dem Erleben, keine Flucht vor dem Leben dient, sondern im Gegenteil wirkliche Natürlichkeit, Lebendigkeit und Spontanität eine notwendige Voraussetzung für das Aufwachen sind. Der Körper muss gelöst und durchlässig sein, Gefühle müssen gefühlt werden können. Und mit der Vergangenheit darf nicht mehr gehadert und gekämpft werden. Das Erreichen all dieser Ziele, die auch der psychotherapeutischen Arbeit zu Grunde liegen, sind wichtige Voraussetzungen für die weitergehende spirituelle Transformation.

Dafür können und müssen viele psychotherapeutische Methoden genutzt werden, aus verschiedenen therapeutischen Richtungen: Die tiefenpsychologische Arbeit **Karen Horneys** ist nicht nur wichtig, weil sich aus ihr – über Claudio Naranjo – die Enneagramm-Arbeit entwickelt hat, sondern auch, weil ihre Arbeit so nützlich ist für die Entwicklung des authentischen Selbst und die Aufhebung der Entfremdung. Der Psychoanalytiker **Hermann Beland** hat, anknüpfend an die Arbeit von **Wilfred Bion**, mit dem Begriff der unbewussten Grundüberzeugungen als „dem Skelett des Psychischen" ein Konzept von großer theoretischer und praktischer Integrationskraft geschaffen. Die **Gestalttherapie** stellt viele Methoden zur Verfügung, die die Präsenz in der sinnlich begründeten Gegenwärtigkeit fördern und außerdem auch zur unmittelbaren Lebendigkeit und einem inneren Erleben ohne Projektionen und Phantasie führen. Besonders wirksam ist die Polaritätsarbeit, die der Gestalt- und Körpertherapeut **Leland Johnson** als Schüler von **Fritz Perls'** entwickelt hat. Diese Polaritätsarbeit hat Leland Johnson als Verbindung der Konfliktarbeit aus der Gestalttherapie – Perls berühmte Arbeit mit den beiden Stühlen – mit einem Bewusstseinsspiel mit fünf verschiedenen Positionen, das er aus dem Sufitum kannte, entwickelt.

In vielen spirituellen Richtungen hat die Arbeit mit dem Körper eine wichtige Bedeutung, bei manchen steht sie sogar im Vordergrund. Es ist völlig klar: Loslassen und Geschehen-Lassen gelingt erst dann, wenn man in der Lage ist, frei und gelöst zu atmen, und sich die wichtigsten Blockierungen des Körpers gelöst haben. In fast allen Fällen reicht es eben nicht, nur beim spirituellen Lehrer zu sitzen und den Fragen und Antworten zu folgen; die Arbeit mit dem Körper ist einzubeziehen. Nirgendwo sonst kann das Aufgeben von Kontrolle, das Loslassen und Geschehen-Lassen so konkret erfahren und entwickelt werden wie in dieser Arbeit, gibt es doch ein sekundengenaues, konkretes Feedback in Form der klaren differenzierten Körperempfindungen. Aus den vielen verschiedenen körpertherapeutischen Methoden, die sich zum größten Teil auf **Wilhelm Reich** berufen, ist die **Gestalt-Körperarbeit von Leland Johnson** ganz sicher diejenige, die sich am besten, elegantesten und wirksamsten mit der Bewegung zum Aufwachen verbindet. Die **Trance- und Hypnose-Therapie** und das **NLP** stellen ebenfalls wirksame Methoden für die Veränderung auf der ersten Ebene zur Verfügung, aber auch für die Erweiterung des Wahrnehmungsraums der Selbsterforschung auf der zweiten Ebene. **Systemische Arbeit und die Familien- und System-Aufstellung nach Bert Hellinger** sind wichtige Werkzeuge für das Lösen der Vergangenheit und ihrer Verstrickungen. In meinem mit diesem Buch zeitgleich erscheinenden Lehrfilm zeige ich viele dieser Methoden in ihrer jeweiligen Zuordnung zu den „7 Schritten zum Aufwachen".[13]

Auf der anderen Seite tauchen immer häufiger in ganz herkömmlichen Therapien spirituelle Themen auf, sei es, dass Klienten spontane spirituelle Erfahrungen machen, die sie nicht integrieren können und die ihnen unter Umständen bedrohlich erscheinen, sei es, dass Menschen nach Nahtoderfahrungen oder spirituellen Krisen psychotherapeutische Unterstützung suchen. Carl Rogers ist zur Einbeziehung der spirituellen Dimension aufgrund solcher konkreten spirituellen Erfahrungen in der

---

13 Christian Meyer: *7 Schritte zum Aufwachen. Übungen und Methoden, die wirken.* DVD, J.Kamphausen 2014.

Arbeit mit seinen Klienten gekommen, Peter Levine habe ich mit seiner Beschreibung des Auftretens spiritueller Erfahrungen in der traumatherapeutischen Arbeit weiter oben dargestellt: Das sind nur zwei Beispiele von vielen. Das zeigt, dass auch die therapeutische Arbeit von der Verbindung mit der Spiritualität profitieren würde. Beide Wege sind demselben Ziel verpflichtet: der Befreiung des Menschen aus inneren Zwängen, aus einem entfremdeten Leben, das er zu Recht vielfach als ein Gefängnis erlebt. Es gibt das bekannte Bild, wonach der spirituelle Weg der Weg aus dem Gefängnis in die Freiheit ist, während die Psychotherapie nur die Haftbedingungen verbessert. Wir haben aber auch gesehen, dass auffallend viele Gründungsväter und -mütter der psychotherapeutischen Schulen aufgrund ihrer eigenen Erfahrungen über die Grenzen der Psychotherapie hinausgegangen sind und die Einbeziehung spirituelle Ziele forderten und selber in ihrer Arbeit zu realisieren suchten. Die Arbeit für das Aufwachen führt also auch deren Arbeit weiter und steht damit ganz explizit in der Tradition der westlichen Moderne in der Bemühung um die Befreiung des Menschen.

Kapitel 7

Ist die Erleuchtung ein Regenbogen?

Christian Salvesen im Gespräch mit Christian Meyer, Oktober 2011 in München

Christian, du erklärst öffentlich, du seiest erwacht und kannst anderen Menschen zeigen, wie sie aufwachen können – ist das so?

Ich sage nirgendwo: „Ich bin erwacht." Ich sage, ich kann euch lehren, wie ihr innerlich mit Erfahrungen auf eine Weise umgehen könnt, die euch immer mehr in die eigene Tiefe kommen lässt. Das ermöglicht, dass das Aufwachen leichter geschehen kann.

Ich frage deswegen so konkret, weil es da so eine Ansicht gibt, die besagt: „Wer von sich selbst sagt, er sei erwacht, der kann gar nicht erwacht sein." Was meinst du dazu?

Ramana Maharshi sagte sinngemäß: „Suche einen erwachten Lehrer, alles andere ist Zeitverschwendung." Wenn jemand sagt: „Ich bin erwacht", dann ist das philosophisch nicht korrekt, weil das Ich nicht erwacht sein kann. Denn Erwachen bedeutet zu erkennen, dass da kein Ich ist. Aber dieser Organismus als Ganzes manifestiert das aufgewachte Sein. Zu wissen, dass es aufgewachte Menschen gibt, ermöglicht den anderen die innere Perspektive, dass auch für sie das Aufwachen möglich ist. Es wäre deshalb unsinnig, mit einem Lehrer zu arbeiten, der nicht aus dem aufgewachten Sein heraus arbeiten würde. Das wäre ja wie bei einem Fahrschullehrer, der sagt: „Ich selbst kann auch nicht fahren, aber ich versuche mal, es Ihnen beizubringen."

Eine Schwierigkeit könnte allerdings darin bestehen, dass die Vor-
stellung, die sich auf das Erwachen bezieht, oft sehr schwammig
ist und in ganz unterschiedliche Richtungen zu gehen scheint. Im
Kundalini-Yoga zum Beispiel geht es um die aus dem Wurzel-
zum Scheitelchakra aufsteigende Energie, die sich dort als Licht
ausbreitet und dann einen tiefen inneren Frieden hinterlässt. Im
Siddhiyoga scheint die Erleuchtung wiederum an bestimmten
übersinnlichen Fähigkeiten gemessen zu werden.

Ich glaube gar nicht, dass die Vorstellungen so unterschiedlich
sind. Was da im Kundalini-Yoga beschrieben wird, ist ein ener-
getischer Prozess, aber das aufgewachte Sein selbst ist – wie
du ja sagst und wie ich auch sagen würde – innerer Frieden,
Stille und Glückseligkeit und diese Beschreibung stimmt in
den unterschiedlichen spirituellen Traditionen überein. Die
Siddhi-Kräfte – eine Bezeichnung für sogenannte übersinnliche
Wahrnehmungen und Fähigkeiten, auch yogische Fähigkeiten
genannt – tauchen auf. Man kann sie trainieren und kultivieren,
doch es ist am besten, der Empfehlung Ramanas zu folgen und
ihnen keine Beachtung zu schenken. Also sieht man, so glaube
ich, dass im Prinzip von derselben Sache gesprochen wird. Die
Idee, wie man da hinkommt, die unterscheidet sich viel stärker.

Es ist doch eher so, dass die von dir zitierten Auffassungen,
die Erweckung der Kundalini-Energie oder das Auftauchen der
Siddhi-Kräfte, Nebeneffekte zur Hauptsache erklären. Wenn
durch das Aufwachen der Geist still wird, entspannt sich der
Körper auf eine so grundlegende Weise, wie es seit der Geburt
nicht mehr erfahren wurde. Es sind doch die schützenden
und abwehrenden unbewussten Grundüberzeugungen, die
die wichtigste Quelle für die Anspannung des Körpers sind;
solche Grundüberzeugungen wie „Wenn ich mich nicht den
ganzen Tag anspanne, schütze und auf der Hut bin, werde ich
auf vernichtende Weise verletzt" oder: „Ich muss immer stärker
sein als die anderen, sonst droht psychische Verletzung und
Vernichtung". Diese Grundüberzeugungen führen zu chroni-
schen Verspannungen. Letztere lösen sich natürlich auf, wenn

Erstere auf dem Weg zum Aufwachen und durch das Aufwachen selber verschwinden. Wenn aber der Körper gelöst ist, kommt es zum freien Energiefluss und zu wirklicher Lebendigkeit. In meinen Augen ist also nicht das Erwecken der Energie das Entscheidende, sondern das *Aufheben der Blockierung, die bisher den Energiefluss behindert hat.* Jeder Mensch hat neben den sinnlichen auch übersinnliche Kräfte und Fähigkeiten. Sie sind in der Regel verschüttet und blockiert. Wenn das Ich zurücktritt, wird der Platz größer für das Leben, das sich in diesem Organismus manifestieren und entfalten will. Dann werden auch die übersinnlichen Fähigkeiten größer und stellen eine ungeheure Gefahr dar für Egozentrik und Egomanie. Auch die Schüler würden dann das Besondere des Meisters wahrnehmen und ihn deswegen verehren. Stattdessen sollte der Lehrer dem Schüler zeigen, dass es nichts Besonderes gibt, sondern das Aufwachen in jedem Einzelnen geschehen kann. Völlig normal. Völlig natürlich.

Beim radikalen Advaita im Sinne von Tony Parson geht es ausschließlich darum, dass kein Ich da ist. Von einem tiefen inneren Frieden oder einem Aufhören der Gedanken ist da keine Rede. Da scheint es der einzige Vorteil des Erwachens zu sein, zu wissen, dass auch Erwachen nichts bringt. Richard Sylvester schreibt: „Vor der Befreiung und nach der Befreiung, schlafen oder wach sein, es ist dasselbe."

Ja, das ist eine Auffassung, die häufiger zu hören ist. Es gibt eine schöne jüdische Geschichte: Eine Frau kommt zum orthodoxen Rabbi, er möge doch einen Beroch, einen Segensspruch, für Ihren Weihnachtsbaum sprechen. Die Antwort des orthodoxen Rabbis: Niemals würde er solch Götzenverehrendes tun, aber sie möge es doch beim Rabbi in der Reform-Gemeinde versuchen. Aber auch dieser konnte sich nicht dazu durchringen und verwies sie an den Rabbi der New-Age-Konföderation. Also ging sie zu ihm: „Ich möchte so gerne einen Beroch für meinen Weihnachtsbaum." Der Rabbi antwortete: „Ein Weihnachtsbaum ist eine schöne Sache, aber was ist ein Beroch?"

Zu glauben, dass es nach dem Aufwachen genauso ist wie vorher, ist absurd. Obwohl ich viel tue, tatsächlich mehr arbeite als vorher, erlebe ich nahezu kontinuierlich einen Frieden mit allem, was geschieht, und werde immer wieder überflutet von tiefer, unendlicher Glückseligkeit. Das Leben scheint immer mehr für mich zu spielen, dass nämlich das, was geschieht und sich ereignet, immer stimmiger ist und zu meinem eigenen Tun zu passen scheint. Wenn jemand sagt, er erfahre nach dem Aufwachen das Gleiche wie vorher, dann bin ich sicher, dass es kein Aufwachen war. In unserer Untersuchung aufgewachter Schülerinnen und Schüler sagt dies kein einziger. Alle, egal wie wenig oder wie sehr das Aufwachen sich zum Zeitpunkt ihrer Äußerung auch vertieft hatte, geben wesentliche, dauerhafte und als positiv erlebte Veränderungen an. Es könnte noch einen anderen Grund für die Äußerung von der Gleichheit des Erlebens und der Erfahrung nach dem Aufwachen geben, dass nämlich jemand seine frühere Zerrissenheit, die Lästigkeit des ständigen inneren Geplappers und Lärms, vergessen hat.

Das ist kein Aufwachen, das ist keine Erleuchtung, wenn jemand sagt, dass sie nichts bringt. Wenn es nicht zu dieser Gelassenheit, zu diesem Frieden, zu dieser Glückseligkeit führt, dann ist es eben kein Aufwachen. Tatsächlich schreiben auch einige aufgewachte Menschen, dass sie zwar die Leere und auch den Frieden erfahren, nicht aber oder nur sehr wenig die Glückseligkeit. Generell ist es so, dass die Glückseligkeit nicht kontinuierlich erfahrbar ist, sondern einen immer wieder überflutet und dann in den Hintergrund tritt. In meiner Arbeit mit aufgewachten Menschen habe ich typischerweise die Erfahrung gemacht, dass die Erfahrung der Glückseligkeit an der Fähigkeit liegt, vollständig loszulassen, und dass das wiederum davon abhängt, dass der Körper sich wirklich lösen und alle Anspannung aufgeben kann. Das hat auch mit der Tiefe des Aufwachens zu tun. Mein Lehrer Eli erzählte, dass er recht früh, im Alter von Ende 20, aufgewacht ist. Aber erst sein letzter Lehrer, Poonjaji, zeigte und ermöglichte ihm das

Stillsein des Verstandes. Ohne dass der Verstand still ist, ist für mich das Aufwachen nicht vollständig. Dann ist es mehr ein „Wissen über", nicht die „Erfahrung von" und schon gar nicht ein wirkliches „Sein". Dann führt es auch zu einer inneren Gelassenheit, weil sich psychische Einstellungen verändert haben: Ich nehme es nicht mehr persönlich, es macht mir nicht mehr so viel aus. Aber selbst dann hätte sich etwas verändert. Diese Veränderung lässt sich jedoch auch durch ganz normale zunehmende Altersweisheit oder auch Fortschritt in der therapeutischen Arbeit erreichen.

Also mit der Auffassung von der Gleichheit vor und nach dem Aufwachen kannst du gar nichts anfangen?

Nein, ich finde das ganz und gar abwegig. Ich denke, dass er dann nicht richtig aufgewacht ist, sondern bestimmte mentale Erkenntnisse gefunden hat, die sehr tiefgehend sind, aber das ist nicht das, was ein aufgewachtes Sein genannt werden kann. Wenn er nicht in den Zuständen von Frieden und Glückseligkeit wandelt und schwimmt, wenn er nicht in dieser Leere und diesem Frieden ist, ja wieso redet er denn da von Aufwachen?

Es ist kein Ich da und deshalb auch kein Getrenntsein.

Was heißt das denn? Das Eins-Sein zu erfahren, wirklich zu erfahren und nicht nur „darüber zu wissen" bedeutet bereits eine wesentliche Veränderung. Denn wie könnte er das Eins-Sein erfahren, wenn die Gedanken nicht still sind? Wie kann er Gedanken haben? Einzelne Gedanken sind bereits Trennung. Das Eins-Sein lässt sich nur erfahren in der Unendlichkeit, die definitiv still ist. Sonst ist es ein Wissen um das Nichtgetrenntsein, aber es ist ja keine Erfahrung. Er *weiß*, dass er nicht getrennt ist, aber er *erfährt* es ja nicht.

In derselben Advaita-Szene wird vom Erwachen auch als einer Nicht-Erfahrung gesprochen.

Ja, das ist richtig.

Und das verstehe ich überhaupt nicht!

Eine Erfahrung ist daran gebunden, dass jemand diese Erfahrung macht. Und sie hat einen Anfang und ein Ende in der Zeit. Eine Erfahrung ist etwas, was sich aus dem Kontext heraushebt. Beim Aufwachen ist das anders. Ich wache nicht für eine halbe Stunde auf oder wenn der Lehrer da ist, sondern das aufgewachte Sein ist zur dauernden Seinsweise geworden. Ramana unterscheidet drei Stadien: Im ersten Stadium tauchen Erfahrungen des Samadhi, der Stille und Weite als Konsequenz sehr intensiver spiritueller Übungen auf, gebunden an die Übung und vergehend nach kurzer Zeit. Im zweiten Stadium überfällt einen die Stille, die Weite und die Leere, ohne dass man wüsste, innerlich etwas Bestimmtes getan zu haben. Erst das dritte Stadium des Samadhi ist das Aufwachen: Hier ist die Erfahrung der Leere, der Weite, des Friedens zur dauerhaften Seinsweise geworden. Und das ist es, worauf es ankommt, alles andere wäre viel zu wenig.

Mit 18 Jahren habe ich etwas erlebt, was mich völlig aus der bis dahin gewohnten Sicht geworfen hat: Da war niemand mehr. Ich erlebte zum ersten Mal Ewigkeit, was enorme Angst auslöste. Es gab im damaligen Kontext nirgends eine Möglichkeit der Erklärung. Später hörte ich dann von der Erleuchtung und sie wurde in den schönsten Farben ausgemalt. Ist es nicht ziemlich irreführend, wenn das Erwachen als etwas Verheißungsvolles und Erstrebenswertes dargestellt wird?

Was ist denn daran verkehrt, im Aufwachen etwas Verheißungsvolles zu sehen? Wenn ich diese Idee, dass es einen tiefen inneren Frieden gibt, aufgebe, und wenn das Aufwachen nicht mit diesen Qualitäten verbunden ist, dann brauche ich mich nach nichts zu sehnen. Aber der Mensch hat diese Sehnsucht. Und das Aufwachen ist dieses Verheißungsvolle. Was denn sonst? Das ist doch verheißungsvoll, dass du in Frieden, Liebe und immer wiederkehrender Glückseligkeit lebst. Es ist doch natürlich, dass jeder, der davon hört und es wahrnimmt, dass es möglich ist, alles daransetzt, das zu realisieren! Es geht nicht darum, diese Suche darauf zu richten, bestimmte Fähigkeiten und Fertigkeiten zu entwickeln – übersinnliche Kräfte und sonst was –, sondern dass sich die Suche darauf richtet, nach innen zu gehen und so radikal loszulassen und anzuhalten, dass ich dadurch in diesen göttlichen Grund hineinfalle, der diese Leere und diese Glückseligkeit bedeutet. Das gilt es dann natürlich zu entdecken. Dass ich nicht Dinge erlernen muss, um mehr zu können, sondern die Konsequenz erkenne, vollständig loszulassen, anzuhalten und nichts mehr zu tun. Aber wieso ist das nicht verheißungsvoll und wieso sollte ich dann nicht diese Sehnsucht haben?

Vielleicht geschieht das ja automatisch. Aber solange ich da etwas will, kann es doch nicht geschehen, oder?

Das ist nicht richtig. Das ist eines von den wichtigsten spirituellen Missverständnissen. Wenn man das Aufwachen will, geht es darum, *welche Intention man damit verbindet*, wozu man es will und vor allem, ob man es *für sich* will. Wenn ich also das Aufwachen will, damit es mir besser geht und damit ich etwas habe, dann geht es schief. Wenn ich aber das Aufwachen will und es mir dann sogar egal wird, ob ich selber aufwache oder der beste Freund oder einer, den ich gar nicht kenne, wenn ich also das Aufwachen so sehr will, dass ich es auch wollte, wenn ich gar nichts davon hätte und womöglich in der nächsten Woche gekreuzigt würde, dann will ich es mit allen Fasern meines Daseins, aber ich will es nicht für mich. Das ist die Lösung. Aber zu sagen: „Ja, besser du willst es gar nicht", das ist eine Verrücktheit.

Ramana Maharshi bringt das Beispiel aus den Upanishaden, dass jemand das Erwachen so sehr will wie jemand, der unter Wasser ist und dringend Atemluft braucht. Wenn man es so sehr will, wacht man im selben Augenblick auf. Diese philosophische Idee, das Aufwachen besser nicht zu wollen, denn dann käme es schneller, ist Unsinn. Man sieht ja: Milliarden von Menschen haben überhaupt kein Interesse am Aufwachen und bei denen geschieht auch nichts. Die Lösung ist: es mit allen Fasern seines Daseins zu wollen, aber nicht für sich.

Und das geht?

Definitiv! Ich habe es an mir selbst, aber auch bei Schülern beobachtet: An einem bestimmten Punkt wird es unpersönlicher. Dann ist das Streben nach Aufwachen derart, dass es glücklich macht, wenn ein anderer aufwacht. Solange sich da eine persönliche Intention beimischt, geht es nicht. Aber ein Aufwachen ohne einen persönlichen Gewinn erstreben zu wollen, ohne etwas davon zu haben, das ist es, was das Aufwachen überhaupt ermöglicht. Der Grund liegt in Folgendem: Der Mensch ist biologisch und psychologisch so sehr auf Überleben, Sicherheit und positive, angenehme Erfahrungen ausgerichtet – genau das hat uns durch die Eiszeiten, Hungersnöte und Stammeskriege gebracht –, dass es so viel bewusste und unterbewusste Widerstände gegen das Aufwachen gibt. Verdrängen und Verschieben der tieferen Sehnsucht und eine Abwehr der Todesangst, das sind wesentliche Hindernisse. Das Aufwachen ist alles andere als ein Selbstläufer. Dieser Wunsch nach dem Aufwachen hat nichts mit einer Gier, nichts mit Habenwollen zu tun.

Aufwachen im Christentum

Erwachtsein ist also ein erstrebenswerter Wert wie Glückseligkeit, oder? Eine Erlösung von Leid und Sinnlosigkeit, ja das Ziel unseres Lebens?

Hundertprozentig. Viele sehen doch darin sogar das Ziel der Evolution und der gesamten materiellen Existenz. Der Omegapunkt, auf den alles hinausläuft, wie es Teilhard de Chardin genannt hat.

Wie hängen eigentlich das östliche Konzept des Erwachens – wie es Buddha gelehrt hat – und das christliche Konzept der Erlösung zusammen? Sind das nur unterschiedliche Methoden, zum selben Ziel zu kommen?

Die christliche Philosophie ist ja nicht einheitlich. Das östliche Konzept des Erwachens ist sicher vollständig kongruent mit der Auffassung von Mystikern wie Meister Eckhart und Johannes Tauler sowie dem berühmten Werk „Die Wolke des Nichtwissens". Sie sagen, dass es um das Einswerden mit dem göttlichen Grund geht und dass ich über Gott nichts zu sagen weiß. Dies wurde auch oft mit dem unschönen Wort von der „negativen Theologie" bezeichnet. Augustinus erklärte: „Sobald ich glaube, etwas über Gott sagen zu können, kann ich sicher sein, dass es das nicht meint." Es ist ein sich Öffnen gegenüber dem vollkommen leeren Raum jenseits jeder Vision, jeder Vorstellung und jenseits jeder sinnlichen Wahrnehmung. Das ist die konsequenteste Mystik im christlichen Raum und die unterscheidet sich von den anderen christlichen Mystiken, die stärker an einem Gottesbild hängen. Die christliche Mystik in ihrer höchsten Form hat dieses Eins-Sein mit dem Unendlichen zum Inhalt. Viele andere sind mehr auf Bilder und Gottesvorstellungen ausgerichtet.

Die es ja aber auch in den vielen Gottesbildern des Hinduismus gibt.

Richtig. Jedenfalls ist die Mystik im Christentum meist verdrängt und die Erlösung auf das Jenseits bezogen worden.

Dass wir nach dem Tode auferstehen?

Ja, und eigentlich erst da aufwachen können. Das wurde allerdings in der Geschichte des Christentums schon früh – so etwa im 2. Jahrhundert – kritisiert, auch in Verbindung damit, dass die Bischöfe nicht mehr entsprechend der Tiefe ihres aufgewachten Seins ausgewählt wurden, sondern sich auf bestimmten Wegen hochgedient hatten. Das ist in jeder Religion zu beobachten: Am Anfang steht der erwachte Religionsstifter, und die Schüler der Schüler wissen es nicht mehr aus der eigenen Erfahrung des aufgewachten Seins, weil die Fähigkeit, dieses Wissen des Aufwachens weiterzugeben, nicht stark genug war. Stattdessen wurden Rituale ausgedacht für die vielen, die sich daran beteiligen wollten.

Siehst du einen Punkt im Leben Jesu, den du als Erwachen bezeichnen würdest? Ist das bei der Kreuzigung oder vorher?

Manche siedeln diesen Punkt da an, wo er plötzlich als Zwölfjähriger im Tempel auftrat und inspiriert zu reden begann. Man war erstaunt: Woher weiß er das? Das ist auch für einen Aufgewachten typisch, dass er inspiriert spricht, aus der Ichlosigkeit heraus Antworten findet, dass er selbst darüber erstaunt ist, woher die Worte kommen.

Ist das in der christlichen Tradition der Heilige Geist?

Das könnte man das Beseeltsein vom Heiligen Geist nennen. Gerade in neuerer Zeit hat das Pfingstfest ja wieder eine stärkere Bedeutung bekommen, etwa in den Erweckungskirchen. Das ist schon ein Symbol für das Aufwachen, und so gesehen könnte man sagen, Jesus war mit zwölf Jahren erwacht. Manche meinen, die Taufe im Jordan durch Johannes sei der Zeitpunkt und das Symbol seines Aufwachens. „Sohn Gottes" zu sein war in manchen Richtungen der jüdischen Spiritualität die Bezeichnung für das aufgewachte Sein. Man könnte aber auch auf die Verklärung auf dem Berg weisen, wo die Jünger ihn in strahlendem Licht sahen, und das als Bild dafür nehmen, dass er das Aufwachen gefunden hat.

Und die Kreuzigung?

Sie ist Sinnbild für das vollkommene Loslassen und in dem Sinne auch ein Hinweis auf das Erwachen. Wenn Jesus von der Feindesliebe spricht, dann bedeutet das: Alles annehmen, wie es ist. „Nicht mein, sondern dein Wille geschehe" ist die radikalste Form der Negierung des eigenen Willens und der eigenen Ichhaftigkeit. Es gibt für mich keinen anderen Satz, der das Zentrum der inneren Befreiung so deutlich ausdrückt wie „Dein Wille geschehe." Und den Tod so anzunehmen, wann und wie er kommt, und durch diese Situation des Alleinseins hindurchzugehen, wo man verlassen ist, wo Jesus verlassen war von allen Jüngern und allen Menschen – ja, sich sogar von Gott verlassen fühlte –, also diese Verlassenheit anzunehmen, all dies sind die notwendigen Bestandteile des Aufwachprozesses. Der Mensch befindet sich in einer paradoxen Situation: Er versucht, dem Schmerz und der Angst auszuweichen und ihnen zu entkommen, verleugnet und verdrängt beides und ist deswegen angespannt, getrieben und unlebendig. Beim Versuch, dem Schmerz zu entkommen, schafft er unendliches Leid für sich selbst und andere. Deswegen sagt Buddha: „Das Leid ist durch die Gedanken erschaffen." Wenn ich also keinen Widerstand gegen den unausweichlichen Schmerz habe, wenn ich bereit bin, mit allen anderen Menschen mitzufühlen, dann habe ich buchstäblich keinerlei Widerstand mehr und genau das macht mich innerlich gelöst und frei. Das christliche Bild von der Kreuzigung kann spirituell genau so verstanden werden: bereit sein, mit allen anderen Menschen mitzufühlen, sich zu öffnen für den Schmerz der ganzen Welt. Der Lohn sind Einklang und Frieden mit allem und die Tür zu wirklicher Freiheit.

Missverständnisse

Wie steht es mit der Auffassung von Sri Aurobindo, dass sich beim Aufwachen jede Körperzelle gleichsam in Licht verwandelt?

Das finde ich kindisch – im wahrsten Sinne des Wortes. Da wird der Versuch unternommen, das Aufwachen pseudowissenschaftlich zu erklären. Inzwischen ist es noch klarer, was sich da psychisch transformiert. Doch in dieser Situation des Nicht-Verstehens, des Nicht-Wissens hat der Mensch die Tendenz, sich Bilder zu schaffen und Erklärungen zu suchen. Und so entstehen Missverständnisse und Fehler. Der Fehler hier ist, dass etwas von der Ebene der Unendlichkeit – die Buddhisten würden sagen des Absoluten – einfach 1:1 auf die Ebene der materiellen Form bzw. des Relativen übersetzt wird. Wenn das Aufwachen Unendlichkeit und Frieden bedeutet – nicht Helligkeit, nicht Licht –, dann zu denken, dass sich diese Unendlichkeit des Seins auf der materiellen Ebene darstellt in Form von Licht oder so, das ist abwegig.

Sicher kennen wir aus den spirituellen Traditionen – auch aus der christlichen – die Beschreibung, dass der Erwachte etwas Durchscheinendes oder Leuchtendes hat. Die Aura tritt stärker hervor und von daher kommt die Idee des Heiligenscheins. Das ist verständlich. Aber die Idee, dass der Körper plötzlich aufhört, an die Naturkräfte gebunden zu sein, dass er sich in Licht verwandelt, durch Wände gehen kann – also egal, wie viel Siddhi-Kräfte entstehen, das ist absurd. Wenn er durch Wände gehen kann, dann liegt das nicht am Aufwachen. Die Siddhi-Kräfte haben – wie Ramana auch öfter betont – nichts mit dem Aufwachen zu tun. Das gilt ebenso für schamanische Kräfte. Der Mensch kann auf der materiellen Ebene enorme Fähigkeiten entwickeln, weit über das hinaus, was sich der Normalbürger so vorstellt. Aber das hat nichts mit dem Aufwachen zu tun.

Dies findet sich auch in der westlichen Idee der Steigerung und Weiterentwicklung: mehr können, mehr wissen, mehr tun. Da wird dann das aufgewachte Sein als ein Mehr an Können, Wissen etc. verstanden – beispielsweise in der Anthroposophie. Das hat Ähnlichkeiten mit den Ideen Aurobindos, der in England ausgebildet wurde und im Geiste unserer Tradition aufgewachsen ist. Er hat diese Werte nach Indien gebracht und offenbar mit ziemlich bizarren Vorstellungen verbunden.

Selbst wenn man dieser Lichtkörper werden könnte, hat das mit dem Aufwachen selbst nichts zu tun. Das ist eine Phantasie, die die Menschen entwickeln, um Bilder zu haben, weil sie immer versuchen, der Dinge habhaft zu werden, so auch der Unendlichkeit und der Transzendenz. Habhaft, überprüfbar, manifestiert, nur dann kommt es ihnen wirklich vor. Aber das ist nicht die Wirklichkeit.

Andererseits gibt es Berichte von Erwachten, die sagen: Da war ein Licht und ich habe mich darin aufgelöst. Und es gibt die Berichte von Nahtoderlebnissen, wo so etwas Ähnliches beschrieben wird, und es gibt das Reine Licht des Bewusstseins im Tibetischen Buddhismus bzw. im Tibetischen Totenbuch, bei dem sich das Ich im Tod auflöst.

Ja, aber das ist unzutreffend. Laut Meister Eckhart wendet man sich zuerst der Dunkelheit zu und entdeckt dann, dass es eine „lichte Dunkelheit" ist oder ein dunkles Licht. Das heißt, es ist eine Erfahrung jenseits des Visuellen. Wenn ich sage: „Ich nehme Licht wahr", dann bin ich bereits von der tieferen Erfahrung mehr an die Oberfläche gekommen. In Wirklichkeit ist es nämlich so, dass ich plötzlich eine Seinsweise erfahre, die weder dunkel ist noch licht. Sie hat nichts mit dem Visuellen zu tun. In den Nahtoderfahrungen und auch im Erwachen, wenn jemand in diesen Abgrund fällt, wird zuerst eine Dunkelheit wahrgenommen, danach eine Abwesenheit von Dunkelheit und das wird später beschrieben mit: „Es ist ganz hell geworden." Doch erstens beschreiben das längst nicht alle so und zweitens ist das wieder der Versuch, eine Erfahrung die sinnesunspezifisch ist, mit einem Bild zu beschreiben, das man anderen vermitteln kann. Die Beschreibung von Meister Eckhart zeigt, dass es weder licht noch dunkel ist.

> *Was ist eigentlich mit der Unsterblichkeit? Ist sie ein Attribut des Erwachens? Ist sie eine tiefe innere Gewissheit: „Ich sterbe nie" – oder was ist das genau?*

Es ist genau umgekehrt: Das Ich ist schon tot. Wenn wir vollkommen ehrlich sind, müssen wir zugeben, wir haben keinerlei Wissen darüber, was uns nach dem körperlichen Tod erwartet. Alle Vorstellungen, buddhistische, christliche usw., sind Metaphern, Bilder, Mythologien, Spekulationen und Phantasien. Traumbilder. Alles! Daher ist in der Negativen Theologie und in dieser radikalen Mystik die Bedeutung des Nichtwissens so fundamental. Es bedeutet – bezogen auf die Zeit nach dem körperlichen Tod –, dass wir nicht wissen.

Wir wissen, weil es der tieferen Erfahrung entspricht, dass Bewusstsein nicht einfach verschwinden kann. Und es ist ja auch nicht „mein" Bewusstsein. Es ist Bewusstsein an sich. Ob wir uns aber nach dem Tod wie ein Tropfen im Meer auflösen und sozusagen jede individuelle Wahrnehmung der Erfahrung verschwindet oder ob eine bestimmte Form von individueller

Erfahrung bleibt, darüber kann niemand etwas wissen. Da bin ich ganz sicher: Jeder, der glaubt, etwas darüber zu wissen, ist bestimmt von Hoffnung, Vermutung, Spekulation, oftmals auch Wichtigtuerei und dem grundlegenden Wunsch nach Kontinuität bzw. einer Nichtakzeptanz der Leere und des Todes. Und damit steht auch der Wunsch nach einem Weiterleben, etwa in einer Reinkarnation, dem Aufwachen im Weg, da es immer ein Schlupfloch für das Ich gibt, sich in diese zeitliche Kontinuität hineinzuphantasieren und eine Unsterblichkeit in irgendeiner Form zu haben. Statt bereit zu sein, sich dem vollständigen Nichts zu öffnen, hinzugeben und zu überlassen.

Aber der Punkt ist, keine Angst (vor dem Tod) zu haben. Das ist es doch wohl, was die meisten Menschen ersehnen.

Ja, die Angst vor dem Tod verschwindet durch das Aufwachen, und zwar deswegen, weil das Aufwachen – vor dem Aufwachen, im Aufwachen und nach dem Aufwachen – eine radikale Begegnung mit der Angst vor dem Sterben ist. Durch die Begegnung mit und durch das Annehmen der Angst verbrennt sie und kann sich auflösen. Wenn du jedoch durch tröstende Konzepte die Angst nur beiseitegeschoben hast, heißt es ja nicht, dass sie verschwunden wäre: Im Unterbewussten entwickelt sie eine destruktive Kraft. Sie führt zu Verspannungen und zum Getriebensein.

Das Bewusstwerden der Sterblichkeit und die Angst vor dem Tod haben wahrscheinlich an der Wiege der menschlichen Kultur gestanden. Die Menschen wurden sich plötzlich des Todes bewusst, erfanden Rituale, ihn zu bannen und damit umzugehen, und machten sich Vorstellungen über das Weiterleben nach dem Tod. Mit Totenfeiern und Begräbnissen begann die menschliche Kultur. Die Befreiung führt durch die Ergründung der Todesangst, indem ich ihr begegne und sie durchlebe und so zur Ichlosigkeit gelange, wo es keine Angst mehr gibt. Wenn ich also der Angst vor dem Tod dadurch aus dem Weg gehe, dass ich tröstende Zukunfts- und Jenseitsvorstellungen habe, zahle ich einen großen Preis: Ich verpasse die Chance, durch die reale Begegnung mit der Todesangst diese zu lösen und durch das vollständige Aufwachen ganz frei zu werden. Stattdessen habe ich mit der Tröstung die Todesangst nur beiseitegeschoben.

Bereit sein

Was ist eigentlich jetzt wirklich? Das, was ich gerade wahrnehme und denke?

Was jetzt unmittelbar wahrgenommen wird, sind Gedanken und sinnliche Wahrnehmungen. Aber da ist noch mehr. Es gibt die augenblickliche Wahrnehmung dessen, was tiefer ist als die sinnliche Wahrnehmung – Unendlichkeit, Stille, Frieden. Und wenn vom Augenblick, von der Präsenz die Rede ist oder dass dies alles ist, was ist, dann darf damit nicht nur die sinnliche Oberfläche gemeint sein. Es muss diese nicht-sinnliche Tiefe mit erfassen.

Die zeitlos ist ...

Die zeitlos ist, die sich nicht verändert, die immer da ist, die immer erfahren werden kann, aus der heraus die sinnliche Oberfläche plötzlich reiner und sinnlich anders wahrgenommen wird, nämlich in ihrem Sosein und in ihrem Dasein, während wir normalerweise das sinnlich Wahrnehmbare ja mit der Frage verbinden: Was bedeutet es für mich, was will oder soll ich damit? Also jede Wahrnehmung auf das Ich beziehen. Wir haben, was den Augenblick ausmacht, die sinnliche Wahrnehmung und das Tiefere.

Aber das ist doch eigentlich das, was mich allein sein lässt. Scheinbar gibt es da ein Gegenüber, mit dem ich spreche, aber es ist doch wie der Teil eines Traums. Wir haben diese scheinbar beruhigende Grundlage, dass ich mit anderen etwas gemeinsam habe, aber stimmt das denn? Wenn ich in die Tiefe gehe, falle ich ins Bodenlose ... und verliere alle Sicherheit – oder nicht?

Aber indem ich ins Bodenlose falle, kann eine andere und viel fundamentalere Sicherheit erscheinen.

Und zwar?

Die des Seins, der Unveränderbarkeit, der Unendlichkeit, der Nicht-Verrückbarkeit, der Unzerstörbarkeit, der Unverletzlichkeit. Substanz, Permanenz, Dauerhaftigkeit, Zeitlosigkeit und Ewigkeit – eine ganz andere Art von Sicherheit. Solange der Mensch diese Art von Sicherheit nicht findet, sucht er die Sicherheit im Materiellen und in anderen Menschen, wo sie aber nicht zu finden ist.

Auch die Überzeugung, dass ich auf einem Boden stehe, ist eine Illusion. Eine durch viele Eindrücke und Empfindungen gespeiste Simulation eines Raumes mit einem Fußboden, der diesen Körper – mich – trägt. Wenn dieser Eindruck gestört wird, kommt Angst hoch: bodenlose Angst. Da hilft auch kein Weglaufen.

Genau. Und deshalb spielt die Bereitschaft, dieser Angst zu begegnen, beim Aufwachen auch eine so große Rolle. Nicht weglaufen!

Aber diese Art von Angst lässt sich nicht herbeizaubern oder irgendwie hervorrufen – und wer will das schon? Sie taucht unvermittelt auf.

Richtig. Und dann zeigt sich die Bereitschaft, sie zu fühlen und ihr zu begegnen oder nicht. Deshalb ist es wichtig, die Fähigkeit zu entwickeln, im Gefühl zu bleiben, ohne wegzugehen. Das lässt sich vielleicht mit der Situation beim Segeln vergleichen, wenn ein Sturm auftritt. Wenn ich schon vorher bei leichtem Wind und blauem Himmel oft das Segeln geübt habe und dann auch schon mal bei mittlerem Wind, dann bin ich, wenn der Sturm kommt, besser vorbereitet. Wenn ich die Gewohnheit entwickelt habe, in den Gefühlen zu sein, ohne wegzulaufen, dann kann ich auch die Angst in der Bodenlosigkeit aushalten, bis sie verbrennt oder sich auflöst. Und das nicht nur einmal, sondern mehrmals.

*Ich habe diese Angst in verschiedenen Graden erlebt und manch-
mal war es wirklich unerträglich ...*

Das ist die eigentliche Todesangst. Viele haben nur ein vages
Bild, wie sie da im Sarg liegen. Das ist es nicht, worum es hier
geht, sondern zu merken, dass da kein Boden ist, nur Leere.
Nichts, woran man sich festhalten kann. Das ist die Angst zu
sterben.

*Müsste dann nicht jeder im Sterben erleben, wie die Welt ver-
schwindet, alles wegfällt, nichts bleibt?*

Ja, wenn das wahrgenommen wird, besteht die Chance zum
Aufwachen. Beim Aufwachen macht der Mensch typischerweise die Erfahrung, dass er alles und daher überall ist. Wenn
er überall ist, kann er nicht im Körper sein. Es muss also einen
Shift geben von der Wahrnehmung „Ich bin der Körper bzw. im
Körper" hin zur Wahrnehmung „Ich bin alles und der Körper
ist nur ein winzig kleiner Teil". Das Aufwachen ist umso wahrscheinlicher, je mehr der Betreffende alle visuellen Erfahrungen
hinter sich lässt – ganz Meister Eckhart folgend, der sagt, dass
das Abenteuer erst da beginnt, wo das Dunkel betreten wird,
jenseits aller äußeren und inneren sinnlichen Wahrnehmung.

*Wie würdest du zusammengefasst die Qualität des Erwacht-Seins
beschreiben? Welche Begriffe passen da am ehesten: Freiheit,
Seligkeit, Liebe?*

Im indischen Wert wird traditionell das aufgewachte Sein
mit „Sat-Chit-Ananda" bezeichnet. Dies heißt im Deutschen
wörtlich übersetzt: „Sein – Bewusstsein – Glückseligkeit". Wir
übersetzen diese drei Wörter seit einiger Zeit lieber mit „Leere
– Bewusstsein – Liebe". Glückseligkeit und Liebe sind zwei
Seiten derselben Medaille, Leere ist die bestimmende Qualität
des Seins. Man kann diese Qualitäten weiter differenzieren:

- Die Erfahrung der Zeitlosigkeit

- Die Erfahrung der Grenzenlosigkeit, der Weite und der
  Unendlichkeit

- Die Erfahrung eines tiefen, unberührbaren und unzerstörbaren Friedens
- Die Erfahrung des Nicht-Persönlichen, der Ichlosigkeit
- Die Erfahrung von Glückseligkeit
- Die Erfahrung grenzenloser, bedingungsloser und unpersönlicher Liebe
- Die Erfahrung des stillen Verstandes

Es wird oft so beschrieben, dass der Frieden und die Leere immer präsent sind, die Erfahrung von Glückseligkeit manchmal mehr in den Hintergrund und dann wieder in den Vordergrund tritt. Aus der Arbeit mit aufgewachten Schülerinnen und Schülern habe ich den Eindruck gewonnen, dass die Erfahrung von Glückseligkeit wesentlich davon mitbestimmt wird, ob der Körper wirklich losgelassen werden kann, sich entspannt und der Atem ganz frei und gelöst ist. Natürlich hängt sie auch davon ab, ob gerade viel oder wenig, vielleicht Anstrengendes im Alltag zu bewältigen ist. Wohlgemerkt, dies bezieht sich nicht auf die Erfahrung von Leere, sondern auf die Erfahrung von Glückseligkeit. Man kann aber wahrscheinlich sagen, dass die Leere in der Tiefe die Färbung von Glückseligkeit annimmt, in der Mitte eher leer und nüchtern ist und in der obersten Schicht so etwas wie leer und grau ist, dort nämlich, wo die Leere die Todesnähe und -angst beinhaltet – das, was erst zu durchschreiten ist und den Prozess des inneren Sterbens bedeutet.

Wesentlich ist natürlich die Erfahrung von Ichlosigkeit, die Erfahrung, dass auch die Prozesse des eigenen Organismus, das Tun, die Handlungen, die Gefühle geschehen und nicht von einem Subjekt gemacht und kontrolliert werden. Mit dieser Ichlosigkeit hängt wesentlich die Gelassenheit zusammen. Die eigenen Handlungen genauso wie alle anderen Dinge in der Welt in ihrem Da-Sein und in ihrem So-Sein sehen zu können, ohne persönliche Absicht und ohne persönliches Urteil.

Wirkliche Ichlosigkeit geht einher mit einem stillen Verstand. Darüber, so scheint es, gibt es die größte Meinungsverschiedenheit. Es gibt viele, die vom Aufwachen reden, aber niemals von der Stille des Verstandes. Man hat den Eindruck, dass in ihrem Innern, obwohl sie sich als aufgewacht bezeichnen und es vielleicht auch sind, weiterhin ein kontinuierlicher Gedankenfluss existiert. Mir scheint da das Aufwachen nicht tief genug zu sein, denn das Plappern des Verstandes hat zwei Ursachen: Einmal lebt das Ich, gerade weil es geistig mental konstruiert und nicht substantiell ist, in einer grundlegenden Unsicherheit und der Angst: Wenn ich aufhöre zu denken, existiere ich nicht mehr und alles hört auf." Dass das Ich dann nicht mehr existiert, ist ja richtig, aber das Ich verwechselt hier sich selbst mit dem Ganzen. Zum Zweiten bezieht das Ich alle Wahrnehmungen, sowohl außen als auch innen, sofort in vielfältigster Weise auf sich selbst: „Das, was ich sehe, höre, spüre, was bedeutet mir das? Ist es gut oder schlecht für mich? Was kann ich damit anfangen, wozu gebrauchen? Was muss ich damit machen?" Beides fällt weg, wenn die Ichlosigkeit erkannt und durch die Tiefe des Abgrundes hindurch die Angst vor der Auflösung und dem Tod gelöst ist. Mit anderen Worten: Ein Aufwachen ohne Stille des Verstandes ist kaum die Hälfte. Das sind einige Kennzeichen dieses so schwer beschreibbaren Prozesses, der gleichzeitig das wichtigste Abenteuer im Leben des Menschen darstellt.

ANHANG:
PRAXISTEIL MIT ÜBUNGEN

1. Spiritueller Freund/spirituelle Freundin: Die Rolle des Begleiters

Wenn man mit anderen arbeitet oder sich selbst beobachtet, nimmt man die Position des wahren spirituellen Freundes oder der wahren spirituellen Freundin ein. Diese wird durch eine bestimmte innere Haltung gekennzeichnet: Man ist innerlich leer, also ohne Gedanken, verfolgt keine Absicht, beurteilt, vergleicht und bewertet nicht. Man ist bewusst und nimmt wahr, was ist. Man hat keinen persönlichen Plan. Sobald man leer und bewusst ist, taucht die Liebe von alleine auf. Also ist man Bewusstsein, Leere und Liebe. Als spiritueller Freund nähert man sich diesen Qualitäten seiner wahren Natur an.

2. Bewusstheitsübung: Wessen bist du dir jetzt bewusst?

Hintergrund

Die Bewusstheitsübung ist die wichtigste, grundlegendste und wirksamste Übung unserer Arbeit und wahrscheinlich spirituell wirksamer als alles, was du sonst tun könntest. Entwickelt hat sie Eli Jaxon-Bear, sie ist die Quintessenz des gesamten Weges der inneren Erfahrung und des gesamten Wissens von der Bedeutung des Loslassens und Geschehen-Lassens.

Ziel der Bewusstheitsübung ist die Entwicklung einer vollständig kontemplativen Haltung der Wahrnehmung und des Geschehen-Lassens. Es geht in dieser Übung um nichts. Vielmehr geht es darum, alles auftauchen und geschehen zu lassen, ohne irgendetwas damit zu tun. Das bedeutet auch, dass jede Veränderung der Übung eine Verschlechterung darstellt, weil alle Veränderungen denjenigen, der begleitet wird, zu einer Aktivität auffordern. Dadurch wird das Ziel ruiniert. Es gibt viele andere Methoden, mithilfe deren man Gefühle tiefer und vollständiger fühlen würde, und im konkreten Fall mag es Hinweise geben, die jemandem helfen würden, mehr loszulassen und tiefer zu sinken. Auf all das ist zu verzichten, weil es das übergeordnete Ziel der kontemplativen Haltung des Geschehen-Lassens ruiniert, verhindert oder beeinträchtigt. Diese Haltung aber ist gerade der Schlüssel zur Ermöglichung des Aufwachens.

Abbildung 1 zeigt ein Modell der inneren psychischen Struktur, das die verschiedenen Wahrnehmungsebenen beschreibt, in denen sich Menschen bewegen. Das alltägliche Wahrnehmungsgeschehen spielt sich normalerweise in den oberen Schichten bis zu den Alltagsgefühlen ab: z. B. der Ärger, die Enttäuschung, die Freude. Die Wahrnehmungen, die einem während des Tages begegnen, sind wie die Wellen des Ozeans: an der Oberfläche.

Wird ein Gefühl erfahren, taucht der Impuls auf, sich wieder zurückzuziehen – entweder in den Kopf, so dass man sich Gedanken macht, oder in den Körper, so dass man zum Beispiel Schmerz fühlt und dann wieder zurückgeht und die Anspannung im Nacken wahrnimmt. Das ist die eine Möglichkeit: in den Kopf oder in die Körperempfindung zurückzugehen, anstatt im Gefühl zu bleiben. Das geschieht ganz schnell. Die Stimme des Gefühls ist meistens leise und der Kopf und der Körper sind so viel lauter. Die andere Möglichkeit ist die, dass man bei einem Gefühl bleibt, z. B. in der Trauer, aber die Wut zusammen mit der Angst, die darunter ist, nicht wahrnimmt. Oder dass man

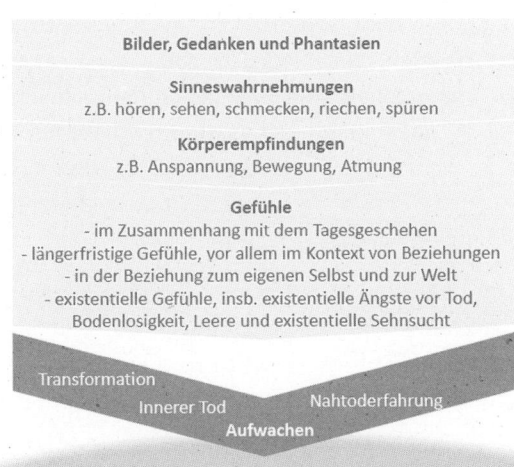

Abb. 1: Schichtenmodell der inneren Wahrnehmungsebenen
nach E. Jaxon-Bear und C. Meyer.

tiefer geht und den Schmerz fühlt, der unter der Wut ist, aber dann sofort wieder zurück in die Trauer geht, weil man sich in der Trauer besser auskennt. So kann man entweder wieder in den mentalen Körper oder in den physischen Körper zurückgehen oder sich innerhalb des emotionalen Körpers in den Bereichen aufhalten, wo man sich zu Hause und relativ sicher und bequem fühlt. Es ist sehr wichtig und aufschlussreich, die eigenen Tendenzen zu bemerken und zu erkunden. Wenn man sich auf die Gefühle einlässt, kann es auch sein, dass es Gefühlsschleifen gibt. Man fühlt die Trauer über alle möglichen Dinge zusammen mit der Enttäuschung, dass die anderen nicht das tun, was man will, oder die Arbeit nicht so läuft, wie man es möchte. Dann fühlt man die Wut und möchte am liebsten in der Empörung und der Wut stecken bleiben, weil es oftmals viel einfacher ist, irgendjemanden zu haben, den man beschuldigen kann, oder weil man sich in der Wut so schön lebendig fühlt, so dass man dem Schmerz ausweicht und lieber in der Wut bleibt. Das ist für jeden verschieden. Der eine kennt sich gut mit der Wut aus und fühlt sich da zu Hause und lebendig und ist vielleicht sogar süchtig danach, und jemand anders fürchtet die Wut wie kein anderes Gefühl.

Das Tieferkommen wird somit verhindert,

1. indem man wieder in den *mentalen Körper* zurückgeht. Das ist meistens der erste und gewohnheitsmäßige Weg, wieder die Geschichte zu erzählen, den Gedanken und den Erinnerungen zu folgen und Erklärungen und Beschuldigungen zu suchen oder sich mit einer anderen Geschichte abzulenken;

2. indem man in den *physischen Körper* zurückgeht und sich darin aufhält und damit dem Gefühl aus dem Wege geht. Man nimmt nur noch die Anspannung in der Brust oder im Bauch wahr anstatt die Angst oder die Wut. Dabei ist nicht nur die Aufmerksamkeit vom Gefühl zur Körperempfindung verschoben, sondern meistens wird die Körperempfindung wahrgenommen, die mit der *Reaktion* auf das Gefühl zusammenhängt und nicht mit dem Gefühl direkt.

3. Die Folge kann auch sein, dass man, statt zu den tieferen Gefühlen zu kommen, in einem vertrauten Gefühl stecken bleibt. Die Bewegung geht dann meistens vom Gefühl zur Geschichte – zum Gefühl – zur Geschichte – zum Gefühl.

Man fühlt die Trauer und dann ginge es darum, sich dem Schmerz zu öffnen, der darunterliegt. Dann spürt man plötzlich diesen Druck im Bauch und den Atem, der eingeschränkt ist. Wenn man sich damit beschäftigt, fühlt es sich relativ sicher an, wenn man mit dem Körper ein bisschen Erfahrung hat. Deswegen sicher, weil der Körper begrenzt ist. Und wenn man sich den Gefühlen öffnet, dem emotionalen Körper, dann wird das plötzlich bodenlos und grenzenlos. Der Körper misst nur 180 x 40 cm – darunter ist die Grenzenlosigkeit.

Wenn man sich auf das Tiefere einlässt, bemerkt man vielleicht ein Gefühl, das einem normalerweise nicht vertraut ist und dem man aus dem Weg geht. Das kann Trauer, Wut oder Schmerz sein und ist für jeden unterschiedlich. In der Therapie wird meistens mit den Gefühlen der Oberfläche gearbeitet. Eine erfolgreiche Therapie führt eine Schicht tiefer und ermöglicht es auch, die Gefühle zu fühlen, die immer verdrängt wurden. Wenn du auch bereit bist, dieses Gefühl wahrzunehmen, hast du die Möglichkeit, tiefer zu kommen. Hier kann man die Erfahrung von Bodenlosigkeit machen und grundlegende, existenzielle Gefühle auftauchen lassen – Verzweiflung und Angst. Die Verzweiflung darüber, dass plötzlich der Wahnsinn, von dem man bis dahin beherrscht wurde, erkannt wird, und auch Verzweiflung darüber, zu ahnen, dass es die Freiheit gibt, aber noch nicht zu finden ist. Wenn die Bodenlosigkeit erfahren wird, taucht auch Angst auf. Zwar taucht Angst an der Gefühlsoberfläche schon immer auf, aber jetzt ist es eine Angst, die tiefer geht. Eine Angst, die nicht mit Vorstellungen zusammenhängt, dass zum Beispiel die Sozialhilfe gekürzt wird oder dass man verlassen wird, sondern die Angst, nicht leben zu können und leben zu dürfen – zusammen mit der Verlorenheit. Wenn man diesen Gefühlen begegnet und ganz erfährt, ist da plötzlich nichts außer einem schwarzen Loch. Wenn dieses schwarze Loch durchschritten, durchfallen oder durchlebt wird, dann ist darunter Frieden, Freude.

Es ist auch möglich, die Leere und die tieferen Erfahrungen direkt zu erfahren und sogar das zu erfahren, was Aufwachen heißt. Aber dann sind diese Schichten nicht erfahren, durchschritten und verbrannt und sind weiter als verdeckte Tendenzen aktiv: als Vasanas, wie die Inder sagen, als Gedanken- und Gefühlsgebilde, die wirken und das Leben bestimmen, ohne dass man es bemerkt. So wie es sein kann, dass der Ärger nie gefühlt wird und trotzdem das Leben im Untergrund bestimmt. Wenn das so ist und die Leere und das Aufwachen erfahren werden, ohne dass diese Schichten durchschritten wurden, dann kommen sie irgendwann wieder zurück. Dann hat man die Chance, diesen Schichten im Nachhinein zu begegnen und sie durchzuarbeiten.

Anleitung

Die Basisübung beginnt mit der einfachen Frage: „Wessen bist du dir jetzt bewusst?" Dann antwortet der andere mit seiner Wahrnehmung, die gerade erfahrbar ist. Diese Antwort wird wörtlich wiederholt und ein Vorschlag angefügt, wessen er oder sie sich noch bewusst sein könnte. Zum Beispiel: „Du kannst dir auch bewusst sein, wie deine Stimmung gerade ist." Dann wird der Nebensatz angefügt, der lautet: „... und das kann dir helfen tiefer zu fallen". Der Vorschlag sollte sich auf eine Wahrnehmung beziehen, die innerlicher und tiefer ist. Die Prinzipien sind, von außen nach innen und von oben nach unten zu gehen. Wenn jemand beispielsweise innere Bilder sieht, wäre es gut, als Wahrnehmungsmöglichkeit vorzuschlagen: „Du kannst dabei deinen Atem fühlen oder noch feinere Körperempfindungen." Oder wenn jemand bei den Körperempfindungen ist, dann kann man vorschlagen: „Du kannst auch wahrnehmen, was du fühlst." Wenn jemand fühlt, dann können Körperempfindungen mitunter helfen, das Gefühl intensiver werden zu lassen. Vor allem begleitende Körperempfindungen können angesprochen werden. So kann der Begleiter sein Gegenüber darin unterstützen, diese innere Reise zu machen und tiefer zu sich zu finden. Nach einer verabredeten Zeitspanne, zum Beispiel von 30 Minuten, können die Rollen getauscht werden. Diese Fragen sind die wichtigste innere Übung, die man auch jeden Tag mehrmals für sich alleine machen kann. Diese Fragen können auch zu einer gewohnheitsmäßigen Haltung werden.

Beispiel

Wessen bist du dir bewusst?

Meiner Ruhe.

Du bist dir deiner Ruhe bewusst. Du kannst dir dabei auch bewusst sein, wie dein Atem kommt und geht, und das kann dir helfen, noch tiefer zu fallen. Wessen bist du dir jetzt bewusst?

Eines Friedens bin ich mir jetzt bewusst.

Und die Erfahrung dieses Friedens kann noch tiefer und vollständiger sein und das kann dir helfen, noch viel tiefer zu fallen. Wessen bist du dir jetzt bewusst?

Ich bin mir eines Fallens bewusst.

Du bist dir des Fallens bewusst. Und jede einzelne Wahrnehmung währenddessen kann dir helfen, noch tiefer zu fallen. Wessen bist du dir jetzt bewusst?

Ich falle und bin dabei ganz schwer.

Du bist dir bewusst, dass du fällst, und bist dabei ganz schwer. Du kannst dir weiter des Fallens bewusst sein und vielleicht noch vollständiger und das kann dir helfen, noch viel tiefer zu fallen. Wessen bist du dir jetzt bewusst?

Dieser Freude ...

Du bist dir dieser Freude bewusst. Ja, und auch in diese Freude kannst du dich noch tiefer hineinfallen lassen. Und jetzt kannst du dich so tief fallen lassen, dass du etwas findest, das wie ein Geschenk ist. Etwas, was schon immer da war und bisher noch nicht wirklich gesehen werden konnte.

3. Innenreise

Anleitung

Halte deine Augen geschlossen und nimm wahr, was dein Körper tut. Wie atmet er? In den Bauch, in die Brust, in den Raum dazwischen, vielleicht wie eine Wellenbewegung? Wie ist das Einatmen, wie ist das Ausatmen und wie ist diese Pause dazwischen? Wo gibt es eine Bewegung im Körper? Wenn dein Mund geschlossen ist, dann öffne ihn, ohne etwas zu verändern. Es kann sein, dass der Körper dann etwas verändert mit dem Atem. Du spürst die Bewegungen im Körper, da sind energetische Bewegungen, ein Strömen und Fließen. In bestimmten Körperregionen gibt es vielleicht innere Bewegungen wie Zuckungen oder Wellen. Auf der einen Seite kannst du alles spüren. Es ist das, was im Augenblick ist. Auf der anderen Seite kannst du alles, was spürbar ist, wahrnehmen. Es ist der Körper, aber nicht das, was du bist. Da kann Bewegung sein, da kann Anspannung sein, da kann Entspannung sein. Es ist ganz egal.

Worauf es ankommt, ist nicht, was da stattfindet, sondern ob du das da sein lässt oder etwas damit tust. Ob du dagegen angehst oder es ändern willst oder etwas damit machen willst. Das entscheidet darüber, ob du im Frieden bist oder im Krieg und Kampf.

Und jetzt kannst du deine Aufmerksamkeit darauf richten, was du fühlst oder erfährst – viel tiefer als die Körperempfindungen. Das, was das Leben in diesem Augenblick ausmacht, deine Stimmung, vielleicht zwei Gefühle nebeneinander, vielleicht auch eine tiefere Erfahrung wie Leere und Stille und gleichzeitig auch noch ein bestimmtes Gefühl in dieser Leere und Stille. Und wenn du wahrnimmst, was du fühlst oder diese tiefere Erfahrung, machst du das Gleiche, nämlich nichts. Nichts verändern wollen, nichts erklären wollen. Es gibt da nichts zu verstehen und vor allem nichts zu tun. Nichts machen und nichts verändern wollen.

Und wieder ist es dasselbe. Wenn da ein Gefühl ist, das ist ganz egal. Worauf es ankommt ist, ob du mit diesem Gefühl zufrieden bist und es da sein darf, ohne etwas tun zu müssen, oder ob du daran ziehst und zerrst und damit in Kampf und Krieg bist. Das macht den Unterschied. Es ist so einfach. Und wenn das Gefühl, wenn die Erfahrung vollständig da sein darf, dann gibt es so etwas, in das du dich hinein-sinken lassen darfst, hineinfallen lassen darfst. Es ist etwas, das von alleine geschieht, wenn du loslässt. Du kannst es jetzt vielleicht noch etwas vollständiger erfahren, nämlich mit dem Ergebnis, dass du ganz zu diesem Gefühl wirst, ganz zu dieser Erfahrung wirst, weil du dich hineinsinken lässt, loslässt und aufhörst, etwas zu tun und zu wollen. Wenn du dich dann noch tiefer hineinsinken lässt, kann es sein, dass du eine Erfahrung des Fallens machst, nach innen in die Tiefe.

Wenn du jetzt gleich die Augen öffnest, kannst du darauf achten, dass du in der inneren Erfahrung bleibst, auch mit geöffneten Augen. Um dir dafür eine Chance zu geben, kannst du damit ein wenig experimentieren. Du kannst die Augen öffnen und wenn du spürst und merkst, dass du von der inneren Erfahrung wegrutschst, kannst du die Augen wieder schließen, wieder öffnen, wieder schließen und ein paar Mal hin- und hergehen.

4. Ton-Übung

Hintergrund

Bei der Ton-Übung geht es darum, das Gefühl, das da ist, zu entdecken, und dann einen Ton zu finden, der dich noch tiefer in das Gefühl hineinschmelzen lässt. Dabei wird dem Gefühl mit dem Ton Raum gegeben und noch intensiver gefühlt. Wenn jemand einen Ton zu lange macht, ist er wahrscheinlich nicht mit seinem Gefühl in Kontakt, er hat sich im Ton verloren. Dieser Ton macht dann ein angenehmes Gefühl, als wenn ich mir ein Wiegenlied vorsingen würde. Das würde mich auch beruhigen. Wir können ganz schnell mit dem Ton Gefühle erzeugen – „Stimme" und „Stimmung" sind sozusagen fast dasselbe Wort. In der anderen Richtung geht es mit dem Ton manchmal so, dass das Ausatmen gar nicht vom Ton begleitet wird, sondern nur der Ton da ist und dann abstirbt, und dann merkt man auch, dass das Tönen nicht im Fluss ist. Zwischen diesen beiden Extremen gibt es den Weg der Mitte. Da zieht der Ton das Ausatmen nicht in die Länge und er ist auch nicht abgeschnitten, bevor das Ausatmen vorbei ist.

Viele Menschen sagen, dass sie sich anstrengen müssen, einen Ton zu machen. Es gibt die Blockierung „Ich darf keinen Ton machen, ich muss ordentlich reden, ich darf keinen ungebührlichen Ton machen". Im Wesentlichen ist es die Angst, die Kontrolle zu verlieren. So ist es viel leichter, einen Vokal ein A, ein O oder ein OM zu tönen, als einen Ton entstehen zu lassen, bei dem ich zu Anfang noch nicht weiß, wie er sich am Ende anhören wird. Die Kontrolle wird auch deswegen aufgegeben, weil dieser Ton selber dem Gefühl viel mehr Raum geben kann und die Angst auftaucht, dass das Gefühl nicht mehr kontrollierbar und handhabbar ist. Wenn jetzt jemand den Ton machen will, dann geht er gegen diese Hemmung, gegen die Blockierung an. Dann entsteht eine Anstrengung, mit der gegen die Anstrengung angegangen wird, und das macht den Ton anstrengend. Da gibt es keine Ausnahme. Ein Ton an sich ist nie anstrengend. Man merkt das, wenn man nämlich gar keine Kraft mehr hat, wenn man gar nicht mehr darauf achtet, dann macht man von alleine Geräusche. Ein Ton ist nie anstrengend. Die Anstrengung ist das Resultat dieser Blockierung, gegen die dann angegangen wird. Die Anstrengung ist schon in der Blockierung drin, sie wird nur nicht bemerkt. So, wie wenn man immer zu enge Schuhe trägt, dann merkt man das nicht mehr. Man schneidet dieses Bewusstsein ab. Manche sagen dann: „Ich atme, aber es kommt kein Ton." Abgesehen davon, dass es oft Blockierungen und Hemmungen sind, die im Wege stehen, ist es natürlich schon so, dass es gut ist, wie bei einer Schaukel zu Anfang ein bisschen anzuschieben und auszuprobieren – im Kontakt zu bleiben mit dem Fühlen und dann auszuprobieren. Lässt mich dieser Ton das Gefühl deutlicher fühlen oder verändere ich den jetzt ein bisschen? Das ist ein Prozess des Hineinfindens. Da ist es manchmal so, dass, wenn diese Blockierung oder diese Hemmung noch da ist, man wie bei einer Schaukel zuerst ein bisschen anschieben muss und dann geht die Schaukel immer mehr ganz von alleine. Aber nicht zu viel machen! Das Geschehen-Lassen und das Machen. Hierbei schiebst du ein bisschen an, aber das Geschehen-Lassen soll das Bestimmende sein.

Bei der Tonübung geht es darum, mit dem Ton dem Gefühl einen tieferen inneren Raum zu geben. Es geht niemals darum, mit dem Ton das Gefühl nach draußen bringen zu wollen, und schon gar nicht darum, es mit dem Tonweg bekommen zu wollen. Ganz anders als früher in verschiedenen expressiven

Übungen (z. B. der dynamischen Meditation) geht es nicht um das Ausagieren der Gefühle, sondern darum, mithilfe des Tönens tiefer und tiefer in das Gefühl hineinsinken zu können und sich vollständiger vom Gefühl erfassen zu lassen, ohne irgendetwas zu verdrängen und ohne etwas zu tun oder auszuagieren. Es ist nötig klarzustellen, dass das Weinen und Schluchzen niemals ein Ausagieren ist, sondern eine spontane Bewegung als Teil des Gefühls, ganz so wie auch bei anderen Gefühlen der Atem sich spontan verändert, wenn ich es denn zulasse.

Anleitung

Öffne deinen Mund und atme zwei oder drei Mal mit einem leichten Seufzer aus. Der Seufzer erlaubt dir, Anspannung wegfließen zu lassen. Dann lass den Atem wieder in Ruhe, nimm wahr, was sich im Körper bewegt, und dann nimm wahr, was du fühlst, was du fühlst, wie einen Hauch oder wie einen Aufruhr, was du fühlst im Hintergrund, wie deine Stimmung ist, die dich durchzieht, vielleicht wie ein sanfter Wind. Oder ob du etwas erfährst, was tiefer ist als ein Gefühl und ruhiger und stiller und gleichmäßiger. Jetzt finde einen Ton, der zu dem Gefühl gehört, und stell dich gerade, sicher auf beiden Beinen, ohne die Knie starr zu machen und durchzudrücken. Es geht um einen Ton, der den Kontakt zu dem Gefühl verstärkt und der das Gefühl nicht weghaben will. Während du dann aufstehst und stehst, kann es sein, dass dein Körper Bewegung machen will. Der Ton kann dir sowohl helfen, dass die Anspannung weggeht, die über dem Gefühl liegt, als auch die Schwingung des Gefühls selber deutlicher zu fühlen. Und bei der Bewegung, die da entstehen will, ist es ganz wichtig, weder Bewegung zu machen noch Bewegung zu behindern – dem Körper erlauben, das zu tun, wonach ihm ist. Wenn du dich starr machst, dann behinderst du die Bewegung.

So kann jetzt der Ton, der äußere Ton verklingen und du kannst dem inneren Ton lauschen und einen Platz im Sitzen oder Liegen finden und dir Zeit lassen, das zu spüren und zu fühlen, was sich jetzt in deinem Körper und auch in deiner Seele bewegt. Und gerade jetzt in dieser Zeit kann es sein, dass sich sehr viel Anspannung löst und die Energie im Körper leichter und intensiver fließt.

5. Bewegungsübung

Hintergrund

In dieser Übung lässt man Bewegungen entstehen, die von alleine entstehen. Dies sind spontane, aus dem Körper folgende Bewegungen. Wir können uns vorstellen, dass der Körper von einer Energie durchflutet wird, die man Qi-Energie oder Lebensenergie nennen kann. Wenn der Körper blockiert ist, kann diese Energie nicht frei fließen. Eine deutliche Blockierung ist zum Beispiel, wenn der Atem nicht frei fließen kann, weil hier die Muskulatur angespannt ist und so eine Tendenz ist, den Brustkorb oder den Bauch oder das Becken festzuhalten. Dann will da Energie fließen, es will jetzt konkret ein Atemzug entstehen, aber es geht nicht. Und jetzt entsteht aus dieser Energie, die auf die Blockierung trifft, eine ganz spezifische Bewegung. Und diese spezifische Bewegung ist heilsam. Die ganze Arbeit ist Tausende von Jahren alt und kommt aus einer taoistischen Schule, die vollkommen auf das Wu-Wei abzielt.

Andere Schulen, wie Qi Gong, Tai-Chi oder Yoga folgen der Idee, dass es vorgeformte Bewegungen gibt, die, wenn sie diszipliniert, gedankenlos, im Hier und Jetzt und in Einheit mit Geist und Körper ausgeübt werden, die Energie am meisten zum Fließen bringen. Yu-Wei ist die Handlung, die intentional ist, die einem Plan oder einer Intention folgt. Und Wu-Wei ist die Handlung und die Körperbewegung, die von alleine entsteht. Man könnte auch sagen, dass es das Chi ist, von dem man sich bewegen lässt, anstatt selbst etwas zu bewegen. Und darin liegt eine große heilende Macht und Kraft, dass man dem Körper erlaubt, die Bewegung zu finden, denn das sind Bewegungen, die am heilsamsten ist.

Auf einer tieferen Ebene entwickelt diese Übung eine innere Haltung im Geist. Es gibt das Wu-Wei des Körpers und es gibt natürlich das Wu-Wei des Geistes. Der stille Verstand ist der, der am vollständigsten mit dem Wu-Wei eins ist. Im deutschen oder im europäischen Raum kennen wir nur die aktive Form: „Ich tue" und die passive Form: „Ich erleide". Das Wu-Wei ist dazwischen. Bei Laotse heißt es: „Der Meister tut nichts und dennoch bleibt nichts ungetan." So können wir uns das ein bisschen übersetzen. Ich gebe der Handlung, die geschieht, Raum, ohne dass ich sie tue, aber auch ohne dass ich passiv bin und dasitze und erleide. Das ist Wu-Wei. In der Körperübung wird man damit konfrontiert: „Ah, da ist ein Gewohnheitsmuster, da ist eine Gewohnheitserwartung, da ist eine Befürchtung." Manchmal entstehen Befürchtungen: „O Gott, wenn ich der Bewegung jetzt folge, was passiert dann bloß? Nachher wird ein Ton unanständig oder nachher überwältigt mich das." All das sind Dinge, die geschehen können. In dieser Arbeit bin ich ganz konkret damit konfrontiert und kann mich entscheiden, diese Impulse sein zu lassen und dem zu folgen, was da ist. Insofern entwickelt es die gesamte innere Haltung, die man gegenüber dem ganzen Leben, die man auch gegenüber den Gefühlen einnimmt, die man gegenüber allem einnimmt in dieser Seinsweise des Wu-Wei. Insofern ist es nicht nur für den Körper heilend. In dieser Schule gibt es auch die ganzen medizinischen Implikationen, wo die Bewegung darauf abgestellt wird, dass sie auf die Organe wirken und anderes. Das ist sehr ganzheitlich.

Worauf es ankommt ist, den Körper ganz loslassen zu können. Einfach loslassen zu können und es auszuhalten. Sobald dem Körper irgendetwas geschieht, löst das normalerweise eine Reaktion aus – eine Reaktion des Handelns, des Tuns, des Weglaufens. Die meisten Menschen vergessen den Körper. Vergessen bedeutet, sie nehmen ihn gar nicht wahr, nehmen ihn gar nicht zur Kenntnis. Sie sind so viel im Kopf beschäftigt und mit den wichtigen Dingen, die sie zu tun haben, dass sie den Körper ignorieren und ihn nicht bemerken, außer wenn er krank wird: Dann wundern sie sich. Dann gibt es andere, die sich nur mit dem Körper befassen. Worauf es ankommt ist, dem Körper zuzuhören. Das zu spüren, was ist, und ihm das zu erlauben, was er tut, und sich nicht darin zu involvieren. Da ist das Ich und da ist der Körper und der Körper ist nicht das Problem, also muss das Ich das Problem sein. Das Loslassen des Körpers geschieht im Kopf. Die Ursachen für die Verspannungen liegen nicht in den Knochen und in den Muskeln, sondern im Kopf. Der Körper ist kontinuierlich fließende Energie, ein Teil des Lebens, ein Teil der Natur, und wenn wir ihn lassen, wenn wir ihn also gerade nicht festhalten oder kontrollieren, dann verhält er sich am heilsamsten. Dann bewegt er sich am heilsamsten und am anmutigsten. Und am Atem kannst du das am besten spüren.

Anleitung

Nimm wahr, wo eine Anspannung, ein Druck oder wo besonders viel Bewegung ist. Bleib bei dieser Stelle und tu nichts und nimm wahr, was sich da von alleine ändert. Gerade weil du nichts tust, kann der Körper loslassen und es kann das geschehen, was der Körper, was das Leben in diesem Augenblick in diesem Körper entfalten möchte.

Zu Beginn kann man eine Art Warming-up machen. Wir lassen den Körper schütteln. Dieses Warming-up zu Anfang ist nur zum Teil Geschehen-Lassen, das heißt, anfangs kannst du den Körper ein bisschen aktiver schütteln, damit der sich lockert und löst, so dass du danach leichter in der Bewegungs- und Ton-Übung dem Geschehen-Lassen Raum geben kannst. Im Schütteln geht es aber auch nicht darum, etwas weg- oder abzuschütteln, sondern den ganzen Körper sich schütteln zu lassen. Das heißt, du kannst in den Füßen beginnen, in den Fußgelenken, dann die Knie dazunehmen, dann das Becken, den Bauch, den Rücken und die Brust und den Raum dazwischen. Dann die Schultern und – was besonders wichtig ist –, den Kiefer. Vielleicht merkst du, wie sehr dieses Schütteln des Kiefers auch durch den ganzen Rücken geht. Und dann noch die Arme und die Hände. Jetzt gehst du mit deiner Aufmerksamkeit immer an die Stelle, wo das Schütteln gerade weniger ist, um es da zusätzlich wieder geschehen zu lassen. Den Körper gut atmen lassen. Und wenn der Körper sich vorrangig von oben nach unten schüttelt, dann kann er sich zusätzlich auch seitwärts und von vorne nach hinten schütteln.

Jetzt kann das Schütteln langsam ausklingen. Lass dir noch einen Moment Zeit, dann spürst du den Körper, wie er sich anfühlt, wenn die Bewegung ausklingt und du zurücktrittst und nichts mehr tust und jetzt wartest, was den Körper von alleine in Bewegung bringt. Im Taoismus gibt es die Vorstellung, dass der Körper von der Lebensenergie Qi bewegt wird, die alles Leben durchströmt, die durch den Körper fließt und außerhalb des Körpers ist, die diesen Planeten durchströmt und alles, was wächst und was lebt. Eine Energie, die nicht einfach in dir ist, sondern die diese Form, diesen Körper durchfließt und durchströmt und von der du dich bewegen lassen kannst. Das im Stehen beginnen bedeutet auch, mit der Energie der Erde und mit der Energie des Himmels verbunden zu sein und von beiden Energien durchströmt zu werden. Aber wer weiß, ist das eine Metapher, ist das physische Realität und als solche auch nur ein Teil von Bewusstsein?

Achte darauf, dass du den Atem nicht blockierst. Am besten durch den geöffneten Mund den Körper atmen lassen. Es geht wirklich darum, dass du zurücktrittst und dass du die Anspannung löst und schmilzt, damit Bewegung geschehen kann. Du trittst immer mehr zurück.

Und es ist auch wichtig, auf den ganzen Körper zu achten. Es gibt Zuckungen und Bewegungen, die in den Füßen entstehen. Du kannst dich auch immer wieder fragen: „Was gibt es da, was ich mache? Und wie kann ich vom Machen zurücktreten?"

6. Selbsterforschung (Wiederholte Frage)

Eine Möglichkeit der Selbsterforschung ist es, eine bestimmte Frage über einen längeren Zeitraum zu wiederholen und ständig neue Antworten zu finden oder auftauchen zu lassen. Die ständige Wiederholung und Beantwortung der Frage über einen längeren Zeitraum wirkt wie ein „Graben" in die Tiefen des Unbewussten. Je öfter die Frage beantwortet wird, desto mehr wird sich der inneren Wahrheit genähert. Bei der Arbeit mit den Fragen wird ein Partner benötigt, um sie wirkungsvoll zu gestalten. Alleine kann diese Übung in Form einer Meditation so gestaltet werden, dass ich die Frage auf ein Blatt schreibe und dann untereinander alle Antworten notiere, wie sie gerade auftauchen.

Anleitung

Der spirituelle Freund / die spirituelle Freundin (Partner A) und derjenige, der arbeiten möchte (Partner B), sitzen einander gegenüber.
Partner A stellt eine Frage, z. B.:

- Was willst du?

- Was vermeidest du?

- Wer bist du, wenn du keine Vergangenheit und keine Zukunft hast?

- Womit verkaufst du dich?

- Was wäre, wenn du die Kontrolle aufgäbest?

Partner B beantwortet die Frage. Daraufhin wiederholt Partner A die Frage über einen Zeitraum von zehn Minuten. Wenn Partner B nicht sofort eine Antwort einfällt, ist das völlig in Ordnung. Die Frage wird mit Pausen so oft wiederholt, bis eine Antwort auftaucht. Nach Ablauf der zehn Minuten schließen beide die Augen und nehmen sich zwei bis drei Minuten Zeit, das Gefühl, das durch die Beantwortung der Frage aufgetaucht ist, vollständig zu erfahren.

Über den Autor

Christian Meyer, Jg. 1952, ist spiritueller Lehrer und Psychotherapeut. Er ist Gründer des spirituellen Zentrums
„zeit-und-raum" in Berlin und des „Berliner Instituts für tiefenpsychologische und existentielle Psychotherapie – Karen
Horney-Institut (BITEP)". Seit 1999 Retreats und Seminare in
Deutschland und anderen Ländern, Vorträge und verschiedene
Veröffentlichungen. Sein Interesse gilt dem Aufwachen und seiner Verbreitung. Grundlage seiner Arbeit sind die von ihm entwickelten „Sieben Schritte zum Aufwachen". Seine Arbeit ist klar,
direkt und wirkungsvoll, liebevoll und immer wieder voller Humor.
Da das Aufwachen in seinen Seminaren immer häufiger
geschieht, nimmt die Arbeit nach dem Aufwachen einen immer
größeren Raum ein. Er ist interessiert an der Verbindung von
spiritueller Transformation und Persönlichkeitsentfaltung, von
Spiritualität und psychotherapeutischer Arbeit.

Er studierte Volkswirtschaft, Jura, Soziologie und Psychologie (mit Diplom in Volkswirtschaft und Psychologie) sowie alle
wesentlichen psychotherapeutischen Methoden und Richtungen. Über mehrere Jahre war er als Dozent an verschiedenen
Universitäten tätig, vor allem in klinischer Psychologie.

Nach langen Jahren der Erfahrung mit der Arbeit und Begleitung von Menschen und jahrzehntelanger eigener spiritueller
Suche führte die Begegnung mit seinem letzten Lehrer, Eli Jaxon-
Bear, zum vollständigen Aufwachen. Seit 1999 unterstützt er
Menschen auf dem Weg zu dieser Transformation. Seine Arbeit
ist vor allem inspiriert von Eli Jaxon-Bear und über ihn von den
großen Weisen Ramana Maharshi und Sri H. W. Poonja und
damit der großen indischen spirituellen Tradition des Advaita,
aber genauso von der christlichen Mystik, dem Sufismus und
anderen spirituellen Richtungen.

www.zeitundraum.org   www.bitep.de

Über den Verlag

Diamond Approach
Lebendige Beziehung Glücksprinzip
Spirituelle Romane Stille und Meditation Zen
Persönlichkeitsentwicklung inspire!
Integral Alter & Übergang
Kommunikation **jkamphausen** Einheitserfahrung
Naikan Psychologie
TM Advaita neues Denken & Handeln
Transzendenz & Bewusstsein

Mit Liebe fürs Detail und für die Umwelt

Bei der Auswahl der Inhalte, die wir präsentieren, achten
wir auf Originalität, Kompetenz, Praxisrelevanz und Qualität.
So können wir mit Herz und Seele hinter unseren Büchern,
Hörbüchern, Filmen und den anderen Produkten stehen,
die wir mit viel Liebe und Aufmerksamkeit bis ins letzte
Detail fertigen.

Wir leisten einen aktiven Beitrag zum Umweltschutz
und verbrauchen nur wirklich notwendige Ressourcen —
so sparsam wie möglich. Wir drucken überwiegend auf 100%
Recyclingpapier oder produzieren unsere Titel klimaneutral.
99% unserer Fertigung findet in Deutschland statt, so haben
wir kurze Transportwege und unterstützen die lokale
Wirtschaft.

Inspirationen, interessante und wertvolle Neuigkeiten,
Wahres, Schönes & Gutes sowie wichtige Termine
können Sie regelmäßig in unserem Newsletter erfahren
oder hier: **www.facebook.com/weltinnenraum**